2020
国际军备控制与裁军

李驰江◎主编

世界知识出版社

图书在版编目（CIP）数据

2020国际军备控制与裁军 / 李驰江主编．--北京：世界知识出版社，2020.5

ISBN 978-7-5012-6280-9

Ⅰ.①2… Ⅱ.①李… Ⅲ.①军备控制—世界—文集 ②裁军问题—世界—文集 Ⅳ.①D815.1-53

中国版本图书馆CIP数据核字（2020）第140274号

责任编辑　刘豫徽
责任出版　王勇刚
责任校对　张　琨

书　　名　**2020国际军备控制与裁军**
　　　　　2020 Guoji Junbei Kongzhi yu Caijun
主　　编　李驰江

出版发行　世界知识出版社
地址邮编　北京市东城区干面胡同51号（100010）
网　　址　www.ishizhi.cn
投稿信箱　lyhbbi@163.com
电　　话　010-65265923（发行）　010-85119023（邮购）
经　　销　新华书店
印　　刷　北京虎彩文化传播有限公司
开本印张　720毫米×1020毫米　1/16　25½印张
字　　数　326千字
版次印次　2020年8月第一版　2020年8月第一次印刷
标准书号　ISBN 978-7-5012-6280-9
定　　价　89.00元

前 言

《2020国际军备控制与裁军》如期与读者见面了。作为中国军控与裁军协会编撰的年度出版物，本书收录了13篇论文，涉及核、生物、外空、网络、人工智能等领域最新情况和态势，基本涵盖了过去一年国际军控、裁军、防扩散领域的重大事件，在一定程度上反映了中国专家、学者对相关问题的认识与看法。

2019年，国际安全格局进入深度调整期，大国竞争和博弈加剧，给国际军控机制、全球战略安全带来复杂影响。美国在2019年相继出台《导弹防御评估报告》《太空安全面临的挑战报告》等一系列政策文件，构筑新的安全战略体系，谋求压倒性军事优势，加剧全球战略安全失衡。美国还提出所谓“美俄中三边核裁军”及“中国加入《中导条约》谈判”等建议，企图转移其核裁军责任和压力。随着《中导条约》正式作废，《美俄关于进一步削减和限制战略进攻性武器措施的条约》（新START）延期问题进展缓慢，冷战时期美苏（俄）形成的双边军控体系趋于瓦解。中俄元首发表《中俄关于加强当代全球战略稳定的联合声明》，加大战略协调与务实合作力度，有力维护全球战略稳定。

地区防扩散热点问题前景仍不明晰。虽然朝鲜半岛形势有所缓和，但美国与朝鲜两次峰会与工作层关于朝鲜半岛核问题的磋商未取得突破，双方在关键问题的谈判上陷入僵局，朝鲜半岛核问题前景存在较大变数。受美国退出伊核协议影响，伊朗分阶段中止履行伊核协议部分条款，牵动中东地区局势再度趋紧。新兴科技推动世界新军事革命加速发展，人工智能军事化应用问题争论激烈，生物安全问题引起越来越多国家重视，网络、外空等领域的国际治理进程和博弈更趋激烈。

面对挑战，中国军控外交深入践行习近平外交思想，推动构建人类命运共同体，积极倡导和维护多边主义，继续在国际军控与维护全球战略安全上发挥建设性作用。2019 年，中国重启五核国合作机制并举行“加强五核国协作，维护《不扩散核武器条约》机制”为主题的五核国北京会议，推动伊核问题尽快回归全面协议轨道，坚持政治解决朝鲜半岛核问题方向，启动加入《武器贸易条约》国内法律程序，推动在联合国框架内的核、网络安全、人工智能、外空安全、生物安全等领域的谈判及治理进程，努力维护全球战略稳定，为国际军控与裁军注入新动力。

今年是我会连续第十六年编辑出版本部论文集，旨在为国内外专家、学者提供展示自己学术成果的平台，同时希望对研究军控、裁军和防扩散问题的学者有所启迪。文中各位专家的观点仅代表作者个人，不代表我会的看法。

衷心感谢参与撰稿的所有作者，他们的辛勤与严谨为本书的质量提供了保障。协会有关领导和秘书处同志对全书的审核校稿做了大量工作，世界知识出版社的领导和有关编辑人员为本报告的文字把关和编辑付出了辛勤努力。另外，对于多年来广大读者和有关人士给予本书好评和支持，在此一并致谢。

由于课题组水平所限，书中错误与谬误在所难免，恳请国内外专家和读者批评指正。

《国际军备控制与裁军》课题组

2020 年 4 月于北京

目　录

【核政策与核裁军】

五核国合作机制评析

周　昶

美国倡议“中美俄三边核军控”：进程、动因与前景

蒋翊民

后《中导条约》时代的国际核裁军与全球战略稳定

员欣依

五核国合作机制评析

周　昶

内容提要：2009 年，英国在伦敦首次举办五核国会议，标志五核国合作机制的正式开始。2011 年至 2016 年，五核国合作进入黄金时期。通过连续的正式会议和各个工作小组会议，五核国增进了相互理解与信任，达成了《五核国核术语》手册、统一《不扩散核武器条约》履约报告表等实质性成果，维护了以《不扩散核武器条约》为核心的国际核军控和防扩散体系。2019 年，在中断两年后，中国在北京举行五核国正式会议，重启五核国合作机制。新时期，五核国合作强调对维护国际安全与全球战略稳定的意义，应对《禁止核武器条约》带来的挑战，提升对和平利用核能问题的关注，对外展现更多透明度。未来，继续以维护《不扩散核武器条约》为中心、发挥中等核武器国家更大作用、争取无核武器国家及国际社会更多支持、注重减少战略风险应该成为五核国合作的方向。

关 键 词：五核国合作　《不扩散核武器条约》　核裁军

作者单位：中国军控与裁军协会

五核国，即被《不扩散核武器条约》（NPT）所承认的美国、俄罗斯、英国、法国、中国五个核武器国家。作为世界上合法拥有核武器的五个国家，五核国在推动实现《不扩散核武器条约》确定的核裁军、核不扩散与和平利用核能三大目标上负有特殊的责任，在《不扩散核武器条约》审议进程中起着关键作用。2005 年，《不扩散核武器条约》第七次审议大会未能达成共同文件，以失败告终。面对国际核裁军压力和核不扩散挑战，为加强沟通交流，增进互信，共同应对有关挑战，维护以《不扩散核武器条约》为核心的国际核军控和防扩散体系，在英国倡导下，2009 年，五核国在伦敦召开“建立核裁军信任措施会议”。此后，除 2017 和 2018 年外，五核国每年举行一次正式会议，由五国轮流主办，“就建立多边核信任措施、落实 NPT 审议大会成果及各国核政策与核能力等核裁军、核不扩散领域重点问题交换看法”①。除年度正式会议外，五核国合作机制还包括根据正式会议设立的下属专家工作组会议、五核国主管军控事务官员在联合国大会第一委员会、裁军谈判会议等磋商会晤。

本文通过梳理五核国历次会议，对五核国合作机制的发展进行阶段性划分与评析，在此基础上，对五核国合作机制的未来提出思考与建议。

一、五核国合作的起步：英国推动

事实上，五核国在《不扩散核武器条约》的框架下有着沟通协调的传统。1992 年，中国、法国先后加入《不扩散核武器条约》，正式参与条约审议进程。1995 年，五核国代表团首次全部正式出席《不扩散核武器条约》审议大会，在促成条约无期限延长等问题上发挥重要作用。在 2000 年《不扩散核武器条约》审议大会上，五核国就联合发表了共同声明。总体来看，当时五核国并没有固定的交流机制，相互沟通并不密切。

在推动五核国《不扩散核武器条约》框架下的对话合作上，英国扮演了重要的角色。2007 年英国布朗首相上台后，重视核能发展，强调核不扩

① 王群主编：《当代中国战略安全与军控外交》，北京：世界知识出版社 2018 年版，第 261 页。

散，在外交上注重国际合作和多边主义。英国认为，《不扩散核武器条约》在防止核武器扩散方面发挥了重要作用，应坚决维护这一机制。为避免重蹈2005年条约审议大会的失败，有必要重新审视推动核裁军的途径。① 同时，英国认为，“无核世界”理念正获得前所未有的政治支持，英国应继续在技术合作与建立信任措施上为实现这一目标努力。②

2007年6月，英国外交及联邦事务大臣玛格丽特·贝克特在卡内基国际和平基金会的演讲中首次表示，英国随时准备与其他四个核武器国家就透明与建立信任措施进行探讨，并愿成为“核裁军实验室”。③ 2008年2月，英国国防大臣德斯·布朗在日内瓦裁军谈判会议上明确表示，英国愿意在2010年《不扩散核武器条约》审议大会前，主办一次五核国核实验室技术会议，就核查技术进行专门讨论。同时希望与其他四个核武器国家就核裁军信任措施进行交流。④ 2008年4月的《不扩散核武器条约》筹委会上，英国牵头五核国自2000年审议大会后再次联合发表声明，表达对条约各项工作的支持。联合声明为五核国的进一步合作提供了动力。声明与英国许多核政策目标重合，这也坚定了英国继续推动五核国合作的决心。⑤ 随后，在2009年3月布朗首相的讲话与7月首相向内阁提交的核问题行动方

① House of Commons Foreign Affairs Committee, *Global Security: Non-Proliferation, Fourth Report of Session 2008-09* (London: The Stationery Office Limited, June 14, 2009), pp. 56-57.

② House of Commons Foreign Affairs Committee, *Global Security: Non-Proliferation, Fourth Report of Session 2008-09* (London: The Stationery Office Limited, June 14, 2009), p. 66.

③ Margaret Beckett, *A World Free of Nuclear Weapons?* Keynote Address at Carnegie International Nonproliferation Conference, Carnegie Endowment for International Peace, June 25, 2007, https://carnegieendowment.org/2007/06/25/keynote-address-world-free-of-nuclear-weapons-event-1004.

④ UK Secretary of State for Defence Des Browne Speech to the Conference on Disarmament, The Acronym Institute for Disarmament Diplomacy, Source: UK Ministry of Defence, www. mod. uk, February 5, 2008, http://www. acronym. org. uk/old/archive/docs/0802/doc04. htm.

⑤ House of Commons Foreign Affairs Committee, *Global Security: Non-Proliferation, Fourth Report of Session 2008-09* (London: The Stationery Office Limited, June 14, 2009), p. 39.

案中，关于举办五核国技术合作与建立信任措施会议的倡议都再次加以确认。[①]

2009 年 9 月，英国在伦敦主办首次五核国会议。会议以“建立核裁军信任措施”为主题，包括核裁军履约与核查的挑战、透明与建立信任措施以及核事故应急响应三大议题。会后，五核国发表了一份简短的联合声明。声明大体分为两部分，一部分重申五核国对推动实现《不扩散核武器条约》三大目标特别是核裁军的承诺，号召所有缔约国一道为进一步核裁军创造条件。另一部分则简要介绍了会议情况，表示五核国的讨论内容包括与继续推动核裁军与核不扩散相连的建立信任措施、核查和履约问题，如何通过核术语定义、核战略及核能力等信息分享增进相互理解，如何通过自愿透明及其他措施增强五核国战略稳定并建立互信，以及决定考虑如何合作应对核事故应急方面的挑战。[②] 其中，核裁军领域建立信任措施问题是核心，“五国政府官员和专家介绍了各自在信息交换和自愿透明方面采取的措施，并就如何加强战略稳定和建立互信交换了意见”。[③]

五核国首次正式会议的召开具有重要意义，为此后五核国合作机制奠定了基础。会议确定的主要目标是促进《不扩散核武器条约》审议大会的成功，这使五核国进程从一开始便与《不扩散核武器条约》挂钩；会议以“透明与建立信任措施”为主要议题，这也成为每次五核国会议的核心议题；这些都为后续会议确立了方向和内容。这也是五核国第一次在《不扩

---

① Prime Minister Gordon Brown Speech on Nuclear Energy and Proliferation , The Acronym Institute for Disarmament Diplomacy, March 17, 2009, http://www.acronym.org.uk/old/archive/textonly/docs/0903/doc08.htm. The Road to 2010 – Addressing the Nuclear Question in the Twenty First Century, The Acronym Institute for Disarmament Diplomacy, http://www.acronym.org.uk/old/archive/docs/0907/roadto2010.pdf.

② *P5 Statement on Disarmament and Non-proliferation Issues*, September 4, 2009, http://www.acronym.org.uk/old/archive/docs/0909/doc02.htm.

③ 王群主编：《当代中国战略安全与军控外交》，北京：世界知识出版社 2018 年版，第 261 页。

散核武器条约》、日内瓦裁军谈判会等多边军控机制外就核军控问题举行的专题会议，开启了新的多边军控进程。

二、五核国合作的黄金时期：机制化发展促进成果

2010年《不扩散核武器条约》举行第八次审议大会，各方通过努力达成最后文件，包括64条行动计划，涵盖核裁军、核不扩散与和平利用核能，成为下一阶段缔约国的履约指南。行动计划有22条涉及核裁军，要求核武器国家采取务实措施，进一步推动核裁军，包括制定核裁军统一报告表、加强透明并增进互信等。① 这从客观上要求五核国就核裁军问题开展更密切的磋商，为五核国的下一步合作提供了行动指南。2011年6月，第二次五核国正式会议在法国巴黎举行。主办方法国表示，此次会议标志五核国为准备2015年《不扩散核武器条约》审议大会，开启定期磋商的进程。②

从当时国际政治大环境来看，2009年美国奥巴马上台后，提出"无核世界"倡议，推动核裁军，与俄罗斯签署新的战略武器削减条约。在2010年颁布的《核态势审议评估报告》中，将核恐怖主义与核扩散列为美国面临的头号核威胁，提出要维持与俄罗斯和中国的"战略稳定"，强调"美国将引领更为广泛的国际努力来重塑和强化全球核不扩散机制"③，核军控政策开始从单边主义向多边合作回摆。这些都为五核国合作机制化发展创

---

① *2010 NPT Review Conference Action Plan*, http://www.reachingcriticalwill.org/images/documents/Disarmament-fora/npt/revcon2010/2010NPTActionPlan.pdf.

② P5 Conference on the Follow-up to the 2010 Nuclear Non-Proliferation Treaty Review Conference, June 30, 2011, France in India, French Embassy in New Delhi, https://in.ambafrance.org/P5-Conference-on-the-follow-up-to.

③ *2010 Nuclear Posture Review Report*, April 2010, https://dod.defense.gov/Portals/1/features/defenseReviews/NPR/2010_Nuclear_Posture_Review_Report.pdf.

造了良好的件。

自 2011 年至 2016 年，五核国保持每年举行一次正式会议的频率，五核国合作步入机制化发展阶段，并取得一系列重要成果。

（一）核裁军核查技术合作

在不具备进一步核裁军条件的情况下，开展与核裁军相关的核查技术研究与交流，既有助于参与国建立互信，又可服务于未来的核裁军。早在 2000 年，英美之间就开启了核裁军核查技术交流。2007 年，英国开始与挪威在核弹头拆卸核查技术上进行合作与研究，即“英国—挪威关于核弹头拆卸核查的倡议”（UK-Norway Initiative on Nuclear Warhead Dismantlement Verification，UKNI），以下简称“英挪倡议”。英国国防部、原子武器研究院（AWE）、核查研究、培训与信息中心（VERTIC）及挪威有关核实验室等机构参与了该项目，旨在为未来的双边及多边核裁军提供方法与技术。[①] 英国认为，将无核国家与非政府组织纳入该项目，有利于向外界展现核武器国家在核裁军方面的努力，提高核裁军进程的透明度。实际上，不断拓展核裁军核查技术的国际合作，特别是在五核国中加以推广，将英国打造为“核裁军实验室”，在核裁军核查技术交流合作中发挥主导作用，是英国倡导五核国会议的初衷。[②] 为此，在五核国前几次正式会议上，英国通报了英挪倡议有关项目进展情况，并牵头于 2012 年召开了五核国核裁军核查技术专家会议，希望在五核国内推广英挪倡议模式。

然而，英国的有关主张并未得到其他五核国的有力支持，特别是俄罗

① UK Ministry of Defence, *UK/Norway Initiative on Nuclear Warhead Dismantlement Verification*, March 31, 2010 , https: //www. gov. uk/government/publications/uk-norway-initiative-on-nuclear-warhead-dismantlement-verification--2.

② Andrea Berger and Malcolm Chalmers, "Great Expectations: The P5 Process and the Non-Proliferation Treaty, "*Whitehall Report 3-13*, 2013, pp. 14-15.

斯对此表示了质疑，俄认为将无核国家纳入核裁军核查技术讨论，会导致潜在的核扩散风险。而且现有美俄双边的核裁军核查合作形式远远优于英挪倡议。[1] 在其他国家有所保留的情况下，英国未能在五核国进程中推动英挪倡议模式的核查技术合作。尽管如此，在 2011 年至 2014 年五核国会议中，英美、美俄分享了双边核裁军核查的经验，而自 2014 年至 2016 年，英中两国就核裁军核查技术举办了三次专家会议。这些双边核裁军核查技术的合作与经验分享，也成为五核国之间建立互信与展现透明的重要措施。

随着美国在 2014 年另起炉灶，发起“核裁军核查国际伙伴关系”（International Partnership for Nuclear Disarmament Verification，IPNDV）进程，核裁军核查技术自 2015 年开始，从五核国会议日程中消失。

（二）制定统一格式《不扩散核武器条约》履约报告表

2010 年《不扩散核武器条约》审议大会行动计划第 5 条要求五核国“进一步加强透明和增进互信”，第 20 条要求所有国家定期提供履约国家报告，第 21 条进一步规定，“作为一项建立信任的措施，鼓励所有核武器国家为在不损害国家安全前提下自愿提供标准信息的目的，尽快商定一项标准的报告表并确定适当的报告间隔时间”。[2] 为落实行动计划要求，五核国将制定统一格式报告表作为增加透明和建立信任措施的重要内容，多次体现在共同声明中。

2012 年，由澳大利亚、加拿大等 10 个无核武器国家组成的“不扩散与裁军倡议”（NPDI）率先草拟了一份报告模板，提交五核国参考。此份

---

① Andrea Berger and Malcolm Chalmers, “Great Expectations: The P5 Process and the Non-Proliferation Treaty,” *Whitehall Report 3-13*, 2013, p. 16.

② *2010 NPT Review Conference Action Plan*, http://www.reachingcriticalwill.org/images/documents/Disarmament-fora/npt/revcon2010/2010NPTActionPlan.pdf.

模板聚焦核裁军问题，要求五核国统一提供战略和战术核武器数量、部署及非部署的发射装置数量、裂变材料库存量等信息。① 这份模板反映了无核武器国家在核裁军问题上的期望。显然，这些透明措施不是五核国都能接受的。在拒绝了这份模板后，五核国加快了磋商速度。在 2013 年五核国第四次会议上，正式确定法国为主导国，负责牵头制定统一报告表，并最终在 2014 年完成了统一报告表的制度。

与“核裁军和核不扩散倡议”建议的模板相比，五核国达成的统一报告表更像是一个共同框架模式，包括报告与核裁军有关的国家措施、与核不扩散有关的国家措施、与和平利用核能有关的国家措施以及其他有关执行措施四个部分。在外界关注的核裁军报告部分，划分成与核武器有关的国家安全政策、指导原则及活动；核武器、核军控（含核裁军）及核查；透明与建立信任措施以及其他相关事项四块。可以看出，报告内容涵盖了《不扩散核武器条约》三大目标，更趋平衡。更重要的是，报告表由“填空题”变为了“论述题”，不再对数量等敏感信息作强制要求，各国可根据自身情况进行有侧重的汇报。对此，许多无核国家认为该表在报告内容的要求上过于宽泛。实际上，各国采取何种透明措施与自身军事战略、安全环境、军事实力等诸多因素相关，很难对此“一刀切”，否则就违背了“不损害国家安全前提”的原则，这也是五核国强调“自愿透明措施”的原因。例如，大部分中方专家认为，“美国的核武库庞大，美国披露其拥有核武器精确数量无损于其核威慑能力，而中国核武库规模较小，披露核武器数量等信息会损害中国核武器的生存能力。”② 因此，尽管报告表未能满足外界的高期望值，但在制定该表的过程中，五核国就各自核战略进行沟

① *Transparency of Nuclear Weapons: the Non-Proliferation and Disarmament Initiative*, Vienna, April 30-May 11, 2012, https://www.mofa.go.jp/announce/event/2012/4/pdfs/0427_01_01.pdf.

② 李彬、赵通主编：《理解中国核思维》，北京：社会科学文献出版社 2015 年版，第 182 页。

通，促进彼此理解，达成基本共识，具有重要的意义和价值。

在 2014 年的《不扩散核武器条约》筹委会上，五核国采用此共同框架形式提交了各自的国家报告。

（三）编制核术语手册

长期以来，由于语言、文化、技术等各方面背景不同，五核国对一些关键核术语的含义存在着不同的认识或翻译。譬如，像英文 Nuclear Security 与 Nuclear Safety，前者是指涉及核材料、其他放射性物质和它们的附属设施的盗窃、蓄意破坏、非授权进入、非法转移和其他恶意行为的防范、探测和响应，后者是指核设施与核材料在生产、运输等阶段确保实现正常的运行状态，防止事故或减轻事故后果，从而保护工作人员、公众和环境免受不当的辐射危害。[①] 但在中文、俄文、法文中并无明确对应的词汇，在翻译上也很难区分 Nuclear Security 与 Nuclear Safety 之间的差别。事实上，五核国个别成员曾开展过统一核定义和术语的尝试。比如，俄罗斯和北约曾于 2002 年编纂出版了《北约—俄罗斯核定义和术语词汇表》。但在五核国范围内开展核定义和术语联合研究，却一直是空白。

在 2009 年的首次五核国会议上，五核国认识到作为透明及建立信任措施的重要步骤之一，就是对一些关键核术语形成共识，以促进交流。为此，会议商定对一些关键核术语的定义进行讨论，汇编出一个可在核领域交流中参考和使用的核术语词汇表。2011 年，巴黎五核国会议正式决定建立核定义和术语问题工作组，用五国语言对关键的核术语进行定义。2012 年，华盛顿五核国会议确定中国为核术语工作组牵头国，其中一个重要原因就

① *IAEA Safety Glossary Terminology Used in Nuclear Safety and Radiation Protection 2018 Edition*, VIENNA, https://www-pub.iaea.org/MTCD/Publications/PDF/PUB1830_web.pdf.

是中国在核定义和术语方面有较好的合作研究经验。早在2006年，中国科学家军备控制小组和美国科学院国际安全和军备控制委员会的有关专家就开展了核术语的汇编工作，并于2008年出版了《英汉/汉英核安全术语》。[①] 在中国的牵头下，工作组自2012年起连续三年在北京召开专家会议，就基本工作原则、进度安排、核术语清单等进行探讨，经过多轮磋商，在2015年完成了《五核国核术语》手册。

手册共分六章，包括227个词条，涵盖核军控与裁军、核试验与监测、核材料生产、核不扩散、核能、核安全与安保等领域。从词条的分布情况来看，核军控与裁军的术语仅占15个，相对较少，可见五核国在核裁军领域仍存在较大分歧。共识最多的是核不扩散术语，共有55个。随后，五核国将手册提交给2015年《不扩散核武器条约》审议大会，以此作为2010年《不扩散核武器条约》审议大会最后文件第五条行动计划“进一步增进透明并加强相互信任”的重要举措。

《五核国核术语》手册是五核国合作进程中重要的实质性成果之一。需要看到，五核国关于核术语的讨论并不是一个简单的技术性问题，其意义在于通过讨论，增进共识、消除误解、增加互信、防止误判。这是五核国落实《不扩散核武器条约》审议成果的一个重要务实举措，充分体现了五核国致力于推进条约审议进程、履行条约义务的政治意愿。[②] 有助于展示五核国在核裁军问题上的负责任形象，也有助于深化五核国的协作。

---

① 《加深五核国在核问题上的相互理解——专访五核国核定义和术语问题工作组中方联络人刘大鸣研究员》，《世界知识》2012年第22期，第31页。

② 《关于中华人民共和国履行〈不扩散核武器条约〉情况的国家报告》，外交部网站，2019-04-29，https://www.fmprc.gov.cn/web/wjb_673085/zzjg_673183/jks_674633/jksxwlb_674635/t1659431.shtml。

（四）对核军控条约的推进

五核国对核军控条约的推进主要体现在两方面：一是五核国对《全面禁止核试验条约》（CTBT）的支持工作。尽管在促进条约生效方面没有显著进展，但五核国在条约核查监测技术方面开展合作，举行专家组会议，全力支持全面禁止核试验条约组织筹备委员会（CTBTO）2014 年在约旦的大型实地演练。在 2014 年五核国北京会议期间，五核国代表还参观了中国禁核试履约国家数据中心，既作为增进透明与信任的措施，也加强了五核国在条约监测技术上的交流。二是五核国就在日内瓦裁军谈判会议框架下推动开启谈判“禁止生产核武器或其他核爆炸装置用裂变材料条约”（FMCT）的努力，包括分别与印度、巴基斯坦等相关国家进行磋商，支持联合国“禁止生产核武器或其他核爆炸装置用裂变材料条约”专家组工作会议，等等。

（五）在核不扩散方面的合作

核不扩散是五核国合作中共识最多的领域，五核国主要开展了以下工作。一是五核国提出加强国际原子能机构的保障监督倡议，包括推动全面保障监督协定附加议定书的普遍性，强化机构有效执行保障监督的能力等。[①] 二是推动无核武器区的建立。2012 年，在蒙古宣布其无核武器地位 20 周年之际，五核国签署共同声明，再次确认蒙古的无核武器地位，并承诺向蒙古提供相应的安全保证。[②] 2014 年，五核国共同签署了《中亚无核

---

① Office of the Spokesperson, *Joint Statement on First P-5 Follow-Up Meeting to the NPT Review Conference*, Washington, D. C. , July 1, 2011, https://2009-2017.state.gov/r/pa/prs/ps/2011/07/167492.htm.

② 《中美俄英法五核国签署共同声明再次确认蒙古的无核武器地位》，联合国新闻，2012 年 9 月 17 日，https://news.un.org/zh/story/2012/09/180272。

武器区条约》议定书，保证不对该条约缔约国使用或威胁使用核武器。五核国还与东盟国家就《东南亚无核武器区条约》议定书问题开展磋商。三是关注朝鲜、伊朗等地区防扩散问题。尽管解决这些地区问题有其他的磋商机制，但五核国会议还是对此表示了关注，并多次体现在联合声明中。四是防范核恐怖主义。随着核安全峰会进程的开启，峰会达成的有关共识、成果文件也在五核国会议上得到再次确认。

总的来看，此阶段五核国合作机制化的发展，为五核国开展各项工作提供了保障，取得了较为丰硕的成果。五核国围绕落实 2010 年《不扩散核武器条约》审议大会各项行动计划，以透明和建立信任措施为工作核心，并在推动核军控条约、加强核不扩散等方面积极协调合作，增进了相互理解与信任，达成了《五核国核术语》手册、统一报告表等实质性成果，维护了以《不扩散核武器条约》为核心的国际核军控和防扩散体系。

三、五核国合作的新时期：中断与恢复

2017 年至 2018 年，五核国正式会议未能如期召开。最直接原因在于俄罗斯与西方关系的迅速恶化。2017 年 7 月，美国以俄罗斯涉嫌干预美国总统大选和军事介入乌克兰危机为由，发起大规模对俄制裁措施。作为反制措施，俄罗斯宣布削减 755 名在俄工作的美国外交人员，美俄关系持续走低。2018 年 3 月，英美等国指控俄罗斯使用化学武器毒杀原特工人员，紧接着，英、美、法等 24 个欧美国家一致宣布驱逐俄罗斯外交人员。俄罗斯针锋相对，以数量对等原则驱逐这些国家的驻俄外交人员。俄罗斯与西方国家关系降至冰点，官方交流基本终止，导致五核国会议难以正常举行。

与此相对应的是国际安全形势正经历复杂深刻变化。其中，美国战略安全政策调整是影响全球安全格局的决定性因素。特朗普政府上台后，美

国安全战略发生重大改变。强调大国竞争，谋求绝对安全，推行“美国优先”的霸权主义和单边主义政策。与奥巴马政府相比，美国核军控立场出现严重倒退。一方面，不断废约退群，退出伊核协议、《中导条约》等重要核军控条约，破坏现有军控体系；另一方面，全面发展升级军事力量，加大更新与研发核武器，降低核武器使用门槛，提升核武器在国家安全战略中的地位。美国的战略安全政策调整引发连锁反应，俄罗斯等其他核国家加大发展核武库，加剧了全球安全风险。这些都为五核国合作机制带来了不确定的因素。

即便如此，五核国在安全领域仍然存在诸多共同利益。特别是在维护以《不扩散核武器条约》为基石的全球核不扩散机制上，五核国有着广泛的共同利益。2018 年 10 月，五核国在联大一委上发表共同声明，肯定《不扩散核武器条约》开放签署 50 年来取得的成就，重申五核国在条约规定下推动核裁军的承诺，反对《禁止核武器条约》倡导的核裁军模式。[①] 2018 年 7 月，中国再次担任五核国合作机制轮值协调国，开始努力推动五核国合作恢复生机。2018 年 10 月，中国在联大一委期间主持五核国代表团团长非正式磋商暨核政策交流。会议对五核国合作机制作了积极评价，各方表示愿意维护五核国合作，继续就核军控与裁军问题等加强协调。[②] 2019 年 1 月，中国在北京召开以“加强五核国协作，维护《不扩散核武器条约》机制”为主题的第八次五核国正式会议，重启五核国进程。

在俄与西方仍旧矛盾尖锐的情况下，北京五核国会议未能像以往一样

① *Joint Statement by China, France, Russian Federation, United Kingdom and United States*, UNGA 73, FIRST COMMITTEE, THEMATIC DEBATE (NUCLEAR WEAPONS), The Embassy of the Russian Federation to the United Kingdom of Great Britain and Northern Ireland, October 29, 2018, https://rusemb.org.uk/fnapr/6681.

② 《外交部军控司司长傅聪主持五核国磋商》，外交部网站，2018 年 10 月 12 日，https://www.fmprc.gov.cn/web/wjb_673085/zzjg_673183/jks_674633/jksxwlb_674635/t1603615.shtml。

发表联合声明。北京会议最重要的意义在于恢复五核国正式对话机制，体现了五核国协调合作应对国际安全挑战的积极态度，有利于维护国际核不扩散体系和全球战略稳定，增强国际社会对国际安全环境的信心。会议还形成了三点共识，即一致承诺共担国际和平与安全责任，承诺共同维护《不扩散核武器条约》机制，承诺继续利用五核国合作平台保持对话协调。[①]

根据会议形成的共识，五核国随后确定了下一步的工作计划，包括支持中国牵头开展五核国核术语工作组第二阶段工作，开启核政策与核战略专家组交流并在2020年《不扩散核武器条约》审议大会期间举行边会，重新与东盟国家就《东南亚无核区条约》议定书问题进行磋商，在裁军谈判会议框架下推动“禁止生产核武器或其他核爆炸装置用裂变材料条约”相关的技术讨论等。[②] 2019年，在中国的牵头下，五核国核术语工作组连续举行了三次会议，为在2020年完成核术语第二阶段工作奠定了坚实基础。

北京会议有力推动了五核国合作机制重返正常化轨道。2019年7月，英国担任五核国合作机制轮值协调国，并于2020年2月在伦敦举行了第九次五核国正式会议。伦敦会议继续就核战略核政策、核术语工作、和平利用核能等问题进行了交流，逐步落实前期工作计划，为《不扩散核武器条约》第十次审议大会的成功积极准备。[③]

这一阶段五核国合作呈现以下几个特点。

---

① 《五核国在北京举行正式会议》，外交部网站，2019年1月30日，https://www.fmprc.gov.cn/web/wjb_673085/zzjg_673183/jks_674633/jksxwlb_674635/t1633978.shtml。

② Statement by H.E. Mr. Fu Cong, on Behalf of the P5 States, at the General Debate in the Third Session of the Preparatory Committee for the 2020 NPT Review Conference, May 1, 2019, New York, http://statements.unmeetings.org/media2/21491982/china-behalfofthep5states-general-debate.pdf.

③ 目前关于2020年伦敦五核国会议无更多公开材料，有关情况是笔者通过参与会议有关非政府组织对话中了解到的。

（一）强调五核国合作机制对维护国际安全与战略稳定的意义

当前国际安全环境面临严峻挑战，大国竞争加剧，核战争风险上升，全球战略稳定受损。五核国强调，需要客观看待彼此战略意图，加强核政策与核战略交流，增进战略互信并维护共同安全，全力防止因误解和误判引发核风险。大国互动事关国际安全环境、国际秩序走向、国际社会信心，维持良好大国关系对解决全球战略性问题至关重要。[①] 这突出了五核国合作对促进国际安全、维护战略稳定和巩固国际军控与防扩散机制的重要意义。

（二）合作应对《禁止核武器条约》（TPNW）带来的冲击

2017 年 7 月，无核国家推动达成《禁止核武器条约》。条约通过将核武器“非法化”，摒弃了原有渐进式、以“不损害国家安全前提”为原则的核裁军模式，直接要求全面彻底核裁军。这实际上对五核国在《不扩散核武器条约》下拥有核武器的合法性乃至以本条约为基石的国际核军控体系构成冲击。为此，五核国首先是拒绝参加《禁止核武器条约》谈判进程，在《禁止核武器条约》达成后又多次联合发声，表示其无视国际安全环境，无法解决涉及全球核裁军的核查、防扩散等关键问题，有损《不扩散核武器条约》并与其宗旨相悖，不能成为习惯国际法。[②]

实际上，五核国持续发表联合声明抵制《禁止核武器条约》，其背后最重要的原因之一就是阻止其成为习惯国际法。有无核国家认为，即使有核

---

① 《五核国在北京举行正式会议》，外交部网站，2019 年 1 月 30 日，https://www.fmprc.gov.cn/web/wjb_673085/zzjg_673183/jks_674633/jksxwlb_674635/t1633978.shtml。

② *Joint Statement by China, France, Russian Federation, United Kingdom and United States*, UNGA 73, FIRST COMMITTEE, THEMATIC DEBATE (NUCLEAR WEAPONS), the Embassy of the Russian Federation to the United Kingdom of Great Britain and Northern Ireland, October 29, 2018, https://rusemb.org.uk/fnapr/6681.

国家不加入《禁止核武器条约》，但是随着缔约国增多，条约的普遍性不断加强，所要求的禁止核武器义务有成为习惯国际法的可能，这样对非缔约国也将有约束力。

1996年，国际法院在对“核武器合法性问题”进行裁决时，判定不存在禁止核武器的习惯国际法，原因之一就是未出现有关禁止核武器的国际条约。[①] 因此，有观点认为《禁止核武器条约》的达成会促成“禁止核武器”国际习惯法的形成。但根据联合国国际法委员2018年通过的《习惯国际法的识别结论草案》，《禁止核武器条约》要成为习惯国际法至少还有两大障碍。

一是有核国家作为“特别受影响国家”的立场。结论草案第8项认为“惯例必须具备一般性”，而对于“一般性”的评估，必须要考虑到特别参与方与国家，即“特别受影响国家”在多大程度上参与了惯例。[②] 美英法中俄作为当前国际法上合法拥核的国家，在核武器合法性问题上，显然属于草案所指的“特别受影响国家”。因此，即使《禁止核武器条约》将来被相当数量国家接受，只要五核国作为“特别受影响国家”反对，条约有关规定是否得到广泛接受难以认定，从而不能成为习惯国际法规则。

二是2018年《习惯国际法识别结论草案》第15项指出，在习惯国际法规则的形成过程中，如果一国坚持表示反对，则可不受该规则形成后约束。但其反对立场必须是明确的、公开的并始终坚持。[③] 五核国在联大一委、《不扩散核武器条约》审议进程中等场合发表的联合声明满足公开反对

---

① “103. Legality of The Threat or Use of Nuclear Weapons Advisory Opinion of 8 July 1996,” UN Website，http：//www. un. org/law/icjsum/9623. htm.

② *Draft Conclusions on Identification of Customary International Law 2018*, UN Website, http: //legal. un.org/docs/?path=../ilc/texts/instruments/english/draft_articles/1_13_2018. pdf&lang=EF.

③ *Draft Conclusions on Identification of Customary International Law 2018*, UN Website, http: //legal. un.org/docs/?path=../ilc/texts/instruments/english/draft_articles/1_13_2018. pdf&lang=EF.

条件，只要持续表明这一立场，五核国将不受《禁止核武器条约》有关规定影响。

（三）提升对和平利用核能问题的关注

作为《不扩散核武器条约》三大支柱之一，和平利用核能在过去的五核国合作中并未得到足够重视。2019 年，五核国北京会议首次将和平利用核能纳入正式议程，提出在和平利用核能方面探索实际有效的途径，让《不扩散核武器条约》在服务全球发展方面发挥更大作用，并建议通过“维也纳核能之友”机构加强合作。[①] 2020 年 2 月伦敦会议上进一步讨论了和平利用核能问题，并提出在 2020 年《不扩散核武器条约》审议大会举办和平利用核能边会的建议。对和平利用核能的重视，展现了《不扩散核武器条约》对于全球发展的意义，有利于更加平衡的推动《不扩散核武器条约》三大目标，同时缓解五核国面临的核裁军压力，促进《不扩散核武器条约》2020 年审议大会取得成功。

（四）对外展现更多透明度

五核国进程是相对较为封闭的一个机制，公开的实质性成果不多，时常引起外界对五核国机制有效性的质疑。2019 年五核国北京会议期间，为促进与无核武器国家及非政府组织的沟通，中国军控与裁军协会主办了公开活动，邀请五核国官方代表与国际学术机构、媒体及部分无核武器国家驻华使馆官员进行座谈并通报会议情况。此后，中国代表五核国首次在日内瓦裁军谈判会议上向各方通报了五核国北京会议情况，并以协调员身份

① Statement by H. E. Mr. Fu Cong, on Behalf of the P5 States, at the General Debate in the Third Session of the Preparatory Committee for the 2020 NPT Review Conference, May 1, 2019, New York, http://statements. unmeetings. org/media2/21491982/china-behalfofthep5states-general-debate. pdf.

牵头举办了五核国与“核裁军和核不扩散倡议”国家对话会等活动，增进了相互理解与信任。伦敦五核国会议前，英国外交部委托伦敦国王学院、欧洲领导力网络等智库机构连续举办了五核国非官方及半官方专家会议，为正式会议出谋划策。正式会议期间，安排五核国团长与学术机构及广大无核武器国家开展互动交流，展现了开放透明的姿态。

四、关于五核国合作未来的几点思考

经过 12 年的发展，五核国合作机制已成为五核国就战略安全问题保持沟通，推动国际核军控进程的重要平台。需要看到，五核国合作进程与各国安全战略、国际安全环境、大国关系等因素彼此影响，互为作用。未来一段时间内，国际关系与全球安全格局仍处在大变革之中，大国在安全领域博弈日趋激烈，核军备竞赛风险增大，新兴科技军事化运用加速发展，全球战略稳定受到各方面冲击。在这种背景下，五核国应进一步巩固合作基础，挖掘内部潜力，拓展对外交流，突出工作重心。

（一）继续以维护《不扩散核武器条约》为中心，围绕条约目标开展工作

《不扩散核武器条约》是全球最具普遍性的核军控和防扩散条约，也是五核国合法拥有核武器的国际法依据。维护以《不扩散核武器条约》为基石的全球核不扩散体系，符合五核国的共同利益，是五核国合作机制的基础和长期共同目标。当前，受国际核裁军进程倒退、地区防扩散问题突出等因素影响，《不扩散核武器条约》机制面临严峻挑战。在《不扩散核武器条约》生效 50 周年之际，确保 2020 年条约第十次审议大会取得成功意义重大。2020 年伦敦会议上，五核国已就此与包括《不扩散核武器条

约》十审会主席团、学术机构及广大无核武器国家进行广泛讨论。下一步，五核国应加快落实有关措施，按计划在审议大会上提交“五核国核术语手册增订版”，举办核战略核政策边会与和平利用核能边会等，促成审议大会成功。

2010年《不扩散核武器条约》审议大会达成的行动计划，是长期以来五核国合作进程的重要工作指南。近两年，美国明确表示，此前《不扩散核武器条约》达成的有关决议已经不再符合当前国际形势需要，无法取得更多成果，转而发起“为核裁军创造环境”（Creating Environment for Nuclear Disarmament，CEND）进程。① 美国违背《不扩散核武器条约》决议承诺，不利于五核国在《不扩散核武器条约》框架下团结一致行动，“为核裁军创造环境”在客观上也会分散五核国合作议程。五核国需要重申对认真履行《不扩散核武器条约》之前达成决议的承诺，努力推动达成新的行动计划，指导下一阶段工作，并妥善处理各种机制之间的关系。

（二）中等核武器国家将发挥更大作用

实际上，在五核国合作进程中，英、法、中三个中等核武器国家一直发挥着重要作用。英国是五核国合作的倡议国，也是核裁军核查技术小组的牵头国，法国是制订统一报告表的牵头国，中国是编制《五核国核术语》手册的牵头国，并在2019年重启了五核国正式会议。从目前来看，俄罗斯与西方关系短期内难以得到改善，美俄核裁军前景黯淡，美意图将核裁军责任转嫁到中国，开展中美俄三边核裁军。在多次坚决反对参与三边核裁军的同时，为展现中国推动国际核军控的决心和努力，中国将以更积极的

① “Creating an Environment for Nuclear Disarmament: Striding Forward or Stepping Back?” The Arms Control Association, April 2019, https: //www. armscontrol. org/act/2019-04/features/creating-environment-nuclear-disarmament-striding-forward-stepping-back.

姿态投入五核国合作进程等多边核军控机制。2019年北京五核国会议上，中国推动核政策与核战略作为五核国交流常设议题，牵头负责五核国核术语工作组第二阶段工作，这都预示着中国将在五核国合作机制中越来越积极主动。

同样，在英国退出欧盟后，作为欧盟唯一核国家，法国在核政策上彰显与美不同的“独立性”，试图凭借其核力量来领导欧洲防务，共同推动“国际军备控制议程”，并表示将继续积极参与五核国合作，以加强五核国稳定、减少冲突时非自愿升级风险为目的进行对话。[①] 从长远来看，冷战以来形成的美俄双边核军控模式将逐渐走向尽头，中等核武器国家在五核国进程中权重加大，为未来新的多边核军控谈判拉开序幕。

（三）争取无核武器国家及国际社会更多支持

尽管五核国在2015年《不扩散核武器条约》审议大会上提交了《五核国核术语》手册和统一报告表，但许多无核武器国家认为这些成果没有达到预期要求，部分无核武器国家对五核国合作机制产生怀疑，认为这不过是“大国核垄断俱乐部”[②]。近年来，随着五核国持续对《禁止核武器条约》表示反对，进一步激化了五核国与支持《禁止核武器条约》国家间的矛盾。

实际上，尽管五核国合作实质性成果不多，但五核国关于核战略与核政策的讨论，就透明与建立信任措施的对话，其交流本身就是增信释疑的过程，具有重要的意义，这是五核国合作进程的“无形资产”。五核国需要

---

① *Speech of the President of the Republic on the Defense and Deterrence Strategy*, February 7, 2020, https://www.elysee.fr/en/emmanuel-macron/2020/02/07/speech-of-the-president-of-the-republic-on-the-defense-and-deterrence-strategy.

② *The P5 Process: Ten Years on, GLOBAL SECURITYPOLICY BRIEF*, Maximilian Hoell, September 2019, European Leadership Network, https://www.europeanleadershipnetwork.org/wp-content/uploads/2019/09/190925-P5-Process-Max-Hoell-1.pdf.

推动与外界开展开放和建设性对话，通过更及时的信息公开、更多的外联活动等方式将这些“无形资产”展现出来，获取无核武器国家和国际社会更多的信任和支持。另外，五核国应寻求与支持《禁止核武器条约》的国家进行对话，缓和矛盾，建立互信。毕竟，维护《不扩散核武器条约》为核心的国际核军控与防扩散机制，需要五核国与广大无核武器国家及国际社会的共同努力。

（四）注重减少战略风险的讨论

2020 年 2 月，美国列装新的低当量核弹头，意味着美军可动用核武器的门槛正不断降低。[①] 大国竞争时代，美俄纷纷大力发展战术核武器，“核武器实战论”正在取代“核战争打不赢，也打不得”的共识。国际社会对核战争风险担忧上升，不少专家认为全世界使用核武器的风险到达了二战以来的最高水平。[②] 同时，网络、人工智能、高超音速滑翔飞行器等新兴技术的发展与快速军事化应用，也对传统以核武器为基础的全球战略稳定体系带来冲击。

五核国有必要在将来交流中，重点就如何避免战略误判，减少升级风险进行讨论。通过核战略与核政策的讨论进一步增进战略理解与互信，对当前危机管理机制进行评估梳理，寻求务实的防止核冲突的措施。应设立专家工作小组，就新兴科技与核威慑、战略稳定等问题进行前瞻性的探讨，降低潜在风险。

---

① 兰顺正：《美新型战术核武器入列引关注》，来源：中国军网—中国国防报，2020 年 2 月 18 日，http://www.chinamil.com.cn/wjsm/2020-02/18/content_9745322.htm。

② 《联合国安全专家称全球核战争风险达二战后最高》，来源：参考军事，参考消息网，2019 年 5 月 24 日，http://www.cankaoxiaoxi.com/mil/20190524/2381118.shtml。

美国倡议“中美俄三边核军控”：进程、动因与前景

蒋翊民

内容提要：2019 年 4 月，美国特朗普政府抛出“中美俄三边核军控倡议”，强调将中国纳入核军控进程。该倡议突出反映了特朗普政府对当前国际核军控机制的负面认知，体现了其对于中国的战略防范以及对高新科技因素的持续关注。但该倡议并不符合当前国际核态势的客观现实、在具体操作层面将面临诸多障碍，不仅难以付诸实施，反而可能冲击现有核军控机制，破坏既有核军控成果，危及国际安全。

关 键 词：三边核军控　动因　可行性　前景

作者单位：中国工程物理研究院战略研究中心

“中美俄三边核军控”是 2019 年国际核军控领域最为引人注目的新议题之一。自 2019 年 4 月美国总统特朗普首次公开抛出该倡议起，美国国务卿蓬佩奥、负责军控与国际安全事务的副国务卿汤普森等政府高层人士持续在不同场合阐释该倡议，大力提升其影响力，积极推动相关进程，正深刻而复杂地影响着国际核军控态势。

一、美推进中美俄三边核军控的进程

2019 年 4 月 4 日，美国总统特朗普在会见到访的中国国务院副总理刘

鹤时，“略显突然”地提出“中美俄三边军控倡议”，宣称要将军控作为中美经贸问题后需要解决的“另一重要问题”。特朗普表示，“中美俄三国每年投入数千亿美元制造包括核武器在内的各种武器。三方应当合作共同停止此类开支，这也将有助于长期和平”。① 2019 年 4 月 10 日，美国国务卿蓬佩奥在接受国会听证时表示：“当今全球环境以及美国面临的核威胁已经出现了巨大变化，我们必须确保核军控可以涵盖所有相关方。在《美俄关于进一步削减和限制进攻性战略武器措施的条约》（以下简称新 START 条约）后，必须要把更多的国家纳入核军控进程。”② 2019 年 4 月 26 日，美国有线新闻网报道称，特朗普总统已下令国家安全团队针对未来核军控开展研究，应考虑包含所有武器、所有弹头以及所有导弹，应当包括俄罗斯与中国。③ 2019 年 5 月 15 日，美国国务院负责军控与国际安全事务的副国务卿汤普森在国会听证会上进一步表示：“特朗普政府已计划根据全新环境、针对更多对象开展军控。军控必须要符合当前战略现实。俄罗斯与中国必须加入核军控。冷战时期基于双边条约，仅限制部分类型核武器的军控模式已经不合时宜，美国必须采取创造性与灵活性策略处理军控问题。”④

与此同时，特朗普政府也着手在双边与多边国际平台推动“中美俄三边核军控倡议”。在美俄双边层面，美总统特朗普在同俄总统普京通话时表

① “Trump orders staff to prepare arms-control push with Russia and China,” *The Washington Post*, April 25, 2019, https://www.washingtonpost.com/world/national-security/trump-orders-staff-to-prepare-arms-control-push-with-russia-and-china/2019/04/25/c7f05e04-6076-11e9-9412-daf3d2e67c6d_story.html.

② “Testimony before Foreign Relations Committee,” U.S.Senate, April 10, 2019, https://www.foreign.senate.gov/hearings/review-of-the-fy-2020-state-department-budget-request-041019.

③ “Trump plans to conclude a nuclear treaty with Russia and China,” CNN, April 25, 2019, https://www.cnn.com/2019/04/25/politics/trump-nuclear-deal-russia-china/index.html.

④ “Under Secretary Thompson's Statement for the Record of Testimony Before the Senate Committee on Foreign Relations,” May 15, 2019, https://www.foreign.senate.gov/download/thompson-testimony-051519.

示，中国对于参与中美俄三边核军控“极为兴奋”。①美国国务卿蓬佩奥同俄罗斯外长拉夫罗夫两次会晤时均专门提出中美俄三边核军控问题。2019年5月访俄期间，蓬佩奥确认特朗普总统已指示国家安全团队针对更为广泛的核军控议题开展研究，强调“新时代军控”应着眼于新兴威胁，包含更多国家，需将中国纳入进程。蓬佩奥再度倡议中美俄三国围绕核军控以及事关战略安全的广泛议题开展讨论。②

2019年12月拉夫罗夫访美期间，蓬佩奥再度强调推进中美俄三边核军控的重要意义。蓬佩奥强调，特朗普总统积极寻求推动中美俄三边核军控。三边核军控必须可核查、能执行，应包含所有有能力影响战略稳定的国家。中国虽然在核力量上目前仍不及美国，但中美俄三边核军控并不必然要求限制核力量发展，其最主要目标是创造稳定所需的一系列条件。美国将首先致力于开展建设性的对话，对话需涵盖涉及战略稳定的相关各方，需涉及所有威胁战略稳定的具体因素。③

在多边层面，美负责军控事务的助理国务卿等官员利用联合国大会等平台，高调宣传美三边核军控倡议，大力提升其国际影响力。2019年10月，美负责军控事务助理国务卿帮办迪南诺（Thomas DiNanno）在联合国大会第一委员会上，重点推介中美俄三边核军控，重申，“传统军控模式源于冷战时期，基于双边条约，仅限制部分类型核武器，已不能适应当前战

---

① Kingston Reif and Shannon Bugos, “Putin Invites U.S. to Extend New START, ”The Arms Control Association, January/February 2020, https://www.armscontrol.org/act/2020-01/news/putin-invites-us-extend-new-start.

② “Secretary of State Michael R. Pompeo And Russian Foreign Minister Sergey Lavrov At A Joint Press Availability, ” U.S. State Department, May 14, 2019, https://translations.state.gov/2019/05/14/secretary-of-state-michael-r-pompeo-and-russian-foreign-minister-sergey-lavrov-at-a-joint-press-availability/.

③ “Secretary Michael R. Pompeo and Russian Foreign Minister Sergey Lavrov At A Press Availability, ” State Department, December 10, 2019, https://www.state.gov/secretary-michael-r-pompeo-and-russian-foreign-minister-sergey-lavrov-at-a-press-availability/.

略现实。美国已做好准备同俄罗斯与中国就可核查、能执行的军控展开谈判。当今世界需要以降低核风险为目标的新时代军控。俄罗斯当前正在发展不受新 START 条约限制的新型战略进攻性武器。中国拥有大量陆基中程导弹不受军控条约限制，同时仍在持续增加核武库规模。”①

特朗普政府的“中美俄三边核军控倡议”也引起美国内智库学界的激烈讨论。针对该倡议，反对派与支持派的意见泾渭分明、针锋相对。反对派强调中国核武库当前规模远低于美国，未来也难以同美国匹敌，要求中国加入新 START 条约要么需要美国将核武库降至同中国相同的水平，要么需要中国将核武库规模提升至美国水平。② 支持派则认同特朗普政府对当前全球战略环境的判断，强调中国崛起对国际战略格局的冲击，突出高超声速武器等高新科技武器系统对军控的潜在影响，认可将中国纳入下一阶段军控的必要性。在实施策略上，支持派强调开展中美俄军控需要创新思维。部分学者建议中美俄三边军控可通过美俄—中美双轨并行推进。美俄主要讨论新 START 条约延期等问题，中美主要着眼于增强双边透明。③部分学者则强调中美首先开展双边建立信任措施，具体可考虑开展战略安全对话、通报导弹发射、建立核风险中心措施等，以期为后续军控举措奠

① The U.S. State Department, *U.S. General Debate Statement*, Remarked by Thomas DiNanno, Senior Bureau Official and Deputy Assistant Secretary for Defense Policy, Emerging Threats, and Outreach Bureau of Arms Control, Verification and Compliance, Delegation of the United States of America, 2019 UN General Assembly First Committee, October 10, 2019, https://www.state.gov/u-s-general-debate-statement/.

② Gregory Kulacki, “China's Counterproductive Response on New START,” *All Things Nuclear*, May 7, 2019, https://allthingsnuclear.org/gkulacki/chinas-counterproductive-response-on-new-start.

③ “A ‘World-Class’ Military: Assessing China's Global Military Ambitions,” U.S.-China Economic and Security Review Commission, June 20, 2019, https://www.uscc.gov/hearings/world-class-military-assessing-chinas-global-military-ambitions.

定基础。①

不难发现，美此次提出“中美俄三边核军控倡议”，主要具有如下特点：（1）要求涵盖的国家更加广泛，明确提出将中国纳入核军控进程；（2）涵盖的核武器系统更为多元，可能涵盖所有核弹头、导弹及新型武器；（3）对非核因素更为重视。美国国务卿蓬佩奥等政府高官多次宣称，新时代军控需考虑所有影响战略安全的因素；（4）军控手段方式更多样。美官员多次宣称，新时代军控将不同于基于条约的双边模式。美智库学者也提出单边承诺、透明与建立信任措施、其他方式都可成为美国政府推动中美俄三边核军控的备选方案。②

二、美倡议中美俄三边核军控的动因

美提出“中美俄三边核军控倡议”，总体上契合了特朗普政府对传统军控模式难以满足美国战略需求的基本判断，突出反映了美国对中国的战略防范与关切，也显示了美国对于高新战略科技快速发展的持续关注。同时，特朗普热衷谈判、追求“大交易”的个人因素所起的作用同样不可忽视。

作为实现战略目标的重要手段，特朗普政府认可军控对美国国家安全的重要战略价值，但多次强调传统军控模式已不能满足新时代美国的战略需求。在 2017 年版《国家安全战略报告》中，特朗普政府指出美国面临的

---

① Frank A. Rose, “Bringing China into the fold on arms control and strategic stability issues,” The Brookings Institute, September 25, 2019, https://www.brookings.edu/blog/order-from-chaos/2019/09/25/bringing-china-into-the-fold-on-arms-control-and-strategic-stability-issues/; Vince Manzo, “Nuclear Arms Control without a Treaty? Risks and Options After NEW START, Center of Naval Analysis, March 2019, https://www.cna.org/research/NAC.

② Vince Manzo, “Nuclear Arms Control without a Treaty? Risks and Options After NEW START,” Center of Naval Analysis, May 6, 2019, https://www.cna.org/CNA_files/PDF/IRM-2019-U-019494.pdf.

政治、经济以及军事竞争日趋加剧，中国与俄罗斯挑战美国国际地位，破坏美国安全与繁荣。[①] 在2018年2月发布的《核态势评估报告》中，特朗普政府宣称大国战略竞争回归。部分核武器国家寻求改变现有规则、拒绝履行现有国际义务与承诺，在这一环境下推进核军控十分困难。[②] 基于这一判断，美国务院在2018年4月《不扩散核武器条约》（NPT）审议大会第二次筹备会议上提交了题为《为核裁军创造条件》的工作文件，指责俄罗斯、中国持续提升核武库规模、多样化核武器能力，要求首先解决阻碍核军控进程推进的安全问题。[③]

基于这一评估，特朗普政府认为源于冷战时期的“传统军控”已不能满足美国的战略需求。首先，源于冷战时期的美俄双边军控主要着眼于降低全面核战争风险，而当前美国面临的核威胁重点已逐渐演变为防范及应对战略对手在战区层面首先有限使用核武器。防范对象也已不再局限于俄罗斯，而是涵盖一系列“各具特点”的战略对手；其次，美认为现有美俄新START条约并不全面，未涵盖非战略武器等美国对俄罗斯在核领域的长期关切。美2018年《核态势评估报告》重点强调，“俄罗斯在核武器生产能力以及非战略核武器方面拥有对美显著优势”；[④] 再次，美认为当前拥有核武器的国家增多，全球核格局相比于冷战时期已经出现了巨大变化。美俄双边核军控已经不再适应当前的全新国际核态势；最后，美强调当前影响战略安全的高新技术因素持续增多，而传统核军控未涵盖此类武器系统。

基于上述判断，特朗普政府在核军控问题上“摒弃传统，另起炉灶”

---

① The White House, *National Security Strategy*, December 2017, p.2, https://www.whitehouse.gov/wp-content/uploads/2017/12/NSS-Final-12-18-2017-0905.pdf.

② The Department of Defense, *The Nuclear Posture Review*, February, 2018, p.73.

③ The Department of State, *Creating the Conditions for Nuclear Disarmament*, Working paper submitted by the United States of America, United Nations, April 2018, https://undocs.org/NPT/CONF.2020/PC.II/WP.30.

④ The Department of Defense, *The Nuclear Posture Review*, February, 2018, p.9.

的意图日渐清晰。针对美俄《中导条约》履约争议，特朗普政府于2018年10月正式改变了此前坚持的“在履约前提下纠正俄罗斯违约行为”的立场，公开表示退出《中导条约》。[①] 美国家安全事务助理博尔顿在访俄期间明确表示：“《中导条约》是冷战时期的产物，不合时宜，也被诸多国家忽视。”[②] 在新START条约延期问题上，特朗普政府态度消极，对俄提出的续约要求回应冷淡。与此同时，美国国务卿蓬佩奥、助理国务卿帮办迪南诺等高官多次宣称，当前基于双边条约、涵盖部分导弹系统的冷战军控方式已不再“足够”，强调启动“新时代军控”势在必行。

其次，美提出“中美俄三边核军控倡议”，着力强调将中国纳入核军控进程，突出反映了特朗普政府对中国的战略防范。自上台以来，特朗普就明确将中国界定为战略竞争对手，在《国家安全战略报告》《国防战略报告》《核态势评估报告》以及《导弹防御评估报告》等一系列国家政策文件中均将中国视为战略威胁。在核领域，美重点强调了一系列对华“关切”，强调中国核力量与导弹力量发展迅速，核武器现代化的范围和规模缺乏透明度，未来意图值得怀疑。[③] 美2018年版《核态势评估报告》宣称，中国发展了井基部署、搭载分导式多弹头的“东风-5”型洲际弹道导弹，陆基机动部署的新型洲际弹道导弹，以及可威胁陆地与海上目标、具备精确核打击能力的“东风-26”型中远程弹道导弹。[④] 美国防部2019年度

---

① “Trump says U.S. will terminate Intermediate-range Nuclear Forces Treaty,” *The Washington Post*, October 21, 2018, https://www.washingtonpost.com/video/politics/trump-says-us-will-terminate-intermediate-range-nuclear-forces-treaty/2018/10/20/6b55d998-d4a9-11e8-a4db-184311d27129_video.html.

② “John Bolton: INF Treaty ‘outmoded, being violated and being ignored’,” *The NBC News*, October 24, 2018, https://www.nbcnews.com/video/john-bolton-inf-treaty-outmoded-being-violated-and-being-ignored-1351142467623.

③ The Department of State, *Creating the Conditions for Nuclear Disarmament*, Working paper submitted by the United States of America, United Nations, April 2018, https://undocs.org/NPT/CONF.2020/PC.II/WP.30.

④ The Department of Defense, *The Nuclear Posture Review*, February, 2018, p.11.

《中国军事与安全发展态势报告》大幅上调了对中国陆基中程核与常规导弹的评估数据，评估值相比于2018年度《中国军事与安全发展态势报告》增长数倍。[①]

在核军控方面，美自2018年起就已在其军控政策中刻意突出“中国因素”，为要求中国加入核军控预作铺垫。美在2018年4月提交的《为核裁军创造条件》工作文件中，重点要求中国停止武器用裂变材料生产，倡议核武器国家冻结核武库规模。[②] 在美退出《中导条约》过程中，中国虽非条约缔约方，但“中国因素”在美各层官员的退约表态中被反复提及。美总统特朗普在2018年10月首次公开宣布退约时即表示，俄罗斯违反条约，中国不受条约约束。除非这些国家同美国一并消除此类武器，否则美国不会接受限制。[③] 在2018年10月访俄期间，美国家安全事务助理博尔顿同样强调，如按《中导条约》规定，中国导弹中有超过50%都将销毁。[④]

再次，美提出中美俄三边核军控，强调将高新技术武器系统纳入核军控框架，体现了美对于战略安全中高新科技因素的持续关注。相比于此前政府，特朗普政府核政策中对于非核因素的强调最为突出，对于利用核武

① The Department of Defense, *Military and Security Developments Involving the People's Republic of China 2019*, May 2, 2019, https://media.defense.gov/2019/May/02/2002127082/-1/-1/1/2019_CHINA_MILITARY_POWER_REPORT.pdf; The Department of Defense, *Military and Security Developments Involving the People's Republic of China 2018*, August 16, 2018, https://media.defense.gov/2018/Aug/16/2001955282/-1/-1/1/2018-CHINA-MILITARY-POWER-REPORT.PDF.

② The Department of State, *Creating the Conditions for Nuclear Disarmament*, Working paper submitted by the United States of America, United Nations, April 2018, https://undocs.org/NPT/CONF.2020/PC.II/WP.30.

③ "Trump says U.S. will terminate Intermediate-range Nuclear Forces Treaty," *The Washington Post*, October 21, 2018, https://www.washingtonpost.com/video/politics/trump-says-us-will-terminate-intermediate-range-nuclear-forces-treaty/2018/10/20/6b55d998-d4a9-11e8-a4db-184311d27129_video.html.

④ "John Bolton: INF Treaty outmoded, being violated and being ignored," *The NBC News*, October 24, 2018, https://www.nbcnews.com/video/john-bolton-inf-treaty-outmoded-being-violated-and-being-ignored-1351142467623.

器“跨域威慑”非核战略攻击的表述最为明确。在2018年版《核态势评估报告》中，特朗普政府明确表示可能动用核武器报复对美国的重大非核战略攻击，宣示，“重大非核战略攻击包括但不仅限于对美国及其盟友与伙伴的人口、基础设施，美国及其盟友的核力量、指挥控制系统以及预警与毁伤评估能力的非核攻击。”① 与此同时，美在报告中明确提及俄罗斯与中国均正在追求非对称手段对抗美国常规优势、外空情报、侦察与监视能力以及核指挥控制系统、定位、导航以及授时系统。② 由此可见，特朗普政府在三边核军控倡议框架下重点突出非核高新科技因素，也是其核战略中跨域威慑思路的自然延伸。

最后，特朗普总统的个人因素同样不容忽视。在个人风格上，特朗普乐于获取外界关注，不懈追求“高光时刻”。在入主白宫后，特朗普绕开严苛死板的传统官僚机构，大搞“推特治国”，时刻维持自身的高聚焦度。作为个人色彩鲜明的总统，特朗普以谈判高手自居，以善于达成大交易自我标榜。核军控谈判作为国际安全重要议题，关注度高、博弈性强，符合特朗普胃口。据美《外交政策》杂志披露，早在20世纪80年代，当时还是曼哈顿地产商的特朗普就扬言，希望里根政府任命其为核军控谈判代表同苏联达成核军备控制协议。③ 特朗普亲自提出“中美俄三边核军控倡议”，也体现了其个人对该议题的浓厚兴趣。自抛出该倡议以来，特朗普多次在社交媒体上发文推动，彰显了对该倡议的高度重视。

---

① The Department of Defense, *The Nuclear Posture Review*, February, 2018, p.21.

② The Department of Defense, *The Nuclear Posture Review*, February, 2018, p.21.

③ Michael Hirsh, “Trump Once Wanted to Negotiate With Russia Over Nukes. Then Mueller Happened,” *The Foreign Policy*, February 1, 2019, https://foreignpolicy.com/2019/02/01/trump-once-wanted-to-negotiate-with-russia-over-nukes-then-mueller-happened/.

三、美倡议中美俄三边核军控的前景

尽管美高层人士在多个场合持续推动“中美俄三边核军控倡议”，但其基本前提存在缺陷，操作层面面临诸多挑战。该倡议在提出后，虽经特朗普政府多次阐述，但尚未形成逻辑清晰、方案可行的严肃核军控计划。

从基本前提看，特朗普政府对国际安全形势与核态势的判断并不符合国际战略形势、特别是国际核态势的客观现实。

第一，从全球总体层面看，当前国际权力格局的确出现了“东升西降”的明显态势，中国综合国力持续增强成为全球战略格局变化的突出变量。但从国际核态势层面看，全球核力量对比未出现明显变化。根据斯德哥尔摩和平研究所数据，当前美俄两国核武库合计仍占全球核武库总量的90%以上。① 美俄在国际核力量格局中的“超级大国”地位并未动摇，两国在核军控进程中的优先责任并未改变，美俄双边核武器削减仍然应当是国际核军控的主线。

第二，特朗普政府要求中国加入核军控同样缺乏依据。客观而言，中国当前综合国力的确已显著增强，但中国核战略与核政策长期保持高度稳定，核力量发展始终保持自我克制，这是国际社会大多数国家公认的事实。自1964年10月成功爆炸第一颗原子弹起，中国就郑重宣布“中国在任何时候，任何情况下，都不会首先使用核武器”，主张“全面禁止和彻底销毁”核武器。半个多世纪以来，该政策始终保持高度稳定。在2019年最新版《新时代的中国国防》中，中国再度明确表示，“中国始终奉行在任何时候和任何情况下都不首先使用核武器，无条件不对无核武器国家和无核

---

① SIPRI, *SIPRI YEARBOOK 2019, Armaments, Disarmament and International Security*, Sweden, p.84.

武器区使用或威胁使用核武器的核政策，主张最终禁止和全面彻底销毁核武器，始终把自身核力量维持在国家安全需要的最低水平”。[①] 国际学术界公认，中国目前核武库规模仍然保持在有限水平，同英法基本相当。[②]

而从操作层面看，核军备控制事关参与方的核心战略利益，是涉及政治、军事、经济、科技等多个领域的复杂战略博弈，具有极高的严肃性与专业性。美俄经过长达数十年的细致谈判，方才形成了以控制核军备竞赛强度与防范核大战风险为基本目标，以保持力量基本平衡、重点限制先发制人打击能力为基本原则的双边核军控机制，达成了《美苏限制进攻性战略武器的某些措施的临时协定》《美苏限制进攻性战略武器条约》《美苏削减和限制进攻性战略武器条约》以及新 START 条约等一系列条约。

当前，即便特朗普政府反复强调新时代军控可能不同于冷战时期的条约模式，但军控可能涉及的基本要素，包括构建各方认可的军控目标、厘清概念界定与构建军控限制的原则共识等一系列基础问题仍然难以回避。特朗普政府当前提出的军控方案在上述方面均面临严重问题。

在军控目标上，特朗普政府当前提出将“降低核战争风险”作为新时代军控的目标，但并未阐明当代核风险的具体内涵、来源以及同此前核风险的具体差异，也未阐明降低核风险与不同类型核武器装备的明确逻辑关系，显然并非可以作为严肃军控方案的出发点。

在概念界定上，中美俄三方在包括核武器作用、核武器分类等一系列基本问题上存在本质差异。美俄两国均奉行战争制胜型核战略，其核武器用于威慑核攻击、生物、化学等大规模杀伤性武器以及大规模常规攻击。与战争制胜型核战略相适应，美俄两国均发展了规模庞大、种类繁多的核

---

① 中华人民共和国国务院新闻办公室：《新时代的中国国防》，北京：人民出版社 2019 年版，第 10 页。

② SIPRI, *SIPRI YEARBOOK 2019, Armaments, Disarmament and International Security*, Sweden, p.84.

武库，其中既有新 START 条约限制下的“战略进攻性武器”，也包含大量条约限制之外的“非战略核武器”。中国长期奉行不首先使用核武器政策，核武器在国家安全中的地位和作用同美俄存在本质差异，对核武器作用认识与类型界定也完全不同于美俄。中国政府认为，“中国所有的核武器都是战略性的”①，而且该语境下的“战略”内涵根本不同于美俄新 START 条约下的“战略”内涵。

在军控原则上，中美俄三国核武库相差悬殊，特朗普政府至今仅在《为核裁军创造条件》等官方文件中零星提出“核武器国家冻结核力量发展”以及“核武器国家应承诺暂停裂变材料生产”等倡议。② 但是，在自身核武库规模大幅领先、武器用核材料存在大量冗余以及导弹防御能力持续提升的情况下，特朗普政府倡议“冻结规模”以及“暂停武器用核材料生产”，显然难以摆脱固化己方优势的单边色彩，难以取信于军控相关方。

如按特朗普政府所言，未来新时代军控还需进一步考虑所有可能影响战略安全的因素，重点考虑高新科技因素，则该倡议的实施难度将进一步增大。

首先，当前高新科技因素在核威慑与战略稳定中的作用认识仍不清晰，确认高新科技军控应涉及的具体武器系统仍需研究。但鉴于该问题涉及核指挥控制系统、核武器作战运用等高度敏感问题，各国在官方层面开展讨论面临实质性困难。特别是当前大国战略对抗加剧，核武器国家间针对该问题开展深入讨论面临着更为严峻的阻碍。

其次，美在智库学界层面提出的高新科技武器控制思路并未充分考虑

① 关于中华人民共和国履行《不扩散核武器条约》情况的国家报告，外交部网站，2019 年 4 月 9 日，https://www.fmprc.gov.cn/web/wjb_673085/zzjg_673183/jks_674633/fywj_674643/t1659431.shtml。

② The Department of State, *Creating the Conditions for Nuclear Disarmament*, April 2018, https://undocs.org/NPT/CONF.2020/PC.II/WP.30.

相关方安全关切，限制方案也未充分考虑影响安全的深层次因素。在高新科技方面，美智库学界当前着力推动限制高超声速武器、反卫星武器以及网络军事力量等，但其背后动因显然更多出于弥补战略脆弱性的单方面考虑，刻意回避了更为深层次的复杂战略因素。以高超声速武器为例，部分美智库学者建议新时代多边军控可以从首先禁止高超声速武器起步。① 但事实上，高超声速武器在美俄国家安全战略中的作用地位完全不同，禁止此类武器系统对两国安全利益的影响也存在根本差异。截至目前，美国高超声速武器均为常规载荷，主要用于对具有重要价值的时间敏感目标进行精确打击。俄罗斯"先锋"高超声速武器则搭载核战斗部，主要用于反制美导弹防御系统、确保自身核威慑有效。美国方案不提及自身导弹防御系统，单纯要求限制高超声速武器，显然难以令俄罗斯接受。

最后，高新科技问题当前已日益具有全球普遍性，难以简单通过中美俄三边框架加以管控。同样以高超声速武器为例，当前部分欧洲国家以及日本等均已明确提出高超声速导弹发展方案，全球高超声速武器竞争绝非仅存在于中美俄三边。而针对网络军事能力等，情况则将更为复杂。由于网络科技的特殊属性，当前网络军事能力已经不仅为传统大国独家垄断，非国家行为体也有可能具备一定的网络军事能力。此类高新科技的复杂威胁显然更加难以通过中美俄三边框架解决。

四、结语

特朗普政府提出"中美俄三边核军控倡议"，反映了其对传统核军控的

---

① Ralph A. Cossa, "Nuclear Arms Control: A Game-Changer for the Asia-Pacific?" *Pacific Forum*, October 25, 2019, https://www.pacforum.org/analysis/pacnet-56-nuclear-arms-control-game-changer-asia-pacific.

负面认知、对中国的战略防范以及对高新科技迅速发展的高度关切，但其具体主张显然并非是严肃成熟的军控方案，部分主张更突出反映了“美国优先”的单边色彩，难以取得相关方的积极回应，未来实施前景将面临诸多挑战。

不可否认，当前全球安全的确面临着包括大国对抗加剧、事实核国家数量增多以及高新科技因素凸显等诸多冷战时期所不曾面对的新挑战。对此，核武器国家加强对话沟通、增强互信、加强协作尤为重要。事实上，各主要国家已认识到应对新挑战的必要性与紧迫性，通过战略对话与磋商机制等双边措施以及五核国机制等多边措施寻求直面挑战、坦率沟通，增强互信、加强协作，并取得了一系列成果，为后续采取可行举措奠定了基础。

但美以启动新时代军控为由，炒作新概念，日益摒弃美俄双边核军控机制，不仅对国际安全构成负面冲击，最终也难以保其安全利益。事实上，美俄核武库仍占全球核武库的90%以上，两国优先核裁军义务并未改变，两国双边核军控显然应当是国际核军控的主线。特朗普政府应立即在新START条约延期等问题上采取积极行动，避免美俄核军控机制瓦解进而引发双边战略关系失控。同时，针对国际战略安全面临的新问题，美还应以建设性立场参与五核国合作，共同应对新挑战，从而真正确保自身战略安全，也对国际安全作出积极贡献。

后《中导条约》时代的国际核裁军与全球战略稳定

员欣依

内容提要：2019年8月2日，《中导条约》正式废止，国际核裁军步入“后《中导条约》时代”。国际核裁军正处于冷战结束以来最剧烈的变动时期，传统核裁军体系遭遇破旧立新的困局。美俄双边核裁军难以继续推进，多边核裁军态势愈发复杂，全球战略稳定正遭受重大冲击，核大国间关系紧张导致军备竞赛稳定性降低，军控旧机制崩塌而新机制尚未形成，核大国间危机稳定性堪忧。未来国际核裁军斗争将主要向多边平台聚集，围绕核裁军中间步骤等重点议题展开。美仍企图将中国纳入三边核裁军进程，其用意在于施压和干扰中国正常核力量发展。

关 键 词：后《中导条约》时代　国际核裁军态势　全球战略稳定　军备竞赛稳定性　危机稳定性

作者单位：中国工程物理研究院战略研究中心

1987年12月，美国和苏联签署的《中导条约》，是两国在冷战时期达成的第一个针对某一类型导弹进行整体削减的核军备控制条约。按照条约规定，美苏共计销毁2692枚陆基中短程导弹，其中美国销毁846枚，苏联销毁1846枚。[①] 条约的签订显著降低了美苏军事对抗水平，为维持欧洲的战略稳定发挥了积极作用。虽然削减的武器总量与美苏庞大的核武库总量相比算不上太多，但条约却是美苏削减核武器的真正开端，奠定了后续美苏战略武器削减谈判的基础，被视为核裁军条约体系的三大支柱之一，[②] 也为世界和平作出了重要贡献。然而，2019年8月2日，美国政府正式宣布退出《中导条约》，俄罗斯外交部亦宣布条约终止。至此，曾经持续发挥了30多年战略稳定作用的《中导条约》惨遭毁弃，国际核裁军正式步入后《中导条约》时代。

一、后《中导条约》时代的国际核裁军态势

近年来，特朗普政府相继颁布一系列涉及国家安全战略及核战略的政策文件，强调大国竞争，对中俄进行遏制打压，不仅将应对中俄挑战、保持美国全方位优势地位作为国家战略的首要，还在政治、军事、经济及军控诸领域采取了单边主义。[③] 在美国一系列单边主义政策及行动的冲击下，当前国际核裁军领域正处在冷战结束以来最剧烈的变动时期，传统核裁军

① U.S.Department of State, Diplomacy in Action, *Treaty Between The United States Of America And The Union Of Soviet Socialist Republic On The Elimination Of Their Intermediate-Range And Shorter-Range Missiles (INF Treaty)*, http://www.state.gov/t/avc/trty/102360.htm; Joseph P.Harahan, *On-site Inspections Under The INF Treaty, A History of the On-site Inspection Agency and Treaty Implementation, 1988-1991 Treaty History Series*, The U.S. Government Printing Office Superintendent, Mail Stop: SSOP, Washington, D.C. 20402-9328.

② 其他两个分别是《反导条约》和《美俄削减和限制进攻性战略武器条约》(简称新START条约)。截至目前，《反导条约》和《中导条约》均已废除，新START条约将于2021年2月到期，面临能否延期以及如果延期到期后的存续问题。

③ 2017年美国颁布了《国家安全战略报告》，将中国视为首要竞争对手，2018年颁布了《核态势评估报告》，提出大国竞争重回国际舞台中央，针对俄、中、朝、伊分别进行定制威慑等，退出《联合全面行动计划》(JCPOA，即伊核协议)及其他国际条约等行为，无不凸显特朗普政府的“美国第一”理念及美国优先的政策导向。

体系遭遇破旧立新的困局。具体而言，美俄双边核裁军推进愈发困难，国际多边核裁军机制面临严重侵蚀。核武器国家内部、核国家与无核国家间分歧加大，一方面多边核裁军压力突出却难以推进，另一方面无核武器国家推动激进核裁军势头迅猛，多边核裁军态势日趋复杂难解。

（一）美俄双边核裁军难以推进

美俄两国拥有世界上绝大多数的核武器，负有特殊优先的核裁军义务，其双边核裁军能否有效推进直接关系到国际核裁军能否获得突破性进展。然而，伴随着美俄关系不断交恶以及双方军事对抗水平的升级，现在来看，不仅推进双边核裁军越发困难，甚至是双方早前形成的双边核裁减体系也遭遇愈发严峻的挑战。

1. 美俄战略竞争加剧，确保核优势再成关注重点

冷战结束后的前20年，美国历届政府基本延续了对国际安全环境，特别是大国战略关系总体较为乐观的判断。① 尤其是奥巴马，直到任期结束时，还希望能再次谈判将“新START条约”进行延期。② 特朗普执政后，一改此前对安全环境的乐观评估，明确表示大国竞争已经回归，俄罗斯与中国对美国国家安全构成全新挑战，突出对俄罗斯与中国的战略防范。美国2018年《核态势评估报告》全方位调整了核武器相关政策，主要表现为：改变对国际格局的判断，将应对大国竞争设为首要任务；调整核威胁排序，美国新时期最现实的关切成为有限核使用；提升核武器作用，将跨

---

① 如克林顿政府在1994年《核态势评估报告》中认为，“当前美国面临全新安全环境，俄罗斯对美安全威胁正在降低”；小布什政府在2001年《核态势评估报告》中认为，“美俄已不存在意识形态冲突，美俄可以建立合作关系”；奥巴马政府在2010年《核态势评估报告》中明确提出，“美国当前面临的最紧迫、最严峻威胁为核恐怖主义”

② 员欣依：《关于奥巴马政府“不首先使用核武器”政策的争论》，《美国研究》2017年第3期，第122页。

域威胁明确划入核使用红线；强调定制威慑；提高对核武器综合体研发能力要求；对军控、裁军议题采取消极审慎态度，明确表示，“当前环境下使核裁军在近期取得更大进展充满挑战。”① 特朗普政府表示，当前朝核等核扩散热点问题尚未解决。俄罗斯、中国等持续发展核力量，美国难以单方面做出进一步削减核武器承诺。② 这种战略政策的收紧预示美国无意降低核武器作用和削减，相反却在提升核武器作用。2020 年 2 月，美提议发展 W93 型核弹头，这是冷战后第一款新弹头型号，其逆核裁军潮流而动的趋势日益明显。③

俄罗斯始终在军事上力图保持与美平起平坐，对美行为不会坐视不理，不可能再削减对美显出颓势的核武库，如何更好地维持俄美核均衡才是其关注重点。2018 年，俄罗斯宣称研发五款新式战略武器。④ 2019 年，普京总统自豪地称，“自核导弹诞生以来，无论是在苏联时期还是在当代俄罗斯，我们第一次没有寻求赶超任何人。恰恰相反，世界上一些主要国家尚未制造出俄罗斯已经拥有的武器。”⑤ 截至 2019 年 5 月，美俄双方均无意再裁减占全球 93%的庞大核武库。⑥

---

① DOD, *Nuclear Posture Review 2018*, p.Ⅷ, https://media.defense.gov/2018/Feb/02/2001872886/-1/-1/1/2018-NUCLEAR-POSTURE-REVIEW-FINAL-REPORT.PDF.

② DOD, *Nuclear Posture Review 2018*, https://media.defense.gov/2018/Feb/02/2001872886/-1/-1/1/2018-NUCLEAR-POSTURE-REVIEW-FINAL-REPORT.PDF.

③ Bryan Passifiume, “U.S. moves ahead with new nuclear warhead,” *Toronto SUN*, February 17, 2020, https://torontosun.com/news/world/new-u-s-nuclear-warhead.

④ 2018 年普京国情咨文，Послание Президента Федеральному Собранию, 2018, http://www.kremlin.ru/events/president/news/56957。

⑤ 《俄罗斯总统普京 2020 年国情咨文全文：苏联解体后，我们仍然有同样的雄心壮志》，观察者网，2020 年 1 月 19 日，https://www.guancha.cn/f-putin/2020_01_19_532168_4.shtml。2019 年普京国情咨文，Послание Президента Федеральному Собранию, 2019, http://www.kremlin.ru/events/president/news/59863。

⑥ Hans M. Kristensen and Matt Korda, “Status of World Nuclear Forces,” Federation of American Scientists (FAS), May 2019, https://fas.org/issues/nuclear-weapons/status-world-nuclear-forces/.

2.《中导条约》被废除

《中导条约》履约争议早在2014年就已经发酵。[①] 2018年10月，特朗普以“俄罗斯违反条约、中国不受约束”为名宣布欲退约。[②] 2019年2月，美正式启动退约程序，6个月通知退约期满后的8月2日，美国正式退约。俄外交部当即回应称，“美国完成了退出《中导条约》的退约程序。由此，该条约正式失效”。俄罗斯认为，“华盛顿犯下了一个严重的错误。故意围绕该条约制造了几乎无法克服的危机。原因很明显：美国想要摆脱自己设定的限制。”[③] 这是继《反导条约》之后，又一个重要双边军控条约因美退出被废，其消极影响重大。因为《中导条约》不仅是维持欧洲安全的重要协定，与《反导条约》、“新START条约”一起组成维持美俄核威慑平衡的三大条约，而且还是美俄减少核战争对抗（war-fighting）能力的标志性条约之一。美国不顾国际社会劝阻，完全无视条约重要性退约的行为再次冲击了美俄双边核裁军机制。

3.“新START条约”延期难言乐观

美俄双边限制与削减战略核武器的条约是维持美俄战略稳定性的基础，也是双边核裁军最重要的条约，历来受到高度重视。但近年来，美政府却对即将于2021年到期的“新START条约”态度十分消极。作为《中导条约》遭到废除后，美俄双边核军控框架下的仅存成果，“新START条约”能否存续面临着严峻挑战。尽管条约规定有延期条款，美俄可据此在条约到期后通过协商一致延长至多五年。俄总统普京也已经对延长条约做出积

---

① 蒋翊民：《美俄〈中导条约〉履约争议及其未来走向》，《现代国际关系》2015年第2期，第25页。

② Julian Borger, Martin Pengelly, “Trump says US will withdraw from nuclear arms treaty with Russia,” *The Guardian*, October 21, 2018, http://www.theguardian.com/world/2018/oct/20/trump-us-nuclear-arms-treaty-russia.

③ 《俄罗斯外交部就美国退出〈中导条约〉及条约失效发表声明》，俄罗斯联邦外交部，2019年8月2日，http://cn.mid.ru/foreign_policy/news/1765。

极表态，但美以“俄罗斯履约缺少诚信”，以及“俄发展新型战略进攻性武器未纳入条约限制”等理由在延期问题上态度冷淡。[①] 国际社会普遍认为美俄“新 START 条约”延期不容乐观，其双边核关系可能在“新 START 条约”到期后进入没有正式条约约束的时代。[②]

（二）国际多边核裁军进程压力不断

当前，美政府在核军控领域以利益为准绳特征明显，极其轻视现有军控机制，单边主义政策与“毁约退群”已成为常态。国际多边核军控态势复杂，呈现出多议题、多平台、多方利益胶着状态。

1. 罔顾多边核裁军努力，美单边主义挫伤国际核裁军合作

2018 年 5 月 8 日，美国政府正式宣布退出《联合全面行动计划》（即伊核协议）。伊核协议是美国、英国、法国、俄罗斯、中国和德国与伊朗经过艰苦协商谈判达成的限制其核能力发展的军控协议，是防止核扩散多边合作的成功案例。与伊拉克、利比亚、朝鲜的核问题相比，通过达成伊核协议解决伊核问题为处理地区性核扩散问题提供了良好的借鉴，对全球防扩散努力有很大的积极意义。但是，特朗普政府罔顾来之不易的合作成果，单方面退出，导致伊核协议陷入僵局。不仅如此，美国还以实用主义态度处理核军控与裁军事务，破坏国际核裁军合作基础。比如为了防扩散，美国支持《全面禁止核试验条约》（CTBT）全球核试验监测能力的建设，却因为担心要进一步承担义务而明确拒绝推动国会批约。再比如，为了保持自身核威慑的法理基础，高调反对《禁止核武器条约》，却又为了限制中国

① Kingston Reif and Shannon Bugos, “Putin Invites U.S. to Extend New START,” The Arms Control Association, January/February 2020, https://www.armscontrol.org/act/2020-01/news/putin-invites-us-extend-new-start.

② 该观点来自第 16 届北京国际军控研讨会，于 2019 年 10 月在深圳召开。

等国的发展潜力，积极支持谈判“禁产条约”（FMCT），借助多个平台压中国宣布暂停核材料生产。又比如，为掌握未来核裁军核查主动权，积极支持“核裁军核查国际伙伴关系”与“不扩散与裁军倡议”（Nonproliferation and Disarmament Initiative，NPDI）组成国家的提案，却逐步摧毁美俄双边核裁军核查机制，退出《中导条约》与消极对待“新START条约”。上述种种反映了美国对国际核裁军事务“合则用、不合则弃”的实用主义态度，严重损毁了国际核裁军合作基础。

2. 传统多边核裁军机制遭受严重侵蚀，国际核裁军态势日趋复杂

第一，不同核裁军路线斗争激烈，严重侵蚀传统多边核裁军机制。20世纪70年代起，无核武器国家与核武器国家经过不断磨合，基于降低核战争风险，维护国际安全的共同目的，携手推动了核军控与裁军机制的建立，主要表现为联合国框架下的以联大一委、日内瓦裁军谈判会议（CD）为主的多边机制。然而，进入21世纪，无核武器国家开始对核武器国家主导的核裁军进程日益不满。在持续推动禁止核武器使用未果的情况下，转而着力推动核武器非法化，寻求从法理上将核武器判定为非法。这种绕开核武器限制使用与裁减，直接推动法理上否定核武器合法性的裁军路线被称为激进的核裁军路线，与主流的渐进式核裁军路线形成了鲜明对比。2018年至今，两种路线的斗争呈现出日益激烈的特点。日内瓦裁谈会是国际公认的唯一权威多边核裁军谈判平台，但其合法性却频遭挑战。2014年以来无核武器国家积累了对裁谈会“协商一致”工作原则越来越多的不满，借口攻击核武器国家刻意利用该原则阻碍核裁军进程，无核武器国家持续寻找绕开裁谈会的机会，并另觅联合国大会等平台谈判核裁军问题。2017年7月，奥地利、新西兰等无核武器国家在联合国推动谈判达成《禁止核武器条约》，超过130个无核武器国家仅用40余天就完成谈判，“体制外”核裁军运动被高调宣扬取得重大进展，这被视为冷战结束以来无核国家对国际

核裁军、核军控机制最具冲击力的挑战，是国际核裁军领域具有分水岭意义的事件。尽管《禁止核武器条约》对核国家在法律上没有直接约束力，但在政治和国际舆论方面对核国家构成了无形压力，直接冲击全球核裁军、核军控进程。某种程度上，《禁止核武器条约》的达成显示了无核国对裁谈会等谈判机制已然失去耐心，向权威裁军体制发起的挑战正在逐步加码。除此之外，《不扩散核武器条约》（NPT）审议大会中核裁军议题也持续升温，不排除无核国家未来在其他裁军议题上如法炮制。如果任由这种模式继续，国际安全、核裁军与核不扩散形势将进一步脱落大国掌控，变得更为复杂。

第二，国际多边核裁军态势日趋复杂，利益诉求多元。首先，多边核裁军领域涉及议题日趋广泛，各国切入维度不同。截至 2019 年年底，《全面禁止核试验条约》核查能力建设已完成超过 90%，但条约仍未生效，美对批约问题日趋消极；裁谈会仍未启动“禁产条约”谈判，其为谈判所做准备工作以联合国高级别筹备组等形式推进；继 2019 年成立“联合国核裁军核查政府间专家组”后，美国为首的西方国家力推核裁军核查问题预计可能将持续展开；《禁止核武器条约》虽尚未达到法定生效的 50 国批准要求，但激化了核国家与无核国家矛盾。其次，国际多边核裁军进展中各方利益犬牙交错，进行明晰的谈判行为主体区分愈发困难。一方面，核武器国家战略矛盾加剧，协调彼此立场难度加大，很难就某个议题达成统一立场；另一方面，核武器国家与无核武器国家、无核武器国家内部温和派与激进派对立激化，明确划分不同阵营或利益集团越发困难。

第三，《不扩散核武器条约》审议机制下的核裁军斗争日趋激烈。《不扩散核武器条约》审议大会是无核武器国家持续推动核裁军的重要平台。2000 年和 2010 年审议大会一致通过最终文件，分别包括“核裁军切实步骤”和“核裁军行动计划”。着眼于 2020 年审议大会，无核武器国家在推动全面消除核武器、讨论《全面禁止核试验条约》签批和生效、消极安全保证承诺、核裁军核查等热点议题的同时，更侧重推动务实和具体的核裁军措施，包括通过标准报告表加强核透明、立即启动“禁产条约”的谈判、宣布和保持暂停产。同时推动美俄继续执行和延长“新 START 条约”，谈判进一步削减的后续条约以及停止扩大核武库、降低和解除核武器戒备状态。而美国、“不扩散与裁军倡议”国家集团和欧盟等则积极推动暂停产。以美盟国为主的“不扩散与裁军倡议”国家还顺应美对激进核裁军运动的反对立场，侧重推进“核透明”“暂停产”等核裁军中间步骤，并在三筹会议上明确提出了精简的国家报告模板。

二、当前核裁军形势与全球战略稳定

作为纯军事概念，“战略稳定”产生于冷战时期，是美苏军备控制尤其是限制核武器理论的基础性概念，长期用于判断军控方案的优劣，也用于考察双方战略力量对比对两国关系的影响。[①] 战略稳定一般分为狭义与广义两种，狭义的战略稳定又称经典战略稳定，特指冷战时期形成的以美苏之间的军备控制为基础，以“相互确保摧毁”为前提，以军事力量平衡，尤其是核战略力量平衡为特征的战略态势。广义的战略稳定则范围较广，不仅涉及主体众多，而且覆盖领域宽泛，既涉及军事安全，还涉及政治、经济、文化、外交等诸多领域的相互作用。本文的战略稳定是对狭义战略稳定的适度扩充，涉及主体不局限于美俄，还包括中美、中俄间的战略稳定关系，成立前提也包括“相互脆弱性”。

当两个核国家处于相互脆弱状态，即任何一方无论通过怎样的军事手

① 李彬：《军备控制理论与分析》，北京：国防工业出版社 2006 年版，第 5 页，第 66—68 页。

段都无法完全消除对方的第二次核打击能力时，双方就没有进行第一次核打击的动机，这种状态就被认为是具有战略稳定性。① 战略稳定包括军备竞赛稳定性与危机稳定性。军备竞赛稳定主要关注核力量发展，当双方均无动机通过发展核军备夺取优势时，则认为双方具有较好的军备竞赛稳定性。危机稳定更关注在危机等紧张时刻是否会发生先发制人打击的风险，如果双方在危机紧张时刻均没有动机发动先发制人的第一次核打击，则认为双方具有较好的危机稳定性。两种情况的战略稳定性紧密相关，是不同时间尺度上的稳定性体现，② 判断焦点是危急时刻是否会有首次核打击的动机③。纵观国际关系发展史，"大国间的互动是影响国际或者地区战略稳定的一项关键性因素。"④ 特别是核大国的战略互动，由于彼此具有现实或潜在的战略竞争关系，想要维持战略稳定关系，进而维护全球战略稳定态势，必须要能及时地消除可能导致彼此首先使用核武器的诱因，同时也要求不间断地维持各方对自身核打击能力可靠性的信心。⑤ 然而，后《中导条约》时代的核大国关系不仅不利于消除首先使用核武器的诱因，还在挑战各方对自身核打击能力可靠性的信心。

（一）核大国间关系紧张，军备竞赛稳定性降低

特朗普政府发布的一系列国家安全及军事政策文件，无不以强调大国竞争为底色，针对中俄意图明显，处处彰显"美国第一"和美国利益优先

① 孙向丽：《中美核关系与战略稳定性》，《2015 国际军备控制与裁军》，北京：世界知识出版社 2015 年版，第 5 页。

② James M. Acton, "Reclaiming Strategic Stability," in Elbridge A. Michael S. Gerson, eds., *Strategic Stability: Contending lnterpretation*(Carlisle Barracks: US Army War College Press, 2014) , p.124.

③ 何一剑：《当前全球战略稳定态势及其面临的主要威胁与挑战》，《国际战略研究》2017 年第 2 期，第 1 页；鹿音：《中美战略稳定关系的演进》，《当代美国评论》2017 年第 2 期，第 20 页。

④ 胡豫闽：《军备控制与战略稳定》，《国际战略研究》2013 年第 4 期，第 50 页。

⑤ 胡豫闽：《军备控制与战略稳定》，《国际战略研究》2013 年第 4 期，第 50 页。

的特色，这导致其单方面以“退约毁约”的方式为自身松绑的行为频频出现。这种单边思维解决国际问题的方式体现到军控与裁军领域，就是罔顾国际舆论和欧洲盟友诉求，坚决退出《中导条约》，严重损害国际军控条约机制，危及全球战略稳定。

美国退出《中导条约》第三天，俄罗斯总统普京对外发表声明称，美国退出《中导条约》意味着重新启动一场不可阻挡的军备竞赛，“美国以虚假借口单方面退约，破坏了国际军控领域最重要的文件之一，以最严重的方式使世界局势复杂化，给各方造成了根本性危险，考虑到目前的状况，我已指示俄国防部、外交部和对外情报局密切注意美国今后研发、制造与生产中短程导弹的行动，如果确定美国完成研发并开始生产中程和中短程导弹，则俄罗斯将被迫开始全面研发类似导弹。”① 俄罗斯外交部副部长继而指出：“当前保卫俄安全的唯一方法是增强俄在中短程导弹方面的力量。但是只要美国不在欧洲地区或其他地区部署中短程导弹，俄罗斯也不会在这些地区部署类似武器。”② 也就是说，俄认为军备竞赛是否开启仍然有机会扭转，关键在美方后续作为。

然而，情况发展与俄愿望相去甚远。退约后仅一天，美国就紧锣密鼓地吹风要与亚洲盟友协商陆基中程导弹的实地部署。③ 不过半月，美国已经试验发射此前《中导条约》禁止的陆基中程巡航导弹。短短四个月后，美国又试射了一枚陆基中程弹道导弹。④ 美国围绕陆基中导的一系列所为自然

① 《普京：美国退出〈中导条约〉意味重启军备竞赛》，中国新闻网，2019 年 8 月 6 日，http://www.chinanews.com/gj/2019/08-06/8917904.shtml。

② 《普京：美国退出〈中导条约〉意味重启军备竞赛》，中国新闻网，2019 年 8 月 6 日，http://www.chinanews.com/gj/2019/08-06/8917904.shtml。

③ 《东亚盟友怕成中俄目标，美在西太部署中导困难重重》，来源：《参考消息》，新浪网，2019 年 8 月 28 日，http://news.sina.com.cn/o/2019-08-28/doc-ihytcitn.260475.shtml。

④ 王世纯：《退出〈中导条约〉后 美军首次试射中程弹道导弹》，观察者网，2019 年 12 月 13 日，https://www.guancha.cn/military-affairs/2019_12_13_528297.shtml。

引起俄中强烈不满。[①] 尤其是俄罗斯，一方面，通过外交部门强调美国才是令《中导条约》崩溃的“罪魁祸首”。[②] 另一方面，不断加强军事应对部署及武器系统研发，声称将会坚决回击美国可能的军事部署行动。[③] 由此，美俄自乌克兰危机后堕入下行轨道的双边关系，在后《中导条约》时代愈发体现出军备竞赛的迹象，欧洲动荡也似初露端倪，曾经笼罩欧洲大陆的核阴云重现迹象更甚。[④] 不过，《中导条约》毁弃只是多米诺骨牌倒下的第一张，后续美俄围绕“新 START 条约”延期与存废的较量才是重头戏。到 2020 年 2 月，双方仍未能就条约是否延期达成一致，也有学者指出即使条约能够延期，期满后条约前景仍然堪忧。[⑤] 由此，冷战时期形成的军控裁军体制已岌岌可危，双方战略稳定关系正遭遇前所未有的挑战。

美中关系也不甚乐观。2019 年 8 月 3 日，美国防部部长埃斯珀表示，美方希望尽快在亚洲部署陆基中程导弹。国际媒体和专家广泛解读为主要针对中国，同时会对俄罗斯和朝鲜产生影响，称此举将在亚洲引起新一轮军备竞赛。美防长还直言不讳称，中国的导弹 80% 以上射程都在 550 公里

---

① 《中国代表团团长、中国外交部军控司司长傅聪在第 74 届联大一委一般性辩论中的发言》，外交部网站，2019 年 10 月 12 日，http：//new. fmprc. gov. cn/web/wjbxw_673019/t1707312. shtml。

② 《俄罗斯外交部就美国退出〈中导条约〉及条约失效发表声明》，俄罗斯联邦外交部，2019 年 8 月 2 日，http://cn.mid.ru/foreign_policy/news/1765。

③ 俄外长拉夫罗夫说：“如果美国在世界某一地方部署目前还被条约禁止的导弹，俄方将保留采取同样行动的权利，让同一地区也出现我国的导弹。”参见《俄方称保留对美部署中导条约所禁导弹做出回应权利》，光明网，2019 年 3 月 7 日，https://www.sohu.com/a/299617241_162758。

④ 俄罗斯外交部，拉夫罗夫表示“如果美国在欧洲重新部署中程导弹，就会把莫斯科置于射程之内……莫斯科将不得不考虑先发制人。这对欧洲安全没有好处，只会缩短冲突的导火索。”关于欧洲核阴云问题，可参见员欣依、孙向丽：《北约核政策与核态势的回顾及展望》，《国家安全研究》2017 年第 5 期，第 129 页。

⑤ 2020 年 1—2 月的《今日军控》杂志针对“新 START 条约”的延期和前景问题，专门组织了来自美、俄、中三国的专家进行讨论，从中不难看出各方利益诉求的不同。“WHAT IF NEW START EXPIRES? THREE NATIONAL PERSPECTIVES,” *Arms Control TODAY*, The Arms Control Association, https://www. armscontrol. org/act/2020-01/features/what-if-new-start-expires-three-national-perspectives.

到5500公里，“我们也想发展同样的能力，中国不应对此感到吃惊。”《纽约时报》评论认为，美防长在亚洲部署导弹的计划可能分别激怒中国和朝鲜，同时让华盛顿的盟友更加惊慌，盟友们认为美国正一步步地开启新一轮军备竞赛。[①] 中国对美国退出《中导条约》的行为，尤其是对其意欲在亚洲地区部署的企图反应强烈。外交部军控司司长傅聪在中外媒体吹风会上表示，中国对美退约行为“深感遗憾”，美国的这一单边主义行径，将不可避免对全球战略稳定、欧洲和亚太地区和平安全、国际军控体系产生负面影响。中国对美国企图在亚太地区部署中程导弹表示坚决反对，“美国此举的真实目的是谋求单方面军事和战略优势，将会冲击国际核裁军努力，威胁有关地区和平与安全。美国退出《中导条约》和退出伊核协议一样，从根本上动摇了国际军控体系基础，是非常危险的举动，如果美国在中国的‘家门口’部署导弹，中国将绝不会坐视不管，将被迫采取反制措施”。[②]

事实上，美俄中程导弹只是其整体核力量的小部分，而且由于《中导条约》并不限制空基和海基的中程导弹，美俄对陆基中程导弹并无军事上的迫切需求。正如美军控协会董事、国务院前主管军控和国际安全事务的代理副国务卿康特里曼表示，“这是美战略思维已走上歪路的表现。美国现政府和国会的很多官员笃信冷战思维，认为美国可以凭借数量和技术优势，避免相互摧毁并赢得核战争，为达成军控条约所作让步显得毫无价值。事实是《中导条约》失效和‘新START条约’延期失败，将引发昂贵、危险

① 《美欲在亚洲部署中程导弹　专家：没盟友愿意接受》，国际在线，2019年8月6日，http://news.cri.cn/20190806/f7ff821c-39be-9f60-290d-d6b52825119e.html。

② 《外交部军控司司长傅聪就〈中导条约〉等军控问题举行中外媒体吹风会》，外交部网站，2019年8月6日，www.fmprc.gov.cn/web/wjdt_674879/sjxw_674887/t1686553.shtml。新华社：《外交部就军控与防扩散问题举行中外媒体吹风会》，http://www.mod.gov.cn/topnews/2019-08/06/content_4847630.htm。

并破坏战略稳定的核军备竞赛，其危险性和成本将远超20世纪五六十年代的军备竞赛。”① 目前，美国所采取的以单边和实用主义处理国际核裁军问题的做法正是在这样的路上渐行渐远。

（二）既有军控机制被打破，新机制尚未构建，核大国危机稳定性堪忧

如前所述，危机稳定性主要涉及当前国际核态势到底是增加了先发制人军事打击的可能风险，还是降低了这种风险。如果一个军控机制或核态势能够显著降低紧张时刻双方实施先发制人的第一次核打击，此种机制或态势将有利于维护全球战略稳定，反之亦然。通常，签订军控与裁军条约是以一种成熟而具有法律约束力的机制或方式来确保维持业已建立的战略平衡，而毁弃条约则意味打破既有战略平衡。在传统的战略平衡即将或已经打破，而新的战略平衡尚未建立时，其军控形势处于极不稳定的状态，很难取得实质性的进展。② 显然，目前美国政府退约毁约，宣称将不受限制地大力发展导弹防御系统，大力发展天基传感器以实现对地球上任意地点发射活动不受限制的监视、探测和跟踪，加剧太空军事化等，都是打破战略平衡，引起新一轮军备竞赛，破坏国际安全与战略稳定的行为，这将使战略平衡的基础变得更加脆弱，军备控制格局更加不确定。

当然，我们也看到，世界上很多其他国家不愿意奉陪美国搞军备竞赛，美国也不愿意看到对其安全有利的国际军备控制体制完全崩溃。因此，现有的军备控制格局可能会在一种不稳定的态势中得到大体维持。所谓大体

① Thomas Countryman, “Russia, China, Arms Control, and the Value of New START,” *Arms Control Today*, The Arms Control Association, November 2019, https://www.armscontrol.org/act/2019-11/features/russia-china-arms-control-value-new-start.

② 杨毅主编：《全球战略稳定论》，北京：国防大学出版社2005年版，第168—169页。

维持，是指多数军备控制的内容将在没有条约保障的情况下保留下来。例如，虽然《中导条约》已被废除，但美俄都没有特别的需要来发展大规模、多种类的陆基中程导弹系统。所谓不稳定则主要体现在各国对军备控制的信心将下降，相互猜疑和指责将增多，并且很难再就一些重大的军控议题达成一致。特别是处于危机等紧急时期，由于缺乏正式条约条款约束危机处理，猜疑并倾向于相互指责对方的冲突双方必然缺乏信任，沟通成本会急剧增大，沟通效率却极为低下，各方最可能的选择就是“最坏结果”的军事准备，其发动先发制人第一次核打击的动机增强，相反对自身核力量的信心却在下降。

美政府退出《中导条约》，对“新START条约”延期态度消极，很可能还意味着国际社会将步入没有正式条约规制的军控时代。“美国政府决定终止《中导条约》并计划在欧洲部署新的陆基巡航导弹的做法，是危险且不明智的。俄罗斯下一步可发展针对北约的新一代中程导弹，导致美俄展开新的中导军备竞赛，增加了双方在危机中误判的风险。而且，如果使用美国部署在欧洲的中程核导弹对俄进行核打击，则将招致俄罗斯对欧洲和美国本土的大规模核反击”。[①] 由于陆基中导的军事特性，美俄误判导致战争风险的可能将显著增加。更糟糕的是，美在导弹防御方面发展针对性明显的能力，强调发展全面导弹防御能力不受任何约束与限制，[②] 是严重危害中俄战略威慑能力的武断做法。究其本质是美国试图要根本摆脱战略稳定的逻辑前提——相互确保摧毁（中美之间称为相互脆弱性）。然而，美增加自身绝对安全的行为却严重削弱了他方的战略威慑，其所谓“限制损伤”

---

① Thomas Countryman, “Russia, China, Arms Control, and the Value of New START,” *Arms Control Today*, The Arms Control Association, November 2019, https://www.armscontrol.org/act/2019-11/features/russia-china-arms-control-value-new-start.

② DOD, *Missile Defense Review 2019*, https://media.defense.gov/2019/Jan/17/2002080666/-1/-1/1/2019-MISSILE-DEFENSE-REVIEW.PDF.

的努力就是在刺激对手不断建设进攻能力，由此使得多方陷入了典型的“安全困境”博弈。

三、可能影响

近一两年，特朗普政府的所作所为不仅无益于维护既有国际核裁军成果，而且还严重削弱了国际核军控机制，显著加剧了全球战略不稳定，是国际核裁军进程冷战后遭遇到的重大挫折。当下，五核国竞争加剧，在核裁军问题上相互协调意愿降低。无核武器国家内部激进核裁军路线和渐进核裁军路线分歧有所加大，然而，它们对核武器国家核裁军的整体施压趋势却相对一致。此种背景下，已将中国视为最主要战略竞争对手之一的美国必将利用核军控来遏制中国核力量发展、削弱中国具有优势的军事力量。在核裁军领域，美国浑水摸鱼的可能性不断增加，未来将不断试图通过国际舆论抹黑中国形象。

（一）军控限制与削减将逐渐向中国具优势的军事力量聚焦

近年来，国际社会特别关注中国中程弹道导弹的发展与部署，特别是美国，大肆渲染中程核导弹对美关岛等亚太军事基地构成的威胁。美《核态势评估报告》强调，中国东风-26 型陆基中程导弹具备精确核打击能力，可打击陆上与海上重要战略资产。① 特朗普总统在 2018 年 10 月宣布退出《中导条约》时强调，“除非中国等国家同美国一道消除陆基中导，否则美

① DOD, *Nuclear Posture Review 2018*, p.11, p.35.

国不会重返条约”。[①] 为应对中国中程导弹的所谓威胁，美国有可能会采取类似美俄间签署有关《中导条约》的伎俩，通过与中国谈判来限制中国中程导弹的发展和部署。据称，在美当前酝酿的核军控方案中，同《中导条约》类似的“消除一整类武器方案”同样在考虑之列。俄曾主动倡议《中导条约》多边化，因而难保其仍存有将中国纳入核削减进程的动机。如美俄联手针对中程导弹力量进行限制，则很可能令中国面临裁军压力。

（二）美等国要求中国加入核裁军进程企图未灭

目前，美已多次明确提出将中国纳入下一阶段核裁军。美总统特朗普、美国国务卿蓬佩奥等多位政府高层人士也密集表态要求启动“中美俄三边核裁军”，宣称“中国核力量发展迅速，加入下一阶段核裁军符合当前战略现实”。[②] 这体现出美国国内由于担心中国发展已逐渐达成了基本的共识，即要试图打破旧机制、构建包括中国在内的核裁军机制。国际上也有部分国家呼应美主张，出现希望中国进行核裁军的杂音。不难想象，美仍会变着花样向中国施加类似压力，以达到压制中国核力量发展的目的。

事实上，现阶段美俄中三国进行核裁军不具现实性和合理性，原因是

---

① The White House, “Remarks by President Trump Before Air Force One Departure,” October 20, 2018, https: //www. whitehouse. gov/briefings-statements/remarks-president-trump-air-force-one-departure-4/; The White House, “Statement from the President Regarding the Intermediate-Range Nuclear Forces (INF) Treaty, ”https: //www.whitehouse.gov/briefings-statements/statement-president-regarding-intermediate-range-nuclear-forces-inf-treaty/.

② “Trump orders staff to prepare arms-control push with Russia and China,” *The Washington Post*, https: //www. washingtonpost. com/world/national-security/trump-orders-staff-to-prepare-arms-control-push-with-russia-and-china/2019/04/25/c7f05e04-6076-11e9-9412-daf3d2e67c6d_story.html; “Testimony before Foreign Relations Committee,” U.S.Senate, April 10, 2019, https: //www.foreign.senate.gov/hearings/review-of-the-fy-2020-state-department-budget-request-041019; “Under Secretary Thompson’s Statement for the Record of Testimony Before the Senate Committee on Foreign Relations,” May 15, 2019, https: //www. foreign.senate.gov/download/thompson-testimony-051519.

美俄核力量仍占全球核力量绝对多数，美俄双边核裁军仍是实质性核裁军的主线，英、法等其他核武器国家尚未加入核裁军进程。中国核力量规模与美俄相差甚大，美目前不能提出究竟希望中国接受什么样的核军控协议，是允许中国将其核武库增加至美俄同等水平，还是同意将美俄核武库削减至中国的水平呢?① 因此，中国政府已明确表示不参加三边核裁军谈判。但在美俄双边核裁军难以为继的情况下，美仍可能推动所谓三边核裁军和核军控进程，故意打中国牌以转移自身核裁军压力。

（三）美等西方国家将利用核裁军中间步骤牵绊中国核力量发展

在美俄双边核裁军陷入停滞后，美等西方国家将可能大力推动核裁军中间步骤，如核透明、建立相互信任措施、危机管理、战略对话等。比如，美国提出“为核裁军创造环境倡议”（Creating Environment for Nuclear Disarmament，CEND），尽管此举实际上是美在规避自身核裁军义务、转嫁核裁军压力，但这可能成为多边核裁军斗争的新手法，值得关注。当前在核领域，美国主要着眼点是向中国施加压力，以便遏制中国战略核力量发展的潜力，重点可能是要求中国增加核力量透明度，在暂停产等中间步骤问题上采取行动。美还将继续炒作中国核力量加速发展及核力量不透明等问题，诱导和争取无核武器国家支持，造成国际舆论压力和软性限制，使中国合理核力量发展遭受国际舆论牵制。

---

① Thomas Countryman, “Russia, China, Arms Control, and the Value of New START, ”*Arms Control Today*, The Arms Control Association, November 2019, https://www.armscontrol.org/act/2019-11/features/russia-china-arms-control-value-new-start.

四、总结

美国退出《中导条约》严重危害国际核裁军机制，国际社会应该对此后果保持清醒认识，防止美国以任何借口推脱自身在核裁军方面的特殊优先责任。美应保持克制，不要采取损害别国安全利益的举动，履行大国应尽的国际责任，切实维护全球和地区和平与安全。毕竟，“美俄之间关于核裁军条约履约问题的分歧，应该通过对话谈判寻求解决，不应该也不可能通过退约、毁约得到解决。”如果国际社会要维护全球战略稳定、维护国际和平与安全、维护国际军控与防扩散机制，美俄作为两个拥有最大核武库的国家，应该继续以可核查、不可逆、具有法律约束力的形式大幅度削减其核武库，因为这种双边核裁军本身就是在为推进多边核裁军进程创造必要条件。①

特朗普政府已实质性改变了军控策略，试图破旧立新，重建国际核导新秩序，以此应对大国竞争新趋势、跨域性多元化威胁等新问题。回溯美方退出《中导条约》过程，不难发现其宣称的美俄双边核裁军时代已终结，再次提出中美俄一道参加多边核军控谈判等主张，完全是在转移国际视线。当前美国总统大选争斗正酣，结局如何仍未有定。美国下届政府是否会调整核军控政策仍有待观察。未来国际核军控机制将如何发展，既取决于美俄下一步对“新 START 条约”的处理结果，也受制于国际多边核军控博弈进程的持续演化，同时还取决于中国如何参与及应对。

面对当前国际核裁军复杂态势，中国有足够的勇气和信心迎难而上。

① 《中国裁军大使李松就美国退出〈中导条约〉阐述中方立场》，新华网，2019 年 8 月 6 日，http：//www. xinhuanet. com//2019-08/06/c_1124844957. htm。

毕竟，与美国开历史倒车的行为不同，“中国自卫防御的核战略完全透明，中国的核政策高度负责，中国的核武库规模极为有限，从不对国际和平与安全构成威胁。中国过去、现在和将来都不会与任何国家进行核军备竞赛。”① 这决定了中国核力量始终都是维护全球战略稳定与世界和平的积极因素。

① 《中国裁军大使李松在日内瓦裁军谈判会议阐述中国核战略及核军控政策》，来源：中央广电总台国际在线，环球网，2019 年 5 月 16 日，https：//world. huanqiu. com/article/9CaKrnKkxbD。

【核不扩散】

伊核协议危在旦夕

李国富

朝鲜半岛无核化未来展望

杨　力

伊核协议危在旦夕

李国富

内容提要：2019年是美国和伊朗恶斗全面升级的一年，导致伊核协议危在旦夕。美国退出伊核协议后，对伊朗实施“极限施压”，试图强压伊朗就范。5月，伊朗采取“极限抵抗”反击美国，宣布减少履行伊核协议义务，向欧洲施压。欧洲三国——法国、英国和德国处境复杂和尴尬，既想保住伊核协议，又不愿对抗美国，无法兑现对伊朗的承诺。目前，伊朗同意国际核查人员对所有核活动进行有效、实时的检查。展望2020年，无论是美伊紧张关系的发展，还是伊核协议都将面临更加严峻的挑战，协议最终命运令人担忧。

关 键 词：伊核协议　极限施压　极限抵抗　制裁　美伊关系

作者单位：中国国际问题研究院

2019年是美国与伊朗恶斗全面升级的一年。美伊恶斗不仅使海湾地区紧张局势险象环生，硝烟四起，还殃及伊核协议，导致该协议危在旦夕。2018年5月，特朗普政府退出伊核协议后，对伊朗实施“有史以来最严厉”的“极限施压”，试图强压伊朗就范。2019年5月，为反击美国施压，促使欧洲履行伊核协议义务，伊朗宣布将分阶段减少遵守该协议的限制。法国、英国和德国三国挽救伊核协议的努力凸显欧洲目前复杂和尴尬的处境，既无力影响特朗普政府对伊朗的“极限施压”政策，也无法兑现对伊朗的承诺。欧洲试图以启动该协议的争端机制来压伊朗，但遭到伊朗坚决回绝，并威胁欧洲如果将“伊核问题”提交安理会讨论，伊朗将退出《核不扩散条约》。目前，伊朗仍同意与国际原子能机构合作，允许国际核查人员对伊朗核活动进行有效、实时的检查。展望2020年，无论是美伊紧张关系的发展，还是伊核协议命运的走向，都将面临更加严峻的挑战，美伊间爆发直接冲突的风险依然存在，伊核协议的最终命运令人担忧。

一、美国全面对伊朗“极限施压”

2019年是美国对伊朗全面实施“极限制裁”的一年。2018年5月，美国退出伊核协议后不久，美国国务卿蓬佩奥便提出12项要求，作为美国与伊朗重新谈判达成一个新的全面协议基础。在美国12项要求中，核心是要求伊朗放弃核计划，停止研发弹道导弹项目，停止支持地区盟友和停止干涉地区其他国家的内政。否则，美国将对伊朗实施“有史以来最严厉的制裁”（极限施压）。尽管在2018年年底，特朗普政府给予8个国家和地区180天的暂时豁免，允许这些国家和地区继续进口伊朗石油，但美国丝毫没有放松对伊朗实施“极限施压”。与之前美国历届政府对伊朗施压做法不同之处在于，为达到迫使伊朗就范的目的，特朗普政府往往不计后果，动用美国所有资源对伊朗全面实施“极限施压”。美国“极限施压”主要包括以下三个方面。

首先，制裁是特朗普政府对伊朗“极限施压”采用的最主要手段。美国凭借在国际经济和金融领域的主导优势地位，试图通过“二级制裁”的手段强迫其他国家对伊朗进行制裁。截至2020年年初，特朗普政府已对伊朗实施了1000多项制裁措施，几乎涉及伊朗政治、经济所有领域。应该说，特朗普政府对伊朗制裁无论是涉及的范围和数量，还是严厉程度都超出了美国之前历届政府，创造了多个“首次”：美国首次将伊朗伊斯兰革命卫队列为恐怖组织；为“掐断伊朗政权用以在全世界传播恐怖主义和破坏的收入”,[①] 美国首次试图完全切断伊朗石油出口，将伊朗的石油出口归零；美国还首次将伊朗领袖哈梅内伊和伊朗外长列为制裁对象等。美国对伊朗的制裁还包括伊核协议中，伊朗与国际社会两项民用核合作：伊朗用低浓缩铀换取“黄饼”和伊朗将重水运到国外储存。

其次，全面围堵伊朗政治外交战略空间、打击伊朗在地区代理人。特朗普政府极力推动中东建立包括埃及、约旦和海合会成员国的“中东战略联盟”计划（MESA），对伊朗进行军事威慑和围堵。美国呼吁为应对伊朗威胁，遏制伊朗在地区的势力（代理人），中东各国应挑起更多“担子”。[②] 为此，特朗普政府还“强烈支持以色列阻止伊朗在地区的扩张。”[③] 2019年，以色列除继续不断地对伊朗在叙利亚的军事设施、黎巴嫩真主党进行直接打击外，还将军事打击的目标扩大到了伊拉克。以色列总理内塔尼亚胡警告伊朗，在中东“任何地方都没有豁免权”。在特朗普政府执行对伊朗“极限施压”中，以色列对美国的战略价值凸显。以色列通过军事打击，裁减伊朗的左膀右臂，对削弱伊朗在地区的势力范围起着重要和独特的作用。

最后，对伊朗武力威胁是美国对伊朗“极限施压”的“王炸”。特朗普总统冀望能通过武力威胁来迫使伊朗收敛对地区盟友的支持。特朗普虽多次表示，不寻求与伊朗战争，但同时强调对伊朗“所有的选项都摆在桌

① “Remarks: Secretary Pompeo,” U. S. Department of State, https://www. state. gov/secretary/remarks/2019/01/288382.htm.

② “Remarks: Secretary Pompeo,” U. S. Department of State, https://www. state. gov/secretary/remarks/2019/01/288382.htm.

③ “Remarks: Secretary Pompeo,” U. S. Department of State, https://www. state. gov/secretary/remarks/2019/01/288382.htm.

上”，甚至还威胁伊朗“小心点，否则会尝到整个历史上都很少出现的后果”。[①] 美国前总统国家安全事务助理博尔顿曾一再强调，“美国要向伊朗政权发出明确无误的信号，任何对美国或我们盟友利益的攻击都将遭到无情的武力回应”。美国国务卿蓬佩奥也威胁伊朗，“我们不会允许伊朗躲在其代理人武装的背后，如果美国的利益受到袭击和损害，那么不管是伊朗直接所为，还是通过其代理人武装，我们将针对伊朗做出应有的回应”。

二、欧洲对伊朗“口惠而实不至”

在美国退出伊核协议后，伊朗马上与协议其他签署方（中国、俄罗斯、英国、法国、德国和欧盟）紧急磋商如何挽救伊核协议。2018 年 5 月 15 日，在与英国、法国和德国外长会谈中，伊朗表示，如欧洲能确保伊朗根据该协议获得的经济收益，伊朗将继续全面履行伊核协议条款。英、法、德三国均承诺，将继续支持伊核协议，尽力保障伊朗石油贸易和投资正常进行，责成技术专家制订可行方案。

欧盟三国虽态度坚定地表示继续支持伊核协议，并满口承诺将采取切实措施保障伊朗应获得的利益，但在具体实施过程中，却陷入两难困境。

一方面，由于美元在世界金融领域的霸主地位，欧洲担心，如采取切实措施来保障伊朗在伊核协议中的利益，势必会与美国发生直接冲突，从而不仅会导致欧美战略伙伴关系的矛盾进一步扩大，还会使欧洲公司遭受巨大的损失。欧洲在安全上依赖美国军事保护，双方经济、贸易和金融有千丝万缕的联系，与美国直接对抗显然不应是欧洲的选择。2018 年 11 月

① 《伊朗反制美欧，特朗普威胁“小心点”》，来源：新华每日电讯 8 版，2019 年 7 月 9 日，www.xinhuanet.com//mrdx/2019-07/09/c_138211641.htm。

初，在美国压力下，位于比利时的“环球同业银行金融电讯协会（SWIFT）”断绝了包括伊朗中央银行在内的绝大多数伊朗银行的联系，从而切断了伊朗银行与国际金融界的业务往来。比利时外长坦然承认，“美国的压力使与伊朗做生意太危险了”，只能由各公司决定他们是否愿意与伊朗做生意。①

另一方面，欧洲担忧，如伊朗得不到一定的经济利益，在强硬派压力下，不排除伊朗做出退出伊核协议的决定，或采取更强硬的政策，从而增加美伊间发生军事冲突的风险，最终殃及欧洲安全。欧盟外交与安全政策高级代表莫盖里尼明确表示，伊核协议关乎欧盟的安全利益，如果没有伊核协议，欧盟的安全将处于危险中。因此，在左右为难的情况下，欧洲选择了反对美国单方面退出伊核协议，强调伊核协议对维护海湾和中东地区稳定的重要性；同时，也不采取实质性行动，而是采取了安抚措施，通过打造“贸易往来支持工具（INSTEX）”这一特别结算机制，激励伊朗履行伊核协议义务。

为维护欧盟成员国与伊朗经贸往来，欧洲三国在 2018 年年底决定设立贸易往来支持工具作为与伊朗进行商业往来的结算工具，但由于一些欧盟成员国担心美国制裁的影响，拒绝将该机构设在它们国家，使贸易往来支持工具的设立一直没有落地。在伊朗一再施压下，2019 年 1 月 30 日，贸易往来支持工具最终作为一家注册资金 3000 万欧元的公司在法国注册成立。贸易往来支持工具由英、法、德三国出资，德国商业银行前行长费舍尔（Fischer）牵头，英国担任监事会主席，监事会由三国外交部一名高级官员组成。1 月 31 日，法国、德国和英国外长正式宣布贸易往来支持工具成立。

① “INSTEX: A Real Solution Or A Symbolic Move To Keep Iran In Nuclear Deal,”February 1, 2019, Source: Radio Farda, Payvand.com, http://www.payvand.com/news/19/feb/1002.html.

三国强调设立贸易往来支持工具是“旨在为欧洲各经济体与伊朗之间的合法商业交易提供便利”，但其“初期重点关注对伊朗人民最重要的领域，如药品、医疗设备和农产品等”。

贸易往来支持工具是欧洲试图避开美国制裁，与伊朗单独进行非美元贸易结算的独立机制，它的运行方式实质是“易货交易”，使欧洲国家与伊朗间只有货物流转，资金仅在本国流转，从而使双方贸易的支付货款无须经过伊朗金融系统清算。伊朗对贸易往来支持工具的建立表示欢迎，称这是欧盟履行伊核协议承诺的“第一步”，将很快在伊朗建立一个配合贸易往来支持工具的机制，但同时坚持贸易往来支持工具应包括购买伊朗石油和与伊朗金融往来的业务。不过，贸易往来支持工具的成立遭到美国的反对，特朗普政府警告欧洲，如果欧洲试图绕过美国对伊朗的制裁，美国将对其处以巨额罚款。因美国的威胁，贸易往来支持工具成立后，一直没有开展真正的业务，引起伊朗不满。伊朗最高领袖哈梅内伊表示，“就像美国不可信赖那样，欧洲国家一样不可信赖”。[①] 伊朗外长也表示，“欧洲国家应该更加努力履行其承诺——伊朗不会永远等他们（欧洲）”。[②]

三、伊朗被迫采取“极限抵抗”反击美欧

为保住伊核协议成果，拉住欧洲，尽量减少美国制裁给伊朗带来的不利影响，在美国退出伊核协议后，伊朗没有针锋相对退出伊核协议，而是以“战略克制”（strategic patience）[③] 政策应对。不过，随着美国对伊朗

① 《哈梅内伊再次表示欧洲国家不可信赖》，来源：新华网，中国新闻网，2019 年 2 月 9 日，http://www.chinanews.com/gj/2019/02-09/8749696.shtml。

② 《扎里夫：欧洲人在履行承诺方面做得远远不够》，2019 年 4 月 14 日，Pars Today, https://parstoday.com/zh/news/iran-i42878。

③ https://nationalinterest.org/feature/growing-us-pressure-emboldening-iranian-hardliners-5388.

“极限施压”政策的展开，欧洲持续对伊朗采取“口惠而实不至”的空头支票政策，伊朗对欧美的立场逐渐趋强。伊朗多次警告欧洲不要“错失挽救‘伊核协议’的机会”。2019 年 1 月，伊朗原子能组织主席萨利赫希表示，“伊朗已开始准备生产 20%纯度的新型核燃料”。在美国将伊朗革命卫队定性为“恐怖组织”的当天，伊朗也强硬地将美军中央司令部及其驻西亚部队定为“恐怖组织”。3 月中旬，伊朗领袖哈梅内伊表示，伊朗正面临来自美国及其盟国的严重威胁，伊朗应“极限动员”反制美国的威胁。[①] 但最终压垮伊朗“战略克制”政策是美国 5 月初终止对进口伊朗浓缩铀和接受伊朗重水国家制裁的豁免。

长期以来，坚持拥有提炼浓缩铀权利是伊朗在核问题上的底线。当年伊朗与欧洲三国关于伊朗核问题谈判失败的主要原因就是伊朗拒绝放弃该权利。奥巴马政府改变了美国长期坚持伊朗不能进行提炼浓缩铀的立场。伊核协议承认伊朗拥有该权利，从而使伊朗提炼浓缩铀“合法化”，这被认为是伊朗在伊核协议中取得的一个重大政治成果。根据伊核协议，在国际原子能机构的监督下，伊朗可继续、缓慢地生产低纯度浓缩铀（每天生产约一千克浓缩铀），但储量不得超过 300 千克。美国制裁伊朗与国际社会开展民用核能合作，迫使伊朗面临两个艰难的选择：或者停止生产浓缩铀，这等于变相地放弃伊朗长期坚持的拥有提炼浓缩铀的权利；或者继续生产浓缩铀，势必要突破伊核协议对伊朗浓缩铀存量的限制额度，造成伊朗在事实上违反伊核协议。在二者中，伊朗选择了后者。

2019 年 5 月 8 日，在美国退出伊核协议一年之际，伊朗总统鲁哈尼正式宣布，伊朗将不再遵守伊核协议关于浓缩铀和重水库存的限制。他同时

① 《哈梅内伊要求“极限动员”以应对威胁》，来源：新华网，2019 年 3 月 14 日，中国新闻网，http://www.chinanews.com/gj/2019/03-14/8780543.shtml。

警告，以后每隔60天，如果伊核协议其他签署国不能兑现他们的承诺，包括购买伊朗石油等，伊朗将逐步减少对履行伊核协议相关义务的承诺，首先从浓缩铀储量额度和纯度开始。鲁哈尼总统在分别给其他签署国领导人的信中强调，“伊朗在过去一年中保持了克制，但该协议的其他各方未能遵守其承诺”，“伊朗除了减少承诺外别无他法”。[①] 他同时也强调，伊朗所采取的措施是可逆转的，只要其他签署国，特别是欧洲能履行在伊核协议中承担的义务，伊朗可立即重返伊核协议并履行自己的义务。因此，伊朗的行为没有违反伊核协议，而是依照协议第26条和第36条采取的行动。

伊朗逐步减少履行伊核协议义务的强硬立场表明，伊朗已放弃“战略克制”的政策，[②] 改为新的“进攻性防御”，即“极限抵抗”（maximum resistance）政策。伊朗应对策略的调整主要基于对特朗普总统对伊政策和美国全球战略利益的战略评估：（1）特朗普总统不想与伊朗开战，正在积极备战连任的特朗普不会违背美国大多数民意对伊朗发动一场新的战争。因此，特朗普目前对伊朗“极限施压”中军事威胁的目的更多是“讹诈”，企图通过不战而迫使伊朗就范；（2）美国全球战略重点是全力遏制中国发展。如美伊开战，会大大牵制美国全球战略资源，削弱美国对中国的遏制力度；（3）欧洲的安全需要中东地区，特别是伊朗的稳定，维护伊核协议符合欧洲战略利益。伊朗不能接受欧洲只想通过伊朗一家的“付出”来获得伊核协议带来的安全利益。美欧在伊核协议问题上利益不同，立场存有分歧，应争取迫使欧洲履行该协议义务，打破美国对伊朗“极限施压”；（4）“战略克制”政策未收到预期成效，难以为继。伊朗必须要扭转特朗

---

① 《被美国“逼上梁山”伊朗将宣布缩减部分对伊核协议的承诺》，来源：21世纪经济报道，2019年5月8日，新浪网，http://finance.sina.com.cn/roll/2019-05-08/doc-ihvhiqax7334552.shtml。

② https://www.tehrantimes.com/news/444414/Russia-warns-Europe-of-devastating-consequences-if-it-refers.

普政府对伊朗肆无忌惮的打压，欧洲毫无诚意履行伊核协议导致伊朗陷入越来越被动的局面。“极限抵抗”政策主要包括两个方面：一是通过分阶段、逐步减少对伊核协议的承诺，向欧洲施加压力；二是加大对美国反制力度，让美国为“极限施压”政策付出更大的代价。“极限抵抗”政策势必会加剧与美国的紧张，增加双方发生擦枪走火的风险，但在没有更好选择的情况下，伊朗也只能放手一搏。

四、欧洲无力影响美伊博弈格局

进入2019年5月之后，伊朗“极限抵抗”新政策与美国“极限施压”的猛烈碰撞，不仅导致海湾地区紧张局势险象环生，硝烟四起，还殃及伊核协议的生存。欧洲在担忧美伊在中东地区冲突将会严重影响欧洲安全的同时，也受到来自伊朗和美国两方面的压力。伊朗威胁欧盟，如不能满足伊朗正当的经济利益，就每隔60天进一步减少履行伊核协议义务。欧洲虽拒绝接受伊朗的“最后通牒”，但也认识到伊朗的要求是合理的。因此，欧洲表示将继续努力维持欧洲与伊朗之间的合法贸易。与此同时，美国财政部副部长德尔克（Mandelker）则致函警告贸易往来支持工具负责人费舍尔，一旦该机制开始运行，将会面临美国制裁的风险。美国伊朗问题特别代表胡克（Hook）更明确表示，美国将对贸易往来支持工具任何可受制裁的活动实施制裁①。

在无力对抗美国制裁也无法满足伊朗要求的情况下，6月，法国总统马克龙提出“美国冻结对伊朗的制裁和伊朗冻结减少对‘伊核协议’义

① 《为绕开美元支付的欧洲伊朗结算机制INSTEX，已经被美国制裁盯上了》，界面新闻，搜狐网，2019年5月31日，http://www.sohu.com/a/317851309_313745。

务”的“双冻结”建议。法国希望以伊朗承诺并遵守限制其铀浓缩提炼活动为条件，来说服美国允许伊朗在一定时间内出口一定数额的石油，试图以此来推动美伊间对话、缓和美伊紧张对抗，也使欧洲摆脱困境。马克龙总统为此与鲁哈尼总统进行了长时间的电话会谈，并分别于6月底和7月初两次派高级顾问访问伊朗，试图说服伊朗接受法国的建议。美伊双方虽未表示接受法国建议，但反应积极，表示愿意进行谈判。7月26日，马克龙总统在与特朗普总统联合举行的记者招待会上信心满满地表示，鲁哈尼总统愿意与特朗普总统会面，“我期望的是在今后数周，我们可以看到鲁哈尼总统和特朗普总统会面”。特朗普也认定，设想数周后与鲁哈尼会面符合实际：“我预感良好，我认为他（鲁哈尼）也想要会面”。① 为了能在9月召开联大期间实现鲁哈尼总统与特朗普总统的会面，8月25日，法国还利用其举办七国集团峰会东道国的便利，邀请伊朗外长扎里夫在峰会前夕到访峰会举办地比亚里茨与法国总统、外长举行会谈。由于美伊谈判立场的根本对立，难以调和，最终鲁哈尼总统与特朗普总统未能在9月举行的联大期间实现会谈。

客观地说，美伊谈判的条件并不存在。在美国对伊朗实施“极限施压”后，特朗普政府（包括特朗普总统）多次公开表示，愿意“在不设任何条件的情况下”与伊朗进行谈判，言下之意就是美国将会在保持现有对伊朗制裁的情况下与伊朗进行谈判，且只有在伊朗满足了美国要求后，才会解除对伊朗制裁。对此，伊朗是万万不会接受的。伊朗一直谴责美国对其制裁“违反了联合国安理会决议，是非法的”，如接受美国在不解除对伊制裁的前提下进行谈判，不仅会使伊朗在谈判一开始就处于不利的地位，更重

① 《马克龙主导斡旋美伊关系“伊核”协议困局有望被破解?》，搜狐网，2019年8月29日，https://www.sohu.com/a/337101561_542050。

要的是这等于承认美国对伊制裁的“合法性”和向美国“屈服”，因此，伊朗坚持与美国进行谈判的前提必须是首先解除对伊制裁，对于这一点，伊朗是不会退让的。伊朗最高领袖哈梅内伊更是明确表示，伊朗不会与特朗普政府进行谈判。

在欧洲没有按时满足伊朗提出的要求后，伊朗开始以设定的时间表逐步减少履行伊核协议承诺：5 月 8 日，第一阶段放弃对浓缩铀存量的限制；7 月 7 日，第二阶段突破对提炼浓缩铀 3.67%丰度的限制；9 月 6 日，第三阶段放弃对提炼浓缩铀离心器研发的限制的承诺；11 月 5 日，第四阶段重新启用福尔多核设施，开始提炼浓缩铀的活动。

随着伊朗不断减少履行伊核协议承诺和对特朗普政府对伊政策的无奈，欧洲已失去对维护伊核协议的信心，立场逐步地向美国靠拢。早在 6 月，马克龙总统就公开支持特朗普对伊朗的四项要求：伊朗永久放弃研制核武器、放弃弹道导弹项目、遏制伊朗在地区的势力扩张和遏制伊朗在地区稳定的消极作用。英国新首相约翰逊则呼吁伊朗达成一个“特朗普协议”，“如果这是一笔糟糕的交易（伊核协议）——那么让我们做一笔更好的交易”。法国与德国表示，“现在是伊朗接受就其核项目的长期框架以及与区域安全有关的问题，包括导弹计划和其他运载工具进行谈判的时候了”。[①] 在伊朗启动第四阶段减少履行伊核协议承诺后，欧盟虽表示仍致力维护伊核协议，但也警告如伊朗一意孤行，欧盟将会启动伊核协议争端解决机制，使伊朗重新面临国际社会制裁的风险。

① 《法国和德国的支持，要求达成新的伊朗核协议》，搜狐网，2019 年 9 月 24 日，https://www.sohu.com/a/342986776_120073528。

五、伊核协议岌岌可危

2020年1月5日，伊朗政府宣布第五阶段中止履行伊核协议承诺，即放弃关于离心机数量的限制。因此，“伊朗的核计划将不再受到任何限制（浓缩能力、浓缩丰度、浓缩物资的数量与研发），并且从现在开始，伊朗核计划将继续根据其核计划技术要求进行推进。伊朗与国际原子能机构的合作将像以前一样继续进行。如果取消制裁，并且满足伊朗的利益，那么伊朗将准备恢复履行伊核协议”。①

伊朗放弃伊核协议的限制就等于使伊朗核项目研发活动失去约束，这是欧洲不能接受的，也引起了欧洲高度紧张。2020年1月14日，法、英、德外长表示，因伊朗接连中止履行伊核协议部分内容，三国“不得不选择触发伊核协议中的争端解决机制”，但强调他们不想追随美国向伊朗施加“最大的压力”，本意还是维护伊核协议，希望伊朗继续遵守对伊核协议所做的承诺。伊核协议有一个由六国和伊朗再加上欧盟组成的争端解决机制——联合委员会（美国已退出伊核协议，该机制不包括美国）。如在执行协议过程中出现争议或分歧，任何一方都可将问题交由“争端解决机制”审议。以目前情况看，如果正式启动该机制，联合国将有可能会恢复对伊朗的制裁。

伊朗对欧洲三国启动争端解决机制的威胁十分不满，态度强硬地驳斥了欧洲三国做法不仅“毫无法律依据”，从政治角度看也是个“战略性错误”。伊朗外长扎里夫表示，在美国退出伊核协议后，伊朗就已启动了争端

① 《伊朗宣布退出伊核协议》，来源：央视新闻客户端，中国新闻网，2020年1月6日，http://www.chinanews.com/gj/2020/01-06/9051713.shtml。

解决机制。在2018年5月、8月和11月，伊朗曾向时任欧盟外交与安全政策高级代表莫盖里尼发出三封信函，在三封信函中，伊朗已正式宣布启动争端解决机制。[①] 2020年1月17日，伊朗领袖哈梅内伊表示，欧洲三国在履行伊核协议上只会说空话，他们为美国服务，“我不信任他们”，三国无力让伊朗民族屈服。[②] 20日，伊朗外长扎里夫威胁，如果欧洲国家将伊朗核问题提交联合国安理会讨论，伊朗将退出《不扩散核武器条约》。

启动争端解决机制对欧洲来说是一把“双刃剑”。因为，启动该机制的结果将可能使联合国恢复对伊朗制裁。一旦联合国恢复对伊朗的制裁，不仅会导致伊朗退出《不扩散核武器条约》，使伊朗核计划完全失控，进一步加剧中东地区的动荡，从而危及欧洲自身的安全与稳定，也会使欧洲现有影响伊朗的手段荡然无存。因此，在2020年1月24日，欧盟外交与安全政策高级代表博雷利表示，将延长伊核协议争端解决机制的期限。2月3日，博雷利对伊朗进行首次访问。在与鲁哈尼总统的会谈中，他重申欧洲国家正试图维持伊核协议，希望就努力维护伊核协议问题加强与伊朗互动。2月4日，博雷利进一步表示，欧盟将无限期延长解决伊核协议相关争端的期限，同意不对此设置最后期限，从而避免将该问题提交联合国安理会。由于伊朗与欧洲的共同利益和努力，避免了伊核协议遭受寿终正寝的厄运。

六、前景展望

首先，特朗普总统对伊朗志在必得。特朗普政府坚信，时间对美国有

① https://www.tehrantimes.com/news/444414/Russia-warns-Europe-of-devastating-consequences-if-it-refers.

② https://www.tehrantimes.com/news/444222/Leader-E3-cannot-bring-Iranian-nation-to-its-knees-as-America.

利，伊朗至今尚未就范是制裁力度还不够。特朗普政府高官明确表示，美国将在2020年进一步加大对伊朗“极限施压”的力度。在伊朗对美军驻伊拉克基地报复后，美国已于1月10日和2月20日分别对伊朗矿业公司、伊朗宪法监督委员会和选举监察委员会进行制裁。预计在2020年，美国会加大对其盟国特别是欧洲的压力，迫使欧洲退出伊核协议与美国联手向伊朗施压。

其次，欧盟在无力左右美伊对抗的情况下，只有采取以拖待变的策略。伊朗虽突破伊核协议限制，但仍接受国际原子能机构对其核活动的严格核查，伊朗核活动进展仍置于国际社会的严密监督下。因此，欧盟将尽量争取伊朗核计划不要完全失控，争取将伊核协议目前状况拖到2020年11月美国大选后。届时，如特朗普成功连任，则存在欧洲退出伊核协议与美国联手，压伊朗达成“特朗普协议”的可能性。

最后，伊朗绝不会坐以待毙。在地区安全问题上，伊朗会继续加大美国“极限施压”的代价，实施报复美军炸死苏莱曼尼将军的终极目标，将美军赶出中东地区，首先是伊拉克。同时还会继续对欧洲施压，迫使欧洲在履行伊核协议义务上采取一些措施。尽管伊朗这些政策存在着相当大的风险，但在没有更好选择的情况下，伊朗可能只有放手一搏。

总之，展望2020年，无论是美伊紧张关系的发展，还是伊核协议命运的走向都将面临更加严峻的挑战，美伊间爆发大规模直接冲突的风险依然存在，伊核协议前景堪忧。

朝鲜半岛无核化未来展望

杨　力

内容提要：自朝鲜在2018年宣布实现国家核力量建设①并重提“朝鲜半岛无核化”以来，半岛局势变化成为外界广泛关注的热点。两年来，在推动朝鲜半岛问题政治解决的进程中，朝、美、中、韩等各方付出了巨大的努力。特别是朝美相继举行三轮首脑会晤，在努力实现半岛和平与无核化目标的方向上迈出了具有历史意义的步骤。但是，由于朝鲜半岛问题的复杂性，以及朝美在无核化谈判关键问题上互不让步，双方谈判对话陷入僵局。2019年年底朝鲜提出的国家发展新策略中，并未将无核化道路堵死，而是留有余地。同时，美国也未明确表明放弃无核化谈判。朝鲜半岛无核化将是一个长期的过程，如何从根本上推动半岛无核化，仍需要各方付出政治智慧与努力。

关 键 词：朝鲜　无核化　核武器　核能力　谈判

作者单位：中国核科技信息与经济研究院

经过长期发展，朝鲜的核武器研制技术与能力得到逐步提升，核力量发展取得显著进展。在此背景下，朝鲜在2018年重新提出实现朝鲜半岛无核化设想，并就无核化问题相继与中国、韩国和美国展开了一系列对话，

---

① 《朝鲜劳动党中央举行第七届第三次全会　金正恩出席指导会议》，朝中社，2018年4月21日。

迈出了政治解决朝核问题的积极步骤。尤其引人注目的是，朝鲜与朝核问题矛盾主要方——美国，在新加坡、河内、板门店先后举行三轮首脑级会谈。在新加坡的首次会谈中，朝美双方就实现朝鲜半岛无核化目标达成共识，打开了对话磋商的良好开端。

朝美首脑会谈使朝鲜半岛紧张对峙态势得到一定程度缓解。尽管如此，美国仍坚持要求朝鲜先弃核、再放松对朝制裁，朝鲜则希望以“分阶段、同步走”方式推进半岛无核化进程。朝美虽于 2019 年 10 月在斯德哥尔摩进行过短暂工作层会晤，但由于双方始终坚持各自的无核化立场，导致对话陷入僵局，未取得任何进展。朝鲜此后多次对美国发出“最后通牒”，要求其在 2019 年年底前对无核化“做出新的决策”。朝鲜常驻联合国代表还称，“无核化不再是朝美谈判的议题，没有必要与美国长期对话。”①

2019 年 12 月召开的朝鲜劳动党第七届中央委员会第五次全体会议上，朝鲜最高领导人金正恩提出了国家新的发展政策与方向，即在发展经济的同时，推进国防力量的发展，“保证朝鲜持久安全的强大核遏制力”。②

在新的一年里，预计朝鲜将依据新战略路线，维持和发展核能力。同时，朝鲜并未将无核化对话的道路彻底封死，提出，如果未来条件成熟，朝美今后仍有可能重启无核化对话。朝鲜半岛无核化进程将是复杂多变、曲折前行的前景，充满不确定性。

一、朝鲜半岛无核化谈判进展

自朝鲜重提实现半岛无核化以来，得到各方的响应。自 2018 年起，朝

① Oliver Hotham, “North Korea no longer willing to discuss denuclearization with U. S., envoy says,” *NK News*, December 7, 2019, https://www.nknews.org/2019/12/north-korea-no-longer-willing-to-discuss-denuclearization-with-u-s-envoy-says/.

② 《朝鲜劳动党第七届中央委员会第五次全体会议隆重举行》，朝中社，2020 年 1 月 1 日。

鲜与其主要的谈判方美国分别于2018年6月、2019年2月和2019年6月举办了三次首脑会晤。虽然双方会晤为缓解半岛紧张局势，推进和平发展起到一定作用，但双方各自坚持己见，互不妥协，无核化谈判陷入僵局。

（一）朝美首脑会谈，开启政治解决朝核问题良好开端

2018年，朝鲜制定新政策，提出以经济发展为主要目标，同时推进实现朝鲜半岛无核化，并希望以开展谈判对话成为实现朝美关系正常化和实现朝鲜半岛和平稳定的新途径。

2018—2019年，朝鲜先后同美国开展了三次首脑会晤。2018年6月，朝鲜最高领导人金正恩与美国总统特朗普在新加坡举行了首次历史性会晤。双方发表联合声明，为实现朝鲜半岛无核化目标，恢复朝美外交对话奠定了良好基础。

2019年2月，朝美领导人在河内举行了第二次首脑会晤。这次会晤以新加坡会晤为基础，双方工作层进行了全面准备和前期磋商，事先为本应取得预期成果拟定了《河内宣言》。但在会谈中，朝美在解除制裁及弃核范围等问题上的分歧未能解决，导致河内会谈无果而终。

2019年6月30日，朝美领导人在板门店进行第三次首脑会晤。金正恩与特朗普在朝韩军事分界线前进行历史性握手，特朗普作为在任美国总统首次踏上朝鲜领土并作短暂停留。两人随后一同进入板门店韩方一侧，同韩国总统文在寅会面，朝美双方还在板门店韩方一侧的“自由之家”举行了近一小时的会谈。两国领导人同意今后将继续密切联系，为朝鲜半岛无核化和发展朝美关系开启新的突破口，重启并积极推进建设性对话。特朗普会谈后对媒体表示，美朝双方将在未来两三周重启工作对话。朝中社则称，这次“闪电式”会面是“超越历史的世纪会面”，两国领导人“果敢决断”，使会面成为相互仇视的两国创造史无前例信赖关系的

“惊人事件”。

（二）朝美在无核化问题上主要分歧

朝美双方在谈判中，针对半岛无核化方式、对无核化定义的理解以及在建立相互信任等方面仍存在着严重分歧。

1. 无核化方式

美国长期以来一直坚持朝鲜应首先实现无核化、再解决对其制裁和提供经济援助的“利比亚模式”，提议实行“永久、可验证、不可逆的无核化”（PVID）方式。在遭到朝鲜强烈反对后，美国改变了策略，在首次首脑会晤中提出实现朝鲜半岛“完全、可验证、不可逆的无核化”（CVID）的新方式，表示这是美国能够接受的唯一结果。

朝鲜则主张采取“分阶段，同步走”的无核化方案，反对以“利比亚模式”弃核。提出在朝鲜弃核的每个阶段，美国要做出同步回报。

美方在初期曾强调朝鲜应迈出第一步，必须首先以“完全、可验证、不可逆的无核化”的方式弃核，然后才能讨论安全保障和经济援助问题。后期美方同意“分阶段”的方案，但始终坚持朝鲜无核化要满足“完全、可验证、不可逆的”三个关键元素。①

2. 无核化定义和目标

朝美在“全面无核化”的定义和目标上也有不同理解。在河内会晤时，朝鲜希望废弃宁边核设施换取解除大部分制裁。但美国希望无核化全过程应包括拆除核武器、停止铀浓缩活动、禁用反应堆、关闭试验场、结束燃料生产、进行国际检查等。尤其是美国要求朝鲜不仅应废弃宁边核设施，

① “CVID vs FFVD: an incoherent denuclearization foreign policy that is playing to North Korea's time delaying tactics,” *The Geopolitics*, October 6, 2018.

还应包括宁边以外的秘密核设施及大规模杀伤性武器设施。

3. 相互信任

由于朝美长期敌对，双方严重缺乏互信基础。朝鲜质疑美国全面摒弃敌视、颠覆朝政府的诚意，而美国则对朝鲜能否真正弃核没有信心。河内会谈以后，朝美相互示强一面突出。朝鲜自 2019 年 5 月起多次试射短程导弹和“北极星-3”新型潜射导弹，美国则与韩国以电脑模拟方式启动联合军演并派出战略轰炸机在朝鲜半岛周边进行威慑巡航。

二、朝鲜“新路线”策略对半岛无核化进程的影响

随着无核化僵局的持续，朝鲜进一步调整政策，提出一方面自力更生发展本国经济，另一方面强化“战略武器”的研发。尽管如此，朝鲜的新政策也表现出一定的灵活性，并未将半岛无核化的未来发展道路彻底堵死，保留了与美国开展谈判的余地。

（一）新策略的主要措施

根据当前朝鲜国内外形势，金正恩在 2019 年 12 月 28 日召开的劳动党七届五中全会上提出了朝鲜将“开展正面突破战的革命路线”策略。

这项新策略核心包括两个方面，一是以自力更生手段发展经济作为重点突破方向；二是“研发只有国防科技发达国家才能拥有的尖端武器系统”，“更加蓬勃推进战略武器开发工作”，“全世界会目睹朝鲜即将拥有的新的战略武器”。其中，发展经济策略是国家未来发展之根本，设法推进经济的发展可在一定程度上减缓因国际制裁与经济封锁带来的影响，挖掘本国一切可能的生产潜力，保障经济发展与改善民生。同时进一步加强与外

部友好国家的协调运作，积极发展与韩国的交往与接触。①

针对美国持续的核威胁，朝鲜感受到危机重重。鉴于朝美对话过程的艰难以及美国不会轻易改变敌视朝鲜的政策，朝鲜认为其安全环境短期内不会出现好转。因此，金正恩强调，要“保证朝鲜持久安全的强大核遏制力的经常性动员状态”，“朝鲜将继续大力推进保障国家安全的战略武器开发工作，直到美国取消对朝敌视政策、在朝鲜半岛建立持久巩固的和平机制为止”② 这表明朝鲜将继续维持现有核武器及相关生产设施的部署与维护，进一步确保核军工生产能力持续稳定的发展态势。

朝鲜七届五中全会特别强调了“新型战略武器”及“强化核遏制力的广度和深度”的军事手段。朝鲜虽未透露这两项军事手段的具体内容，但外界推测，认为朝鲜正加强海基核威慑与新型洲际弹道导弹产品研发力度，或许还存在重启核导试验的可能。这些举措无疑使推进半岛无核化进程变得更加不确定。虽然朝鲜的这次会议没有正式宣布停止朝美无核化对话，但朝美对话既缺乏推进动力，也没有对话的氛围，只能暂停与搁置。

（二）新策略突出了灵活性

朝鲜实施的“正面突破”策略中具有一定的弹性与分寸。特别是对加强“核遏制力”相关举措设置了各种条件，比如，“根据美国今后的对朝立场酌情调整”，“如果美国沿着敌朝政策道路一意孤行”，以及“直到美国的敌朝政策被取消，在朝鲜半岛建立持久巩固的和平机制为止”等。③此举意在既对美施压，也为未来形势好转留有余地，为双方缓和关系，恢

① 《朝鲜劳动党第七届中央委员会第五次全体会议隆重举行》，朝中社，2020 年 1 月 1 日。

② 《金正恩：若美国执意对朝敌视　朝鲜将继续开发战略武器》，中国新闻网，2020 年 1 月 2 日，http: //news. youth. cn/gj/202001/t20200102_12158897. htm。

③ Michael Elleman, The Henry L. Stimson Center, “North Korea’s New Pukguksong-3 Submarine-Launched Ballistic Missile,” October 3, 2019.

复对话做铺垫。

（三）新策略对无核化进程的影响

朝鲜对召开的劳动党七届五中全会给予极高定位和评价，称会议是“党的历史和自主强国建设史上值得大书特书的重大事件”。根据“对现实的冷静判断，采取果敢而符合现实的措施”，将对朝鲜半岛无核化政治解决进程和地区稳定产生重要影响。

首先，朝鲜坚持“新路线”策略，保持并集中力量发展本国经济，放弃无核化目标。美国先后表示希望朝鲜保持无核化承诺，愿意继续推进政治解决相关问题的进程。2019 年 12 月，美国国务院对朝政策特别代表斯蒂芬·比根表示，美方对“落实朝美领导人共识”这一目标不设时限。由此看来，通过努力寻机恢复朝美对话的可能性仍然存在。

其次，朝鲜在七届五中全会上强调加强“核遏制力”，但也表现出一定的克制与灵活余地，但朝美对话陷入停顿状态，地区对峙因素及诸多不确定性因素将随之增加。假如双方坚持强硬姿态与极限施压行动并持续升级，不排除朝鲜在核导方面采取示强行动。

【外空与反导】

美国太空军事发展动态

赵蔚彬

美国导弹防御与高超声速武器系统发展动向及其影响

刘　冲

美国太空军事发展动态

赵蔚彬

内容提要：特朗普执政以来，美国太空军事理论得到长足发展、军事机构得到全面重组、军事能力得到全方位加强。理论方面，战略层级强调优先、全面、深入发展太空军事能力，联合层级强调战区、深空和智能化作战，军种层级强调反太空和相对优势。机构改革方面，新成立太空发展局、太空司令部和太空军。能力建设重点是提升太空资产弹性恢复力，加快太空作战体系重构，拓宽太空作战联合职能。美国加大太空军事建设，将激化大国战略竞争，降低全球战略稳定。

关 键 词：美国　太空军事　发展动态

作者单位：军事科学院战争研究院

美国总统特朗普对重振美国太空领域起到了重要推动作用。在总统就职典礼上，他宣称要“准备破解太空奥秘”。其“太空梦”和“使军队再次强大”的“强军梦”相遇，使太空军事领域成为获取更多资源的“赢家”，理论得到长足发展、机构得到全面重组、能力得到全方位加强。

一、美国太空军事理论发展趋势

特朗普执政带来美国太空领域的新时代，相关战略和理论得到更新、发展，太空军事理论在战略、联合和军种等层级出现一些新趋势。

（一）战略层级指导强调优先、全面、深入发展

特朗普政府出台的国家安全战略、国防战略和军事战略对太空领域都做出了战略指导。2017 年 12 月发布的《美国国家安全战略》指出，航天国家不断增多，商业航天迅猛发展，这种“太空民主化”削弱了美国太空领导地位。特别是有些国家发展反太空（counterspace）能力，侵蚀了美国军事优势。该战略将太空定位为国家核心利益，明确提出要将其作为优先发展领域。[①] 2018 年 1 月公布的《2018 美国国防战略概要》将太空视为作战域，要求国防部从弹性、重构和作战三个角度全面发展太空能力。[②] 2019 年 7 月发布的《2018 国家军事战略说明文件》要求美军在太空领域作战必须像在陆海空等传统领域中一样熟练、自如。[③]

在副总统彭斯主持下，美国国家太空委员会于 2018 年 2 月完成新版《国家太空战略》，提供更加直接的战略指导。3 月，白宫公布了该战略的核心内容，强调如下原则：（1）美国优先，即美国太空利益优先，确保美国公司引领世界太空科技，确保相关国际协议优先照顾美国。（2）绝对优势，即将科学、商业和国家安全领域的太空开发，作为本届政府最优先事项，不遗余力地保障美国的太空领导地位和必胜态势。（3）实力求和平，即确保毫无障碍地自由进入太空并开展行动，加强行动的安全性、稳定性

---

① President of the United States, *National Security Strategy of the United States of America*, The White House, December 2017, https://www.whitehouse.gov/wp-content/uploads/2017/12/NSS-Final-12-18-2017-0905-2.pdf, p.31.

② U.S. Department of Defense, *Summary of the 2018 National Defense Strategy of the United States of America: Sharpening the American Military's Competitive Edge*, p.6, January 2018, https://www.defense.gov/Portals/1/Documents/pubs/2018-National-Defense-Strategy-Summary.pdf.

③ The Joint Staff, *Description of the National Military Strategy 2018*, July 2019, https://www.jcs.mil/Portals/36/Documents/Publications/UNCLASS_2018_National_Military_Strategy_Description.pdf, p.2.

和可持续性；如果关键太空基础设施受到有害干扰或攻击，美国将以自己选择的时间、地点、方式和领域实施报复；能够有力慑止、抵制、战胜各类太空威胁。（4）四大支柱，即推进弹性太空架构转型建设；加强威慑和实战能力；提升基础性态势感知和情报收集能力，优化太空力量结构，简化采办程序；塑造有利国内国际环境。

此外，《2020 财年国防授权法》第 1611 条要求国防部长对太空威慑开展深入分析，研发适用于国防规划的太空威慑综合理论。另悉，美国国防部正在起草制定新版《国家安全太空战略》，取代 2011 年版文本。[①] 综合来看，奥巴马政府太空战略的主要特点是“积极防御”和“国际合作”，特朗普政府的“标签”则是“实战威慑”和“军民融合”。

（二）联合层级强调战区、深空和智能化

2002 年 8 月，美军参联会颁布联合出版物 JP3-14《太空作战》（Space Operations）联合条令，正式确认“太空作战”是美军联合作战理论的重要组成部分。2009 年 1 月、2013 年 5 月和 2018 年 4 月，参联会分别三次更新 JP3-14《太空作战》联合条令。近期，美国国防部结合太空军事机构改革抛出“国防部太空愿景”[②]。总的来看，在联合层级美国太空军事理论有如下发展趋势：

一是强调战区作战。2018 年版 JP3-14《太空作战》联合条令新增“太空联合作战区域”概念；特朗普政府高官多个场合强调太空是“作战

---

① Sandra Erwin, “Defense Department drafting new space strategy,” *Space News*, February 6, 2020, https://spacenews.com/defense-department-drafting-new-space-strategy/.

② U.S. Department of Defense, *Final Report on Organizational and Management Structure for the National Security Space Components of the Department of Defense*, August 9, 2018, https://media.defense.gov/2018/Aug/09/2001952764/-1/-1/1/ORGANIZATIONAL-MANAGEMENT-STRUCTURE-DOD-NATIONAL-SECURITY-SPACE-COMPONENTS.PDF.

域”。有评论说，美军早已把太空作为作战域，海湾战争时期已熟练驾驭太空能力，现在不过是“捅破窗户纸”而已。事实上，当前美军不仅仅把太空视为与陆海空网一样的“作战域”（domain），更是当作一种“战区”（theater），因而2019年8月新设的美国太空司令部被定性为地理性（而非职能性）联合作战司令部。这说明，美军已意识到未来冲突极可能延伸至太空，太空力量不仅需要赋能联合部队，可能更加需要独立运用①，并得到其他作战司令部、其他力量的支援。

二是强调深空作战。2017年12月特朗普签发第1号“太空政策指令”指示美国国家航空航天局（NASA）将美国宇航员重新送上月球，进行长期开发、利用，随后奔向火星及更遥远的太空。在2019年10月太空发展局勾勒的“国防太空架构”（National Defense Space Architecture）中，美国不仅要监视月球轨道至地球同步轨道之间的空间，而且还打算开发可在地球和月亮之间机动的航天器。② 2020年2月，美国国防部负责太空政策的副助理国防部部长史蒂夫·基泰（Steve Kitay）称，美国关注低、中、高各个轨道，直至月球。③

三是强调智能化作战。目前看，美军太空智能化主要体现在两方面：一是智能数据处理，二是智能指挥控制。数据处理方面，美军正使用人工智能无缝融合、快速分析多源数据信息，以实时监视、预测、发现太空威

---

① Kenneth Rapuano, Assistant Secretary of Defense for Homeland Defense & Global Security, *Statement Before the Subcommittee on Strategic Forces, House Armed Services Committee*, March 15, 2018, http://docs.house.gov/meetings/AS/AS29/20180315/106970/HHRG-115-AS29-Wstate-RapuanoK-20180315.PDF.

② Sandra Erwin, “Space Development Agency lays out five-year plan in $11 billion proposed budget,” *Space News*, October 6, 2019, https://spacenews.com/space-development-agency-lays-out-five-year-plan-in-11-billion-proposed-budget/.

③ Sandra Erwin, “Defense Department drafting new space strategy,” *Space News*, February 6, 2020, https://spacenews.com/defense-department-drafting-new-space-strategy/.

胁，及时定性、溯源，在“安静的吠叫者”项目下提供“空间情报及敌情征候与警报”①。在指挥控制方面，太空发展局提出的七层太空架构中，其“大脑”战斗管理层将被打造为由人工智能增强的指挥控制和通信网络，每颗卫星都将携带任务级自主软件和分布式决策处理器，无须地面协助，就可在轨自主处理数据，进行任务优先级排序，下达指令等。“跨域、网络化、独立节点的战斗管理指挥控制和通信系统”也是“国防部太空愿景”中八项建设重点之一。

（三）军种层级强调反太空和相对优势

1998 年 8 月，美国空军首次颁布 AFDD2-2《太空作战》（Space Operations）条令，正式确立“太空作战”理论。2005 年 5 月，美国陆军颁布 FM3-14《太空对陆军行动的支援》（Space Support to Army Operations）野战手册。近年，空军和陆军不断更新这些条令。鉴于空军一直是美军太空主体力量，从其相关条令看，在军种层级，美国太空军事理论有如下两个新变化。

一是从“太空控制”（space control）变为“反太空”。因“太空控制”与进攻性太空行动紧密相关，美军对其一直讳莫如深。美国空军干脆将其改为听起来更具防御性质的“反太空”，将其定义为：战术、战役和战略层面，整合陆、海、空、天、网各个领域进攻和防御行动，达到和维持所需的对太空进行的控制和保护。虽然换了个名称，但“反太空”也像“太空控制”一样分为进攻型和防御型两种，具体行动样式完全相同。②

---

① John W. Raymond, *Presentation to the Subcommittee on Strategic Forces, House Armed Services Committee on Fiscal Year 2018 Priorities And Posture of the National Security Space Enterprise*, May 19, 2017, http://docs.house.gov/meetings/AS/AS29/20170519/105974/HHRG-115-AS29-Wstate-RaymondJ-20170519.pdf, p.8.

② Curtis E. LeMay Center for Doctrine Development and Education, U.S. Air Force, “Counterspace Operations,” *Annex 3-14 Counterspace Operations*, Last Updated: August 27, 2018, https://www.doctrine.af.mil/Portals/61/documents/Annex_3-14/3-14-D05-SPACE-Counterspace-Ops.pdf.

二是从“太空绝对优势”（space superiority）变为“太空相对优势”（space supremacy）。美军将“太空绝对优势”定义为一支部队相对于其他部队对太空的控制程度，使其能够在特定时间和地理位置进行行动，而不受地面威胁或天基威胁的抑制性干扰。“太空相对优势”被定义为一支部队相对于其他部队对太空的控制程度，使其能够在特定时间和地理位置进行行动，而不受敌对力量的有效干扰。这并不意味着不存在干扰，但干扰可以被反制，仅对行动产生较小影响或没有影响。如果取得太空绝对优势，美军将获得极大行动自由，有助于达到预期作战效果。面对势均力敌的对手时，美军很难取得绝对优势。再者，如果敌方使用商业太空资产，美军也无法全面拒止，否则会带来附带损伤或卷入第三方冲突。要达到多大程度的控制，取决于作战目标。作战指挥官将根据不同任务来具体裁量，决定付出多少努力。①

随着 2019 年 12 月独立成军，太空军必将制定自己的条令，各方拭目以待。

二、美国太空军事机构改革“闹剧”

2019 年 12 月，特朗普总统签署《2020 财年国防授权法》，标志着美国新一轮太空军事机构改革取得重大成果，太空发展局、太空司令部和太空军全部落地。然而，关于这三大机构的争议及“地盘”争夺远未结束，更多“大戏”将持续上演。

---

① Curtis E. LeMay Center for Doctrine Development and Education, U. S. Air Force, “Space Superiority/supremacy,” *Annex 3-14 Counterspace Operations*, Last Updated: August 27, 2018, https://www.doctrine.af.mil/Portals/61/documents/Annex_3-14/3-14-D03-SPACE-Superiority.pdf.

（一）太空发展局——“小狗拉大车”

2019 年 3 月 12 日，时任代理国防部部长沙纳汉签署备忘录，成立太空发展局。总部设在五角大楼，由国防部负责研究和工程的副部长格里芬监管，预设编制 50 人。此轮改革中，太空发展局成立最早，争议最大，主要批评如下。

一是“国防部强行塞入太空军事改革的私货”。太空发展局首次出现在国防部 2018 年 8 月递交国会的《太空力量要素组织和管理架构最终报告》。消息一出，一片哗然。时任空军部长威尔逊指出，太空发展局并未在白宫成立太空军的提议中，言下之意，这完全是沙纳汉、格里芬等人硬塞进去的“私货”。

二是“根深蒂固的太空采办问题的短视应对”。作战响应太空（ORS）办公室首任主任麦克劳林（退役）中将称，2004 年成立作战响应太空办公室的初衷与现在完全相同，都是想充分利用商业先进技术，降低采办成本，加快列装速度，但事实证明仅靠新设机构根本无法解决问题。

三是“职责不清，完全是重复建设”。威尔逊 2 月 26 日给格里芬的备忘录里提出，太空发展局没有自己独特的使命，其设想的任务现有组织机构都能完成。空军协会（Air Force Association）发布政策文件表达反对意见，认为这只会增加副总统彭斯所诟病的航天机构的数量。

四是“项目不明，畅想过于理想化”。太空发展局为自己设定的首要任务是设计研发遍布低地球轨道的小卫星星座。空军部长威尔逊批评，低轨卫星并非一劳永逸的解决方案，还需考虑更新替换数十亿美元的地面天线和接收设备，解决与商业系统的兼容性和互操作性，战时太不可靠。

五是“以小欺大，抢夺其他机构的资源”。空军太空与导弹系统中心（SMC）1954 年成立于洛杉矶，编制 6000 人，每年经费 70 亿美元，负责

85%的军事太空项目采购。太空发展局2020年预算仅为1.255亿美元，不到前者的2%。因在国防部内部成立，太空发展局不需要国会批准，但可能需要挪用太空与导弹系统中心的资金并要求其裁员。

六是“领导层更换太快，未来何去何从”。太空发展局首任局长是格里芬亲自挑选的国防高级研究计划局（DARPA）战术技术办公室原主任弗雷德·肯尼迪（Fred Kennedy）。虽然太空发展局由肯尼迪亲手设计，但因与格里芬在管理理念等方面产生分歧，肯尼迪于6月19日辞职。6月18日，驳回威尔逊抗辩、强行成立太空发展局的沙纳汉也辞去代理国防部部长职务。没有迹象表明，现任国防部部长埃斯珀会调用其他资金和人员，像沙纳汉那样全力支持太空发展局。

面对种种批评，格里芬和太空发展局新任局长图尔尼尔艰难推进各项初建工作。2019年7月1日，太空发展局发出首份“信息请求”；7月23日举行首次“工业日”，近300位公司主管参加；10月公布五年计划（2021—2025），将耗资110亿美元，打造“国防太空架构”；2020年1月发布公告《国防太空架构系统、技术和新兴能力》，开始公开招标。

（二）太空司令部——“另类地理性联合司令部”

2019年8月29日，美国太空司令部在白宫正式成立，首任司令为雷蒙德。其总部基本上由战略司令部下原联合部队太空组成司令部（JFSCC）转隶而来，约300人。8月30日，美国太空司令部宣布下设太空防御联合特遣部队（Joint Task Force-Space Defense）和多国部队太空组成司令部（Combined Force Space Component Command）。美国太空司令部到底是什么，美国民众有如下疑惑。

一是“为什么是地理性联合作战司令部”？2018年12月18日白宫备忘录将美国太空司令部确定为“职能性联合作战司令部”，而其官网上宣称自己是地理性司令部，责任区在地球表面以上100千米处。2019年11月，雷蒙德受邀到战略与国际问题研究中心（CSIS）座谈。当被问及：太空司令部责任区这么大，是否像其他地理性司令部一样，有清晰的威胁、对手和独有的作战构想，雷蒙德称正在制订战役计划，将于2020年年初完成。

二是“为什么支援任务多于受援任务”？2019年9月在空军协会年度“空、天、网研讨会”上，雷蒙德表示，计划在各大司令部安排一体化规划人员。目前在战略司令部保留部分太空规划人员，近期将重点保障欧洲司令部和印太司令部，再培养更多人才进驻北方司令部和非洲司令部。因此有人提问，太空司令部为什么不像其他地理性司令部一样，接受职能性司令部和别的地理性司令部支援。

三是“与1985年至2002年的美国太空司令部有什么不同”？雷蒙德在多次演讲中解释：除了旧版是职能性司令部、新版是地理性司令部之外，时代背景和战略环境不同，当前使命更加艰巨，过去太空是“避难所”，现在需保护和防卫的关键太空资产；组织结构更加强大、统一，与情报界伙伴紧密合作；与盟友关系更加强健；与联合部队伙伴及作战司令部联系更加密切。

当前，美国太空司令部正按照4D使命①，重点开展以下五项任务：（1）将美国战略司令部的相关职责无缝转移至美国太空司令部；（2）快速实现初始作战能力，尽早达到全面作战能力；（3）强化与其他作战司令部之间的关系；（4）扩展与盟友的合作；（5）培养联合作战人员，一方面使

---

① 美国太空司令部官网上的4D使命是：（1）慑止（deter）侵略和冲突；（2）保护（defend）美国及其盟友太空行动自由；（3）为联合及多国部队提供（deliver）太空作战力量；（4）培育（develop）联合太空作战人员，推进美国及其盟友在太空、来自太空和通过太空的利益。

太空操作人员更加了解联合作战，另一方面使联合作战人员更加了解太空。[1]

（三）太空军——“新瓶装旧酒”

《2020财年国防授权法》中专立《美国太空军法》，将相关内容纳入《美国法典》第十编，标志着太空军正式成为美军第六支武装力量。关于其组织架构，美国空军、国防部、白宫、国会之间争论不休，反映了各利益攸关方的激烈博弈。

一是空军搅局。美国空军是军事太空力量改革的最大利益攸关方，最初坚决反对另立门户，认为当前天空和太空作战域变得比以往任何时候都更紧密，在这种作战需求下从空军中剥离太空力量，将危及美国的联合作战能力。特朗普明确表态支持后，空军不得不妥协执行，一开始建议在空军内部重组太空力量，随后走向另一极端。在空军部长威尔逊提交的方案中，太空军将包含所有太空力量要素，不仅要抽调陆海空三军相关人员，而且要纳入支持军事航天的情报机构，包括国家侦察局、导弹防御局、战略能力办公室、美国国家航空航天局、国家海洋和大气管理局以及商务部空间交通管理办公室等相关机构。

二是特朗普力推。2018年6月18日，在国家太空委员会会议上，特朗普突然发话，“国防部和五角大楼需立即开始筹建太空军”，该部队应独立于其他军种，且与其他军种处于同等地位。特朗普主张建立独立军种，而不是在空军中建立太空部队，同时只把情报部门的适当部分纳入太空军。

---

① USSPACECOM Public Affairs, “Media Roundtable with U.S. Space Command Commander Gen. John Raymond,” August 29, 2019, https://www.spacecom.mil/Portals/32/Documents/Transcripts%20&%20Speeches/Media%20Roundtable%20with%20U.S.%20Space%20Command%20Commander%20Gen%20Raymond.pdf.

三是国防部摇摆。美国国防部2018年8月提出建立“精简”版独立军种，不包含情报界力量；11月底又建议在空军部内设立太空军，参照在美国海军部内设海军陆战队的模式。总的来说，国防部是太空机构改革积极推动者，2018年以来动作频频。如3月1日，国防部发布《国家安全太空组成部队组织和管理架构中期报告》，明确需聚焦的关键领域；8月9日出台《国家安全太空组成部队组织和管理架构最终报告》，公布太空军组建第一阶段方案；9月10日，沙纳汉发布《太空重组与管理任务》备忘录，成立“太空军实施工作组”等。

四是参众两院互掐。众议院武装力量委员会最早支持成立太空部队，写入《2018财年国防授权法》，递交参议院后，被整块删除。2019年9月，参议院拨款委员会给太空发展局2020财年拨款：人员4470万美元、太空研发2000万美元、太空技术原型开发8500万美元。众议院则将太空人员和太空技术原型开发分别减到2680万美元和3500万美元。

目前，太空军是最简版组织架构，完全由空军太空司令部转隶而来，后者正式撤销。原隶属于空军太空司令部的1.6万人（含3400名军官、6200名士兵和6400名文职人员）构成太空军骨干力量。国会未授权增编人员。美国太空司令部司令雷蒙德空军上将兼任太空军首任作战部长。陆军和海军内部的太空力量保留在原军种。空军部长巴雷特希望陆军、海军、国民警卫队和预备役部队中的太空人员都能够加入太空军，否则新建太空军毫无意义，美国太空军事力量还是碎片化的。

此轮太空军事机构改革纷纷扰扰，但总的来看，这些争议基本上都是“成长的烦恼”。随着组织机构更加精简优化、指挥链条更加清晰高效、装备战法更加先进创新、人员队伍更加专业强大，美国太空军事力量将强势发展。

三、美国太空军事能力建设重点

美国国防部2018年版国防战略将弹性、重构和作战三个方面作为投资建设重点。① 基本逻辑是：势均力敌的竞争对手正发展反太空武器，美国太空资产对美国的生活方式和战争方式如此重要，必须具备弹性恢复力，做到“不怕打”；即便遭到打击，各种资产也能重新组合，实现“太空任务保证”，做到“打不垮”；更为重要的是，太空资产还需融入全球一体化作战中，既要赋能联合作战，又要直接实施打击，发挥战略高地的全面优势，做到“摸得清、反应快、打得巧”。

（一）提升太空资产弹性恢复力

美军2018年版《太空作战》联合条令将弹性定义为：在遭遇敌对行为或处于不利条件时，太空体系架构仍能在各种场景、条件和威胁中，坚持提供天基保障，支持联合部队成功完成任务。提升弹性的方法包括分解散布、多样化冗余、主动和被动防护、欺骗威慑等。

分解散布指构建分散式太空体系结构，使大型高价值卫星结构分离、功能分解，通过有效载荷搭载、多轨道部署、多频率运用等，将核心太空能力分散或寄宿到多个（微）小型平台、系统或其他卫星上，增加潜在对手选取太空攻击目标的难度，降低实施太空攻击的效果。

多样化冗余指部署大量相同类型的平台、有效荷载或系统，或利用或商业、民用或国际伙伴的能力执行同一任务，增加太空资产冗余度，提高

① U.S. Department of Defense, *Summary of the 2018 National Defense Strategy of the United States of America: Sharpening the American Military's Competitive Edge*, January 2018, https://www.defense.gov/Portals/1/Documents/pubs/2018-National-Defense-Strategy-Summary.pdf, p.6.

系统抗毁能力。美军第三代国防卫星通信系统、“军事星”、国防支援计划卫星、GPS 导航卫星、特高频后继星等都有备用星，在主星遭对手破坏或出现故障时，能迅速接替工作，恢复功能。此外，美军还发展空基替代系统，使用飞机、无人机等，取代卫星的通信中继、指挥控制和情报监视侦察功能；同时发展地基和海基替代系统，铺设更多地下、海底光纤。

主动和被动防护指增强卫星各种防御手段。一是改善卫星推进系统和燃料容量，增大自主机动能力，或利用轨道转移飞行器，调整卫星轨道高度和倾角，逃避敌方反卫武器的发现、跟踪和攻击。二是积极发展伪装、隐身、加固等技术，在卫星表面涂上吸波材料，并配置光闸、保护盾、过滤装置、防干扰装置等，防敌侦查、监视、攻击，并能承受一定干扰、打击。三是采取数据加密、交叉存取、跳频扩频、卫星交联等措施，预防信息和频率干扰。四是加载“反击自卫”载荷，或部署护航系统，通过释放诱饵或武器，撞击或摧毁敌方反卫卫星和反卫武器，保护关键目标，化解敌方攻击行动。

欺骗威慑是一种心理战。欺骗方法多样，如对于重要安全系统或有效荷载的方位、能力、作战状态、任务类型和/或稳健性等方面，设法迷惑或误导对手。威慑是通过宣示决心、展示力量，“拒止”敌方获得预期收益，“惩戒”攻击行为。特朗普版国家太空战略尤其强调威慑，誓言如果关键太空基础设施受到有害干扰或攻击，美国将以自己选择的时间、地点、方式和领域实施报复①，宣示“睚眦必报”决心。

---

① “President Donald J. Trump is Unveiling an America First National Space Strategy,” The White House, March 23, 2018, https://www.whitehouse.gov/briefings-statements/president-donald-j-trump-unveiling-america-first-national-space-strategy/.

（二）加快太空作战体系重建重构

按照美军《太空作战》联合条令的定义，重构指功能被严重降级后，采取行动迅速恢复作战能力，保障完成特定任务或应对突发事件。重构主要是通过增加资产或链路来恢复能力或容量，具体包括：快速增补发射卫星，迅速补网重组；调用更多的地面站、新的信号和频谱等。国防高级研究计划局正研发太空飞机，可快速发射、重复使用。此外，美国还在发展空基卫星发射和固体运载火箭快速发射技术。2019 年 3 月，按照《2019 财年国防授权法》要求，美国空军太空和导弹系统中心“一次性运载火箭项目”正式更名为“国家安全太空发射项目”，旨在利用生机勃勃的商业航天发射，打造更加经济、安全、敏捷、高效的航天发射能力。① 新成立的太空军 2021 财年为该项目申请了 16 亿美元的预算。

值得注意的是，美军太空领域的重构还指太空作战体系整体架构的重新设计。太空发展局成立之初就提出要打造下一代“国防太空架构”，并于 2019 年 10 月拿出一份耗资 110 亿美元的五年计划（2021—2025）。该架构分七层，其中传输层将提供陆地、海洋和空中平台的相互连通性，追踪层致力于跟踪高超声速武器，监护层负责监视地面目标，战斗管理层应用先进软件将传感器与射手连接起来，导航层提供定位、导航和授时的替代服务，威慑层用于深空监视，支持层指地面系统和用户终端。②

① Space and Missile Systems Center Public Affairs, “Air Force establishes National Security Space Launch program,” U.S. Air Force, March 1, 2019, https://www.losangeles.af.mil/News/Article-Display/Article/1776502/air-force-establishes-national-security-space-launch-program/.

② Sandra Erwin, “Space Development Agency lays out five-year plan in $11 billion proposed budget,” *Space News*, October 6, 2019, https://spacenews.com/space-development-agency-lays-out-five-year-plan-in-11-billion-proposed-budget/.

（三）拓宽太空作战联合职能

2018 年版《太空作战》联合条令将太空作战行动分为太空态势感知，太空控制，定位、导航和授时，情报、监视和侦察，卫星通信，环境监测，导弹预警，核爆炸探测，航天运输，卫星操作 10 项。当前，美军不再满足于这些单项能力建设，而是将太空能力融入指挥控制、情报、火力、运动机动、防护、保障和信息七项联合职能，最大化太空战略优势。其中投入较大的是多源情报融合、多域指挥控制和太空火力开发。

1. 加强多源情报整合分析

美军太空情报集成和开发的主要要求是跨越多个组织、任务和保密级别，搜索和发现更好来源的数据和信息。① 近年来，美国战略司令部牵头向空军太空司令部、陆军太空与导弹防御司令部、太空联合职能组成司令部、国家空天情报中心、国家侦察办公室、国家安全局、中央情报局、国防情报局、国家航空航天局、国家地理空间情报局、国家海洋与气象局、空军研究实验室、空军气象局、北美空天防御司令部等索取数据，整理、编目超过 170 种太空数据源。② 同时，美军使用人工智能技术快速分析处理多源情报。国防高级研究计划局的“地理空间云分析”（GCA）项目正建设通用、安全的云存储库，汇聚商业和开源卫星数据，用业界最先进的软件工具进行自动化采集、聚合、管理和分析，使美军即时访问各地最新数据，获得全球态势感知、事件检测、监视和跟踪能力。③

① Joint Chiefs of Staff, Joint Publication 3-14 *Space Operations*, May 29, 2013, pp. Ⅱ-4.

② “Space and Cyberspace Analysis Resource Portal,” March 22, 2017, http://www.afspc.af.mil/About-Us/Fact-Sheets/Display/Article/249007/space-and-cyberspace-analysis-resource-portal/.

③ “Harnessing Commercially Available Geospatial Imagery for Defense Analysis,” November 11, 2017, https://www.darpa.mil/news-events/2017-10-11.

2. 打造多域作战指挥控制关键中枢

太空部队汇聚敌方图像、红外和电子情报，提供战场态势感知，形成通用作战图；提供卫星通信，确保计划和指令能传达到所有部队；提供定位、导航和授时服务，保障精确打击；提供导弹预警；辅助战斗毁伤评估。这些能力优势使太空力量当仁不让地成为“多域作战”的核心要素，原空军太空司令部也积极开发多域作战指挥控制系统。当前，太空军继续研发太空作战概念，实现同步规划和一体化行动；空军研究实验室“联合新兴作战需求小组”正搭建指挥控制平台基础架构，编写软件；空军快速能力办公室负责采办“战斗管理和指挥控制”平台原型；太空和导弹系统中心负责平台维持和现代化；国家太空防御中心则负责平台试点运行，未来将成为美军多域作战指挥控制的关键中枢。① 太空军 2021 财年预算增加了“软件与数字技术试点项目”，为太空指挥控制任务系统软件试点项目提供资金。

3. 开发多样化进攻性太空火力

根据美军条令，太空火力职能指运用武器系统或其他行为，在多个作战领域对敌方太空系统造成预期效果的太空控制行动。早在冷战时期美国就开始研发、部署各类反卫星武器，主要有三类：一是可逆软杀伤，如利用地基和天基激光、电磁、粒子束等定向能武器，干扰压制或欺骗迷惑敌方的信息获取、传输、指挥控制系统，造成敌方卫星暂时失效，使感知屏蔽、通信中断、指挥失灵。二是动能硬摧毁，如利用空天飞机、高超音速飞行器、巡航导弹、弹道导弹，以及非核动能反卫星武器（卫星），直接击毁敌方卫星。三是在轨“巧服务”，如利用“在轨服务”太空机器人直接

① David J. Buck, *Statement before the House Armed Services Subcommittee on Strategic Forces on Fiscal Year 2018 Priorities and Posture of the National Security Space Enterprise*, May 19, 2017, pp.7–8, http://docs.house.gov/meetings/AS/AS29/20170519/105974/HHRG-115-AS29-Wstate-BuckD-20170519.pdf.

抓捕敌方卫星，将其推离原有轨道，或释放燃料，或拆卸核心部件，使其丧失工作能力；也可将小型寄生星或遥控炸弹安装到敌方卫星上，必要时干扰或摧毁之；甚至可更换敌方卫星核心硬件或重新输入新程序，使其为己方服务。美军正将这些太空火力能力纳入联合作战规划，将其视为一种灵活的威慑选项，支援天空、地面、海上和网络和空中火力。

美国大力发展太空军事理论、机构和能力，将加剧太空武器化，引起太空军备竞赛，激化大国战略竞争，降低全球战略稳定。

美国导弹防御与高超声速武器系统发展动向及其影响

刘 冲

内容提要：2019 年，美军聚焦大国竞争强化作战能力，加强发展和整合导弹防御和高超声速武器体系，作为美军加强跨域作战准备的重点。美出台《导弹防御评估报告》，聚焦反导能力整合，强调天基预警，标志着美导弹防御从研发为主进入实战为主的新阶段，战略上更受重视，使用上更具野心。美国对高超声速武器的战略重视与日俱增，相关武器研发爆发式增长，正进入从研发向列装转换的过渡时期。美以大国竞争为导向，加速发展高超声速武器和导弹防御能力，可能对全球战略稳定和大国危机管理产生显著安全影响，是未来国际军控界应当关注的重要问题。

关 键 词：美国　导弹防御　高超声速　安全影响

作者单位：中国现代国际关系研究院军控与安全所

2019 年，美军聚焦大国竞争、强化作战能力，尤其注重新型战略能力的发展及整合，出台导弹防御新战略，把高超声速武器发展作为国防部跨军种军力建设的头号重点。导弹防御和高超声速武器的关联日益密切，在美国 2021 年财年预算中，已被归为“导弹击败及防御”领域，并以 203 亿美元的预算总额超过 177 亿美元的“核力量”和 30 亿美元的“特种作战”

投入,[1] 雄踞跨域作战三大领域之首。未来美瞄准大国竞争，持续强化攻防一体的作战能力，将对大国战略稳定与危机管理构成严峻挑战。

一、美国导弹防御体系发展动向

2019 年是美国导弹防御体系建设的重要里程碑。特朗普政府 2019 年 1 月公布新版《导弹防御评估报告》（下文简称“报告”）[2]，以支撑全球介入作战为核心，提出全方位整合反导能力、超前发展反导技术、重视太空等目标。美反导新战略在“重回大国竞争”战略背景下出台，标志着美导弹防御从研发为主进入实战为主的新阶段，战略上更受重视，使用上更具野心。

一是美导弹防御体系趋于成熟，美战略上也更加倚重导弹防御。自 2001 年退出《反导条约》至 2020 财年，美导弹防御局累计预算为 1600 亿美元，约占国防基础预算的 1.8%，是仅次于核武器的第二大战略预算类别。[3] 与奥巴马政府首份《弹道导弹防御评估报告》大幅调整研发重点相比，新报告对现有导弹防御结构未作方向性变革，重点调整运用战略，反映出美反导体系更趋成熟。值得注意的是，特朗普总统亲自到五角大楼参加报告发布会并讲话，参加官员还包括副总统彭斯、代理国防部部长沙纳

① OFFICE OF THE UNDER SECRETARY OF DEFENSE (COMPTROLLER)/CHIEF FINANCIAL OFFICER, *Defense Budget Overview, Irreversible Implementation of the National Defense Strategy*, UNITED STATES DEPARTMENT OF DEFENSE FISCAL YEAR 2021 BUDGET REQUEST, February 2020, pp. 1-7, https://comptroller.defense.gov/Portals/45/Documents/defbudget/fy2021/fy2021_Budget_Request_Overview_Book.pdf.

② OFFICE OF THE SECRETARY OF DEFENSE, *2019 MISSILE DEFENSE REVIEW*, https://assets.documentcloud.org/documents/5687662/2019-MISSILE-DEFENSE-REVIEW.pdf.

③ 导弹防御局预算来源于该局网站，美国历年防务预算来自国防部网站，参见“Defense Budget Materials-FY202,”comptroller.defense.gov/Budget-Materials/。

汉、国家安全顾问博尔顿、资深众议员特纳及美军多位高官，规格显著高于 2018 年仅由国防部与能源部副部长主持发布的《核态势评估报告》，以及奥巴马政府时期由副防长发布的首份《导弹防御评估报告》，体现出美国领导层对反导问题的高度重视。在《2018 财年美国国防授权法案》中，国会首次要求自 2021 年起把采购反导装备的权利从导弹防御局移交各军种。[①] 在美国防部公布的 2021 财年预算中，导弹防御总预算较往年 100 亿美元左右大幅增加，美国导弹防御局预算申请仅占 92 亿美元，而各军种和其他机构则高达 79 亿美元，包括空军与天军 27 亿美元，陆军 28 亿美元，海军 20 亿美元，太空发展局约 1 亿美元。[②]

二是聚焦作战，推进全方位整合。随着美反导技术成熟，美战略界有人聒噪以反导应对俄中核力量。美《2017 财年国防授权法案》将过去十多年来防御“有限的弹道导弹攻击”的法律定位，改为“发展强健、有效的多层次反导系统”。[③] 美媒亦披露报告草稿曾明确将中俄列为反导防御对象。[④] 但美拦截拥有先进对抗措施洲际导弹的技术尚不成熟，最终正式报告重回以核威慑应对俄中战略力量的传统立场，强调导弹防御服务于美军地区威慑和介入作战，推进其与作战体系全方位整合，主要体现在反导能力、攻防能力和盟友能力三方面。反导能力整合方面，报告从奥巴马时期的

---

① *National Defense Authorization Act for Fiscal Year 2018*, SEC. 1676, 239a, (b).

② OFFICE OF THE UNDER SECRETARY OF DEFENSE (COMPTROLLER)/CHIEF FINANCIAL OFFICER, *Defense Budget Overview, Irreversible Implementation of the National Defense Strategy*, UNITED STATES DEPARTMENT OF DEFENSE FISCAL YEAR 2021 BUDGET REQUEST, February 2020, pp. 4–11.

③ *National Defense Authorization Act for Fiscal Year 2017*, 114th Congress, Public Law 328, SEC. 1681, (a).

④ “Pentagon looks to adjust missile defense policy to include threats from Russia, China,” *The Washington Post*, March 2, 2018, https://www.washingtonpost.com/world/national-security/pentagon-looks-to-adjust-missile-defense-policy-to-include-threats-from-russia-china/2018/03/01/2358ae22-1be5-11e8-8a2c-1a6665f59e95_story.html?utm_term=.02509397dade.

《弹道导弹防御评估报告》更名为《导弹防御评估报告》，强调同时防御弹道导弹、巡航导弹，并发展应对高超声速武器的拦截能力。报告提出未来10年，将目前仅有“弹道导弹防御”能力的宙斯盾舰，均升级为“全面导弹防御”型。攻防一体整合方面，2012年、2017年美军先后推出两版《对抗空中和导弹威胁》条令，提出在战区防空反导一体化的基础上，在全球范围内整合防空反导体系。①报告更明确把“紧密整合攻防能力”作为反导战略的四大支柱之一，提出紧密结合威慑、导弹防御以及进攻作战行动，预防和击败敌人的导弹攻击，确保美在严峻“反介入/区域拒止”作战环境下占据优势。与盟友反导能力整合方面，报告指出，随着地区导弹威胁与日俱增，美与盟友共建导弹防御结构更加重要，美军与盟友反导体系应具备强有力的互操作性，从而最大化反导和集体防御实效。

三是高度重视太空，优先发展预警能力。2017年以来，美国会连续在《国防授权法案》中要求建设天基反导能力。特朗普总统亦高度重视太空作用，恢复太空委员会，下令成立天军，美国防部多位高官有参与“星球大战”计划的经历。在报告撰写过程中，是否全面建设包括天基激光及动能拦截的天基反导曾经历激烈争议。由于天基拦截能力过于薄弱，报告明确了优先发展天基预警、开展研发天基拦截的战略目标，并把“重视太空”列为反导战略四大支柱之一。报告认为，天基预警极具优势，有助于未来拦截滑翔弹头和洲际巡航导弹；而天基拦截在助推段拦截有优势，国防部将进一步研究其可行性。在天基预警方面，美国尤其重视高超声速导弹的防御问题，提出建设高超声速和弹道导弹跟踪天基探测器（HBTSS），并于

① Joint Publication 3-01, *Countering Air and Missile Threats*, March 23, 2012, and Joint Publication 3-01, *Countering Air and Missile Threats*, April 21, 2017.

2019年12月授予雷声等四家公司研发合同。①

虽然美区域反导体系相对成熟，但在高超声速导弹等新兴威胁防御、天基预警、定向能反导等高难度领域，未来发展仍存在相当的技术不确定性。拦截器方面，可对抗先进突防手段的“多目标杀伤器”（MOKV）项目，源于2004年小布什政府的计划，曾在奥巴马政府时期被取消，这一反复在特朗普政府时期再次上演，2019年8月，由于“重新设计杀伤器”（RKV）因技术问题未通过关键设计评审，美国防部宣布终止重新设计杀伤器研制。② 受此影响，导弹防御局也取消了“多目标杀伤器”的预算，并酝酿研制所谓“下一代拦截器”（NGI）③，但未来能否成功也未可知。天基预警方面，其前身“精确跟踪太空系统”（PTSS）曾被奥巴马政府寄予厚望，被称为未来十年导弹防御“最伟大的进步”，但2014年被取消；而机载激光等定向能拦截项目，也曾几度反复。

二、美高超声速武器的发展动向

高超声速武器可以分为两类：一类是在弹道导弹的基础上，改进弹头设计，改变传统弹道，重点在于提高突防能力而非飞行速度；另一类是采用冲压发动机，大幅提高巡航导弹或飞机的飞行速度，重点在于实现高超声速，从而兼具灵活性与快速打击能力。美军已有的高超声速导弹项目主

① US Missile Defense Agency awards HBTSS Phase IIa contracts, Air Force Technology, December 3, 2019, https://www.airforce-technology.com/news/us-missile-defense-agency-hbtss-phase-iia/.

② Courtney Albon, “Pentagon officially cancels RKV contract,” *Inside Defense*, August 21, 2019, https://insidedefense.com/insider/pentagon-officially-cancels-rkv-contract.

③ Wes Rumbaugh, “A New Generation of Homeland Missile Defense Interceptors,” Missile Threat, CSIS, November 12, 2019, https://missilethreat.csis.org/a-new-generation-of-homeland-missile-defense-interceptors/.

要包括陆军的“远程高超声速武器”（LRHW）项目，空军的“空射快速响应武器”（ARRW）项目和“高超声速常规打击武器”（HCSW）项目、海军的“中程常规快速打击”（IR-CPS）项目，以及国防部高级研究计划局（DARPA）与各军种合作的“战术助推滑翔”（TBG）项目、“高超声速吸气式武器概念”（HAWC）项目、试验性空天飞机（XSP）等研发验证项目。特朗普政府上台以来，美国对高超声速武器的战略重视与日俱增，相关武器研发爆发式增长，正进入从研发向列装转换的过渡时期，主要体现出以下趋势。

一是研发预算节节攀升。美国防部负责研发与工程的副部长格里芬在2018年上任伊始即表示，尽管有很多技术广受关注，但必须区分其优先度。在他看来，高超声速武器才是头号重点。[①]此后，美军高超声速武器在2019财年国防部相关预算首次突破10亿美元，但受俄罗斯公布“匕首”“先锋”等新型高超声速武器刺激，美国会又在原有预算基础上，额外拨款近9.3亿美元，增幅近一倍。2019年3月，美国国防部公布的2020年国防预算中，把无人武器、人工智能、高超声速和定向能作为四大新兴技术投资重点，将26亿美元投资于高超声速武器[②]，其中约1.6亿用于高超声速导弹的防御。[③]未来5年，美国还将进一步加倍投入高超声速武器，预计从

---

① Aaron Mehta, “Hypersonics ‘highest technical priority’ for Pentagon R&D head,” Defense News, March 6, 2018, https://www.defensenews.com/pentagon/2018/03/06/hypersonics-highest-technical-priority-for-pentagon-rd-head/.

② “DOD Releases Fiscal Year 2020 Budget Proposal,” the U. S. Department of State, March 12, 2019, https://www.defense.gov/Newsroom/Releases/Release/Article/1782623/dod-releases-fiscal-year-2020-budget-proposal/.

③ *Department of Defense Fiscal Year (FY) 2020 Budget Estimates*, Missile Defense Agency, Defense-Wide Budget Justification Book Volume 2a of 5, p. 615.

2014—2019年的总计60亿美元，增长到112亿美元。[①] 2020年2月，美国防部公布2021财年预算申请，称其为“战略导向”的预算，其中高超声速武器总预算进一步增至32亿美元。[②]

二是强调跨军种整合资源。目前，美军的高超声速武器发展正处于研发向装备部署的过渡阶段，项目较为多元，各军种重复建设较多，引发美国会和战略界的焦虑，担心其不仅浪费资金，也不利于未来列装采购。为解决这一问题，美国防部大力协调各军种统筹资源，更高效地发展高超声速武器。2019年3月，格里芬表示国防部将持续把高超声速武器作为国防全体系现代化的焦点。[③] 2019年7月，美国国防部负责研究和工程的副部长办公室负责高超声速的副主任麦克·怀特表示，未来4年内将密集安排40次飞行试验，主要验证三种基本的高超声速载具概念，在此基础上制订美军高超声速武器总体发展路线图，缓解国会对于重复建设的担心。[④] 2019年9月，美国防部披露，将持续推动跨军种合作，协调空军高超声速常规打击武器、海军“中程常规快速打击”和陆军远程高超声速武器等三个高超声速助推滑翔导弹型号项目采用同样的滑翔弹头设计“C-HGB”弹头，

---

① STATEMENT OF MICHAEL D. GRIFFIN, UNDER SECRETARY OF DEFENSE FOR RESEARCH AND ENGINEERING, March 28, 2019, https://armedservices.house.gov/_cache/files/f/4/f4841e4d-6e60-4644-95b5-caa3d26f032e/899137CD12BFA09D5202B35A29C157DA.hhrg-116-as26-wstate-griffinm-20190328.pdf.

② OFFICE OF THE UNDER SECRETARY OF DEFENSE (COMPTROLLER)/CHIEF FINANCIAL OFFICER, *Defense Budget Overview, Irreversible Implementation of the National Defense Strategy, UNITED STATES DEPARTMENT OF DEFENSE FISCAL YEAR 2021 BUDGET REQUEST*, February 2020, pp. 1-8.

③ STATEMENT OF MICHAEL D. GRIFFIN, UNDER SECRETARY OF DEFENSE FOR RESEARCH AND ENGINEERING, March 28, 2019, https://armedservices.house.gov/_cache/files/f/4/f4841e4d-6e60-4644-95b5-caa3d26f032e/899137CD12BFA09D5202B35A29C157DA.hhrg-116-as26-wstate-griffinm-20190328.pdf.

④ "Integrated Hypersonic Plan Forms Amid Overlap Concerns," Security and Defence in Quebec, August 1, 2019, https://sdquebec.ca/en/news/integrated-hypersonic-plan-forms-amid-overlap-concerns.

并由陆军负责主管，由桑迪亚国家实验室负责总体设计。①

三是冲压发动机巡航导弹仍将是未来发展重点。自提出高超声速武器概念以来，美军一直都对技术难度更大，作战价值更显著的使用冲压发动机的高超声速巡航导弹和飞机感兴趣。但美国战略界认为中俄在高超声速武器领域发展迅猛，美国在相关武器列装上已有所落后，因此，2017 年以后，美国对技术更容易实现的滑翔弹道导弹大幅投入，高超巡航导弹的优先度大幅下降。然而，2019 年以来，美冲压发动机研发取得较为显著的进展。2019 年 8 月，美国空军完成高超声速飞机的超燃冲压发动机地面试验，并获得了约 5.9 吨的推力，最大试验速度超过了 4 马赫，发动机燃烧工作时长累计超过 30 分钟，为全面掌握高超声速飞机用中等尺寸超燃冲压发动机技术奠定了坚实基础。怀特从实战效益的角度，表示对高超巡航导弹的强烈兴趣。他认为，空军的“空射快速响应武器”是弹道导弹，B-52 轰炸机最多携带 2—4 枚，但如果采用高超巡航导弹，则可在 B-52 上搭载 15—20 枚，实战效益将大幅提升。美国防部官员称，未来可能对国防部高级研究计划局负责的冲压发动机相关研究项目加强整合，尽快形成可用战力。②

美国雄心勃勃的高超声速武器计划也面临一些困难。一方面，跨军种整合仍面临军种之间和官僚体系上的重重障碍。如 2021 财年美空军取消了高超声速常规打击武器项目，一个重要原因就是该项目需要采取通用弹头设计，而这一弹头设计由陆军主导，侧面说明美军种在研发主导权上的激

① *Hypersonics by 2023*, September 4, 2019, https://www.army.mil/article/226678/hypersonics_by_2023.

② “Scramjet-Powered Cruise Missile Emerges As New U.S. Priority,” Aviation Week, January 30, 2020, https://aviationweek.com/defense-space/missile-defense-weapons/scramjet-powered-cruise-missile-emerges-new-us-priority.

烈竞争,[①] 这对未来相关武器列装采购也可能造成相当影响。另一方面，冲压发动机等先进技术研发可能还面临一些障碍，这一点在美国防部不断推迟的飞行试验计划上有所体现。尽管 2019 年 6 月，美国空军成功完成了 AGM-183A“空射快速响应武器”（ARRW）原型机在 B-52 上的飞行试验，但“战术助推滑翔”（TBG）和“高超声速吸气式武器概念”（HAWC）都未能按原计划在 2019 年完成首次飞行试验。

三、美国不断强化导弹攻防体系对全球战略安全的影响

美反导新战略强调与作战体系密切整合，提出超前发展反导能力，美还加速推进高超声速武器发展，着力整合先进攻防能力，对大国战略稳定和危机管理都将构成新挑战。

一方面，美反导体系对中俄核威慑潜在威胁进一步上升，大国战略稳定面临更大威胁。美最终未将俄中核力量列为防御目标，非不为也，实不能也，未来将不断蓄势，多方面积累拦截战略导弹的潜力。一是美强化预警追踪体系威胁突出。报告提出部署三部下一代远程预警雷达，发展全球无死角、可精确追踪包括高超声速导弹在内的天基预警体系，未来将进一步巩固对中俄洲际导弹全弹道、多角度的持续追踪能力，从而有助于大幅提高拦截成功率。二是美洲际拦截能力不断增长，对中俄核威慑力量形成更大威胁。到 2023 年，美陆基中段拦截弹将从现有 44 枚增加到 64 枚[②]，

---

① Joseph Trevithick, “Air Force Bails On Tri-Service Hypersonic Weapon Project As Army, Navy Ask For More Money, ”The Drive, February 11, 2020, https://www.thedrive.com/the-war-zone/32156/air-force-bails-on-tri-service-hypersonic-weapon-project-as-army-navy-ask-for-more-money.

② Jen Judson, “Countering North Korea: Congress authorizes major buildup in homeland missile defense,” Defense News, November 17, 2017, https://www.defensenews.com/congress/2017/11/17/countering-north-korea-hill-authorizes-major-buildup-in-homeland-missile-defense/.

2020 年进行首次海基“标准-3-2A”拦截洲际导弹试验，2022 年该型拦截弹将达 70 枚，① 未来将不断增长。美针对先进突防手段的新型拦截器一旦成功，可能减损中俄战略威慑力。

另一方面，美国强调建设攻防一体的“导弹击败和防御”能力，可能加快危机冲突升级速度，对大国危机管控构成严重挑战。报告提出反导与作战体系全方位整合，在“反介入/区域拒止”环境中支持区域和跨区作战，与奥巴马政府以欧洲为区域反导重心不同，报告将印太列为美区域反导的头号重点，提出进一步壮大“宙斯盾”“萨德”“爱国者”等机动反导能力。美还认为其反导体系应对大规模协同攻击能力不足，强调反导与进攻作战紧密结合，谋划战时依托网络手段和高超声速武器先发制人打击对手“反介入”力量。美还退出《中导条约》，未来可能在印太地区部署陆基中导，而美陆基中导机动条件有限，生存力较海空基导弹更为脆弱，在冲突中很可能面临“使用或被摧毁”的窘境，这可能导致冲突规模在危机初期就迅速扩大，对大国危机管控构成严重挑战。

① Ronald O'Rourke, “Navy Aegis Ballistic Missile Defense (BMD) Program: Background and Issues for Congress, ”*CRS Report*, December 8, 2017, p. 6.

【网络安全与人工智能】

2019年度网络空间军备竞赛及全球治理

沈逸　江天骄

联合国框架下致命性自主武器系统军控问题磋商进展

曹华阳　李响　况晓辉　赵刚

主要国家人工智能军事应用战略动向及影响

朱启超　龙坤

2019年度网络空间军备竞赛及全球治理

沈逸　江天骄*

内容提要：2019年受地缘政治、反全球化浪潮等的影响，国家行为体在全球网络空间采取竞争性政策的频率和强度均呈现上升态势，构建网络军控与治理的努力遭遇挫折，酝酿中的相关机制面临流产的风险。全球范围总体态势是对抗倾向加剧，合作发展受限，全球网络治理动力不足的特征有所强化，相关议题治理机制或实践存在孤岛化、碎片化的趋势，且出现的概率有较为明显的增强。

关 键 词：网络安全　网络军备竞赛　军控及治理机制

作者单位：复旦大学网络空间国际治理研究基地

复旦大学中国网络空间战略研究所

2019年是互联网问世50周年。半个世纪来，国际体系经历了从冷战结束到中国崛起的深刻变迁，互联网在此期间的高速发展催生了全球网络空间。在带来便捷的体验，创造发达的数字经济，以及推进人类沟通与互动前所未有的密切和高速发展的同时，全球网络空间的安全、发展与繁荣，也日趋成为全球治理的关键议题领域之一。令人遗憾的是，2019年的发展

---

* 本文系国家社科基金重大项目“总体国家安全观视野下的网络治理体系研究”（17ZDA106）和教育部青年基金项目“全球网络空间的战略稳定性研究”（19YJCGJW004）的阶段性成果。感谢雷婷、陆滨、朱嘉豪在项目研究过程中作出的重要贡献。

态势令各方提升了对网络空间出现军备竞赛的深层次担忧。如何构建有效的治理机制，探索可行的合作模式正持续引发广泛的讨论。

一、国家间大规模网络攻击持续升级

伴随着信息通信技术革命的持续深化，网络空间与物理世界深度嵌套，且日趋实现了复杂的互动。2019 年，作为受地缘政治博弈影响的主要后果之一，国家间网络对抗更加频繁，强度不断升级。针对国家关键基础设施的大规模网络攻击屡屡出现，与复杂的地缘政治关系纠缠在一起，不但对国际和平与稳定提出了深刻的挑战，而且赋予全球网络空间治理的结构调整和秩序变迁更加重要的意义。

霸权国家持续完善的进攻性网络安全战略以及对相关能力的实践使用，不仅对全球网络空间的安全和秩序构成了严峻的冲击和挑战，而且诱发了被攻击国家的防御性乃至预防性反应，进一步增加了全球网络空间治理态势的复杂性和不确定性。2019 年，美国陆续对俄罗斯和伊朗的关键基础设施发起大规模网络攻击。美国与俄罗斯之间在电网系统和卫星控制系统等关键战略领域进行了严重的网络对抗，美国正以“前所未有”的深度将恶意代码安置于俄罗斯电网的控制系统内部。[①] 事实上，自 2012 年以来，美国就已在俄罗斯电网的控制系统内放入了多个侦察探测装置。2018 年，美国国会通过的《2019 财年国防授权法案》允许在网络空间内常规地进行“秘密军事行动”，从而威慑或抵御潜在的网络攻击。[②] 针对俄罗斯电网的

---

① 《网络战争来了?》，环球网，2019 年 6 月 17 日，https://world.huanqiu.com/article/9CaKrnKkXZB。

② *National Defense Authorization Act for Fiscal Year 2019*, House of Representatives, May 2018, https://www.congress.gov/115/crpt/hrpt676/CRPT-115hrpt676.pdf.

升级行动正是在这一新的法律授权下进行的。美国网络战略的进攻性进一步凸显，并将类似针对电网的攻击作为其炫耀网络威慑力的手段。俄罗斯方面同样不甘示弱。2019 年 6 月，英国知名智库——皇家国际事务研究所发布报告称，美国及北约的指挥和控制系统因严重依赖商业卫星传送关键数据，很可能已经受到来自俄罗斯的网络攻击。① 美俄互相针对关键基础设施的网络威慑和攻击活动或将持续升级。

此外，由于网络攻击行动具有相对可控、高效、国内政治风险低等特性，正日趋成为霸权国家回应复杂地区安全问题的重要选项，其使用门槛可能持续降低。但同时，滥用网络攻击也将使得传统敏感和热点地区的安全风险面临失控与外溢的风险。美国与伊朗的较量即为例证。2019 年 6 月，针对伊朗击落美国无人机事件，美国总统特朗普批准美军网络司令部对伊朗发动报复性网络攻击。此次攻击意在使伊朗控制火箭和导弹发射的电脑系统瘫痪。相应地，伊朗也在网络空间对美国开展报复性活动。美国国土安全部发布警告称，伊朗攻击美国工业和政府部门的恶意网络活动显著增加。② 2020 年 1 月，伊朗伊斯兰革命卫队下属“圣城旅”指挥官卡西姆·苏莱曼尼遭美军空袭身亡。美国政府随即遭受来自伊朗的大规模网络攻击，高峰时期一天可达 5 亿次攻击。随着海湾地区的局势持续升温，美伊双方或进一步在网络空间展开较量。

二、美国打造网络军事同盟动作频频

传统安全观念向网络空间的渗透乃至映射，进一步加剧了网络空间面

① BeyzaUnal, “Cybersecurity of NATO’s Space-based Strategic Assets,” Chatham House, July 1, 2019, https://www.chathamhouse.org/publication/cybersecurity-nato-s-space-based-strategic-assets.

② “CISA Statement on Iranian Cybersecurity Threats,” Department of Homeland Security, June 22, 2019, https://www.dhs.gov/news/2019/06/22/cisa-statement-iranian-cybersecurity-threats.

临的风险和挑战。最具代表性的表现，就是传统的军事同盟体系向网络空间的延伸与扩展。为了妥善应对日益复杂的网络安全威胁，维护网络霸权，美国不仅持续强化网络空间军事化建设，而且积极推动传统军事同盟体系向网络空间延伸。

以美国为主导的北约合作网络防御卓越中心正持续推进网络空间中的集体防御机制。2019 年 4 月，北约举行了全球最大规模的“锁盾-2019”网络安全演习。演习采用红蓝对抗的模式，组织者包括爱沙尼亚和芬兰军事部门和美军欧洲司令部，旨在强化北约各成员国的网络安全态势感知能力，确保网络系统的弹性，加强快速反应和各国间的协同合作。5 月，在伦敦举行的“网络防御承诺会议”上，北约秘书长斯托尔滕贝格宣称，将采取更具进攻性的跨域威慑战略。① 这体现了美国近年来主张的网络威慑战略，即针对网络攻击的报复行动将不再局限于网络空间，从而可能引发网络冲突向经济、外交乃至传统战争领域升级的趋势。

作为美国主导的全球军事同盟体系的重要一环，日美同盟也在 2019 年宣布其共同防御条款适用于网络空间。4 月，“美日安全磋商委员会（2+2）”会议发表联合声明，宣布将进一步加强网络威慑和反应能力。双方确认国际法在网络空间同样适用，网络攻击在某些情况下可构成武装攻击并触发《美日安保条约》第 5 条。② 然而，对于何种网络攻击会触发该条款，将由美日双方根据具体案例密切磋商后决定。这意味着美日对于网络攻击性质的判定具有较大的主观性，这种主观性将导致网络报复或以报复为由发动网络攻击的门槛被人为降低。网络攻击的频率也将随之升高，

---

① “Remarks by NATO Secretary General Jens Stoltenberg at the Cyber Defence Pledge Conference,” London, NATO, May 23, 2019, https://www.nato.int/cps/en/natohq/opinions_166039.htm?selectedLocale=en.

② “Japan-U.S. Security Consultative Committee (Japan-U.S. “2+2”),” Ministry of Foreign Affairs of Japan, April 19, 2019, https://www.mofa.go.jp/na/fa/page3e_001008.html.

从而加剧国家间爆发网络冲突升级的风险。

与此同时，美国还在加强同以色列、韩国、澳大利亚、新西兰、英国、加拿大等关键盟友的合作。美国众议院通过了《美国—以色列加强合作与区域安全法案》，在扩展双边网络安全研发伙伴关系的基础上，两国还将参照北约模式建立美以网络安全卓越中心，强化集体行动。① 美国还从澳大利亚信号局内部召集了多名技术专家组成专门行动小组，参加名为“发光交响乐团”的绝密任务，侵入“伊斯兰国”的计算机网络系统。② 通过将传统同盟体系延伸至网络空间，美国能够充分发挥其自身和盟友的技术优势，有效提升资源整合度，从而进一步强化网络空间的军事存在和威慑力。

三、各国围绕新兴技术产业的竞争加剧

信息技术高速发展催生新兴技术产业，各方持续开展竞争，是人类历史上历次技术革命的一般模式。但如果这种竞争被赋予过度的“安全化”色彩，则可能产生负面影响。2019 年，美国持续用安全化乃至泛安全化的框架去认识和理解新兴技术产业，导致全球范围内技术产业的竞争面临全新的冲击和挑战。在人工智能、5G 等新兴技术持续高速发展的背景下，一方面，美俄等军事大国将相关技术应用于军事领域，加紧研发无人化、智能化部队，或掀起新一轮军备竞赛；另一方面，为了抢占新兴技术的制高点，国家间产业竞争加剧，或扰乱正常的技术创新和贸易往来。出于对未来环境的担忧和自身发展的需要，部分中等国家和新兴国家相继出台新兴

① *H. R. 1837 – United States – Israel Cooperation Enhancement and Regional Security Act*, 116th Congress（2019 – 2020），US Congress, https://www.congress.gov/bill/116th-congress/house-bill/1837/text.

② “Australian cyber soldiers hacked Islamic State,” ABC, December 18, 2019, https://www.abc.net.au/news/2019-12-18/inside-the-secret-hack-on-islamic-state-propaganda-network/11809426.

技术产业规划，积极跟进相关技术战略布局。

在新兴技术的军事化应用方面，美国《2019财年国防授权法案》要求重点推进太空作战、人工智能、生物技术等新兴领域的技术研发工作。国防部直属的联合人工智能中心在2019年获得9000万美元的拨款，并计划在未来5年内投入17亿美元，推动约600个人工智能项目落地。目前，美国陆军正在研发人工智能炮弹，具备自主搜索目标和精确打击的特性。美国海军则积极推进由10艘无人舰艇组成的“幽灵舰队”计划，能够实现从加利福尼亚至夏威夷的自主巡航。[①] 美国空军则积极推进军用5G网络的覆盖，主要服务于飞行员在低延时条件下在地面远程操控无人机作战。[②]

俄罗斯也不断推进智能化无人作战平台的开发和应用。7月，俄军测试了一套“侦察—打击”作战系统，该系统运用人工智能自动指挥，能够统一协调海陆空作战单位。[③] 12月，俄罗斯国防部表示，到2020年将试用“木船”系列机器人，用来侦察、运输和提供火力支援，可在战场上独立或协同行动。[④] 俄罗斯准备组建的战斗机器人部队是一个新的军种，能够实现自动控制，减少人工干预，完成常规作战任务。从2020年起，俄军还将开始研发两套名为“战友”和“突击”的新机器人系统。到2025年，俄罗斯将致力于实现三分之一的军事力量的远程控制及全自动化。美俄之间将新兴技术广泛应用到军事作战，或引发新一轮军备竞赛。由于相关技术应用缺乏有效的法律规制，极易引发冲突升级，从而对全球战略稳定带来不

---

① 《大国AI军力比较》，新华网，2019年12月3日，http://www.xinhuanet.com//globe/2019-12/03/c_138584766.htm。

② 《美国发展军用5G　离实战还有多远》，央视网，2019年9月15日，http://tv.cctv.com/2019/09/15/VIDENBCBC8rrKl20ec2faeJJ190915.shtml。

③ 《俄军在里海水域及沿岸演习测试运用人工智能察打作战系统》，《解放军报》2019年7月20日，第4版。

④ 《俄军明年试用“木船”系列机器人专家：将提高俄军人安全水平》，参考消息网，2019年12月1日，http://www.cankaoxiaoxi.com/mil/20191201/2396729.shtml。

利影响。

如果说美俄主要是在新兴技术的军事应用领域进行较量，那么中美则主要在新兴技术的产业发展层面开展博弈。2019 年 10 月，美国商务部将包括海康威视、大华科技、科大讯飞在内的 8 家中国高新技术公司列入管制清单，禁止这些生产商与美国公司开展业务往来。更具代表性的是，自 2018 年中美贸易摩擦以来，美国一直在限制华为公司开展合理的经营活动，意图削弱华为在全球 5G 领域的影响力。2019 年 5 月，美国总统特朗普签署行政命令，允许美国禁止使用由“外国对手”拥有或掌控的公司所提供的电信设备和服务。随后，美国商务部正式将华为列入出口管制实体清单。11 月，美国联邦通信委员会认定华为威胁美国国家安全，并禁止美国运营商使用联邦补贴从华为购买产品。美国国务卿蓬佩奥甚至向中东欧国家施压，要求其拒绝与华为公司的合作。包括欧盟和北约成员国在内的多国代表在布拉格召开 5G 安全会议并发布“布拉格提议”，含沙射影地指责华为公司设备可能存在安全风险。

美国单方面对中国科技公司实施的制裁和打压凸显了美国在人工智能、5G 等新兴技术领域对中国的高度担忧。美中经济与安全审查委员会发布 2019 年度报告称，中国已将人工智能技术列为首要发展事项，这会为中国提供作战优势，并削弱美国的领导地位。① 然而，美国屡次以国家安全为由，以实体清单和出口管制为武器，推行贸易保护主义，不利于两国间新兴技术发展的良性互动。这不仅影响了中国企业的正常发展，也阻碍了美国及世界其他国家获取中国的高新技术，共享科技发展成果的机遇。这种短视而保守的做法，最终伤害了两国及全世界的共同利益。

① *2019 Annual Report to Congress*, US-China Economic and Security Review Commission, https://www.uscc.gov/annual-report/2019-annual-report.

事实上，从2017年至2019年，世界上大部分国家正密集发布以人工智能为代表的新兴技术战略规划，积极推动相关技术的发展已逐渐成为全球共识。究其原因，一方面，在“美国优先”和贸易保护主义的背景下，美国政府加强对新兴技术的出口管制，迫使其他国家注重自主研发，避免被“关在门外”。另一方面，人工智能、5G等新兴技术能够推动新一轮产业革命，大幅提升生产效率，帮助解决一系列社会问题。2019年，西班牙、丹麦和捷克等欧洲国家陆续发布人工智能国家战略报告。阿联酋设立了全球首家人工智能研究大学，通过与麻省理工学院、牛津大学、清华大学等世界一流高校联合办学，培养面向未来技术的高层次人才。纵观历史，任何故步自封、以邻为壑的政策都不可能长久。确保新兴技术的和平利用，推进科技创新、文明互鉴将为全人类的发展带来福祉。

四、网络空间治理机制碎片化

全球网络空间的客观属性决定了其具有天然的跨国属性。2019年，全球网络空间治理机制面临最主要的挑战，是传统治理的动力机制出现了有效供给不足的态势。造成这种态势的核心原因，是由于部分国家将自身利益最大化凌驾于国际社会共同利益之上，从而导致网络空间国际治理进展缓慢，治理体系呈现碎片化特征。

首先，在战略层面，美国及其传统盟友纷纷拥抱以网络威慑为基础的网络军事化战略，强调网络攻防能力建设，宣示以威慑乃至跨域威慑手段确保网络安全和国家利益，从而进一步激化了网络空间的军备竞赛和战略不稳定。美国特朗普政府出台的网络安全战略要求在国际层面与盟友和伙伴共同推动美国主导的网络空间国际规范，与北约合作网络防御卓越中心、“五眼联盟”以及日本等主要盟友共同组建针对中国、俄罗斯等国家的网络情报和溯源体系，同时，在反制和报复相关网络攻击行为的政策上协调一致，从而组建所谓的网络空间集体防御机制。美国国防部在近年来提出了“前沿防御”（defense forward）的概念，进一步模糊了网络攻击和防御的界限，突出了进攻性的网络作战原则。2019 年，美国已经陆续对俄罗斯、伊朗并疑似对委内瑞拉的关键基础设施发起大规模网络攻击。针对关键基础设施的网络攻击行为被美国视为展示网络威慑力的手段，更有可能引发未来网络空间大规模网络攻击和高强度网络对抗。

其次，美国的进攻性网络战略已产生负面示范效应，促使部分国家追求进攻性网络战略。2019 年 1 月，法国国防部部长弗洛朗丝·帕利宣布法国军方计划开发和部署攻击型网络武器，并加强对其网络的保护，使其免受安全事件的影响。帕利表示，如果发生针对法国部队的网络攻击，法国保留在法律框架内以合适的手段进行报复的权利。① 法国也将准备好在海外行动中使用网络武器进行攻击，或者辅助其开展常规战争。法国政府将雇用 1000 名“网络战士”参与海外行动，并将由法国网络防御部队、法国国防采购局或法国对外安全局共同领导。法国还将起草新的攻击性网络战原则。

再次，在治理机制层面上，2017 年联合国信息安全政府专家组的讨论无果而终，在联合国层面出现了政府间专家组和不限成员名额政府间工作组并行的情况，而这两个工作组在成员、议题、相关工作流程方面有重叠。此外，在 2019 年 9 月召开的联合国大会期间，美国将中国和俄罗斯排除在外，与包括其传统盟友和伙伴在内的 26 个国家发表《关于在网络空间促进负责任的国家行为的联合声明》，突出美主张的所谓“基于国际规则”的

① Christina Mackenzie, “French Defense Chief Touts Offensive Tack in New Cyber Strategy,” Fifthdomain, January 18, 2019, https://www.fifthdomain.com/global/europe/2019/01/18/french-defense-chief-touts-offensive-tack-in-new-cyber-strategy/.

网络行为指导框架。由于联合国层面的治理进展迟缓，部分国家和区域联盟纷纷组建小多边治理机制，或出台相关原则和规范，如《网络空间信任和安全巴黎倡议》、北约“网络防御承诺年度大会”、慕尼黑安全会议以及《七国集团关于网络空间原则和行动的声明》等。这些机制的交错重叠使原本已十分复杂的全球网络空间治理机制日益碎片化和空洞化，“意大利面碗效应”凸显。

最后，为改善当前网络空间治理困境，一些非正式国际合作机制频频发声，相关企业、技术社群和高校智库积极探讨如何维护网络空间战略稳定。2019 年 11 月，全球网络空间稳定委员会在巴黎和平论坛的小组讨论会上发布了《推进网络空间稳定性》的总结报告，强调网络空间的稳定性直接关系到现实世界的稳定性，并提出了构建网络稳定性的框架、原则、行为规范以及对国际社会和整个生态系统的建议。① 在中国国内，北京香山论坛、观潮论坛等对话机制持续发声，共同探寻趋利避害、应对风险、建立网络空间规约的方法、路径与行为准则。显然，进攻性网络战略的负面性已经十分明显。无节制的滥用网络技术权力不仅会引发各国争相效仿，而且将危及以关键基础设施为代表的全球网络空间公共利益，最终与网络技术革命的初衷相背离。

五、结语

整体来看，2019 年全球网络空间的战略态势值得引发高度关注乃至忧虑。受地缘政治、反全球化浪潮等因素的影响，2019 年全球网络军控与治

① “Advancing Cyberstability,” Global Commission on the Stability of Cyberspace, November 2019, https: //cyberstability. org/report/.

理机制面临有效动力供给不足的主要问题，呈现出碎片化的态势，部分国家以抱团形式开展的联合防御机制出现。但在联合国层面，能够被各方普遍接受的网络治理规范推进受阻，全球网络安全和治理态势不容乐观。

从技术和应用的发展来看，以 5G、人工智能为代表的新兴技术高速迭代演进持续展开，不会等待治理机制的成熟。在传统、陈旧乃至错误的安全观念影响下，这种发展和落地使用，客观上必然推动网络空间对抗强度的升级。各国在网络军事化方面的战略部署和投入有增无减。创新回应这种威胁和挑战，避免在网络空间陷入新的安全困境，需要各方共同的努力和关注。

但对新兴大国来说，这种局面意味着一种以挑战形式呈现的特殊机遇。如果准确把握问题的本质，通过提供公共产品方式实现有效的超越，则新兴大国的影响力将获得显著的提升和扩展。中国应加大对先进科学技术的研发，增强综合实力。同时要积极开展国际合作，以建设“人类命运共同体”为宗旨，从全人类的高度出发，推进联合国框架下的网络空间治理进程，为维护全球网络空间的和平与稳定贡献中国智慧与方案。

联合国框架下
致命性自主武器系统军控问题磋商进展

曹华阳　李响　况晓辉　赵刚

内容提要：2014 年至 2019 年，联合国《特定常规武器公约》框架下已召开八次致命性自主武器系统军控问题专家会议，围绕技术、法律、伦理、安全等问题进行了磋商。技术方面，致命性自主武器系统定义尚未明确，人机交互关系成为磋商热点；法律方面，审查机制、规则与责任认定面临挑战；伦理方面，普遍认为致命性自主武器系统难以理解并遵守战争人道主义伦理；安全方面，致命性自主武器系统可能引发的破坏战略稳定性和自身信息系统安全隐患引人担忧；围绕致命性自主武器系统问题，国际社会主要形成禁止、反对限制和规范发展等三类主要观点。

关 键 词：联合国　致命性自主武器系统　军控磋商

作者单位：军事科学院系统工程研究院

一、引言

随着信息技术的快速发展和世界新军事革命的逐步深入，各信息大国竞相制定人工智能发展战略，发展军事智能装备技术，积极谋求智能化无人作战领域的优势和主动权，军事信息系统的智能化和武器装备的无人化趋势凸显。这一趋势引发国际社会的高度关注，与之相关的致命性自主武器系统（Lethal Autonomous Weapons Systems，LAWS）军控问题逐渐成为联合国《特定常规武器公约》（Convention on Certain Conventional Weapons，CCW）框架下的重要议题。

党的十九大报告中明确提出要加快军事智能化发展，提高基于网络信息体系的联合作战能力、全域作战能力。联合国框架下对致命性自主武器系统相关问题的交流磋商值得关注。本文旨在对联合国《特定常规武器公约》框架下关于致命性自主武器系统的历次专家会议进行梳理，对会议讨论情况及主要观点进行分析研究。

二、《特定常规武器公约》框架下致命性自主武器系统军控问题的由来

对智能自主武器系统军备控制问题的争议始于一小部分专家学者对此类武器利弊的争论，如韩国、以色列部署的针对越境人员的自动攻击机器人，美军通过为无人机加装攻击载荷实施的暗杀行为等。2012 年，人权观察组织发表《失去人性：反对杀人机器人》的报告，呼吁世界各国政府禁止全自主武器系统。随后，国际红十字委员会发表评论对禁止此类武器系统表示支持。2013 年，“禁止杀人机器人运动”（Campaign to Stop Killer Robots）成立，成员包括 24 个国家的 52 个非政府组织，其中包括 5 个国际性组织。

2015 年 7 月和 2017 年 8 月，来自全球的专家学者代表先后两次发表公开信，要求国际社会和联合国禁止“攻击性自动武器”，对自主武器展开严格监督。

在此背景下，联合国《特定常规武器公约》框架逐渐将致命性自主武

器系统军控问题纳入议题之中，自2014年起，以非正式专家会议形式专门讨论致命性自主武器系统军控问题，2017年开始成立关于致命性自主武器系统问题的政府专家组，进入政府专家组会议讨论阶段。

三、《特定常规武器公约》框架下致命性自主武器系统专家会议情况

自2014年起至2019年，联合国《特定常规武器公约》框架下就致命性自主武器系统军控问题已召开八次会议。其中，前三次会议属于非正式专家会议阶段，主要就致命性自主武器系统的相关概念、可能带来的伦理、法律、安全性风险等问题开展初步研讨，后五次会议属于政府专家组会议阶段，会议议题逐步聚焦于致命性自主武器的技术特征、人员与技术因素、军事应用及其挑战等方面。下面对各次会议的要点进行梳理。

（一）第一次非正式专家会议

2014年5月13—16日，致命性自主武器系统第一次非正式专家会议在日内瓦召开，会议主席由法国大使让-于格·西蒙-米歇尔担任，来自数十个国家的学者、政府及军方人士参加了会议。会议围绕“自主”概念的定义、致命性自主武器系统与人类共存可能导致的伦理问题、致命性自主武器系统是否符合现行国际法原则、致命性自主武器系统应用于军事领域的可能性和风险等问题进行了初步研讨。

（二）第二次非正式专家会议

2015年4月13—17日，致命性自主武器系统第二次非正式专家会议在日内瓦召开，会议主席由德国大使米夏埃尔·比翁蒂诺担任。会议参与方

规模较第一次会议有所增加，讨论的议题也更加丰富，主要包括致命性自主武器系统的特点、可能影响致命性自主武器系统工作的技术要素、致命性自主武器系统带来的人权、伦理和国际法方面的挑战、致命性自主武器系统对国际安全稳定性的影响和透明度问题等。

（三）第三次非正式专家会议

2016 年 4 月 11—15 日，致命性自主武器系统第三次非正式专家会议在日内瓦召开，会议主席由德国大使米夏埃尔·比翁蒂诺担任。此次会议参与方规模进一步增加，讨论的议题更加具体，主要聚焦于探讨“自主性”概念、致命性自主武器系统的可行定义、国际人道主义法面临的难题、人权和道德问题，以及致命性自主武器系统带来的国际安全稳定挑战等问题。

（四）第一次政府专家组会议

2017 年 11 月 13—17 日，致命性自主武器系统第一次政府专家组会议在日内瓦召开，会议主席由印度大使阿曼迪·辛格·吉尔担任。政府专家组会议形成的重要结论包括：《特定常规武器公约》是进行致命性自主武器系统军控问题磋商的理想平台；国际人道主义法适用于致命性自主武器系统的研发和使用；致命性自主武器系统造成的后果，由使用该武器的国家承担责任；不应限制致命性自主武器系统相关技术在民用领域的应用。

（五）第二次、第三次政府专家组会议

2018 年 4 月 9—13 日与 8 月 27—31 日，致命性自主武器系统第二次、第三次政府专家组会议在日内瓦召开，会议主席均由印度大使阿曼迪·辛格·吉尔担任。参与这两次会议的《特定常规武器公约》缔约国数量较首次专家组会议有所增加。会议围绕致命性自主武器系统问题磋商指导原则、

致命性自主武器系统的特点、技术因素与人的因素、军事应用、人道主义与国际法挑战等方面开展了广泛的讨论，形成的重要会议结论包括：国际人道主义法适用于致命性自主武器系统的发展和使用；人类应对致命性自主武器系统的使用负责；相关技术的和平利用与发展不应受到限制；致命性自主武器系统的特点与物理性能、智能特性以及作战中的使用阶段有关；按照《特定常规武器公约》的目标和宗旨制定可能的政策选项，以应对致命性自主武器系统带来的人道主义和国际安全挑战。

（六）第四次、第五次政府专家组会议

2019 年 3 月 25—29 日与 8 月 20—21 日，致命性自主武器系统第四次、第五次政府专家组会议在日内瓦召开，会议主席由北马其顿共和国临时代办乔津斯基担任。此次政府专家组会议围绕致命性自主武器系统对国际人道主义法构成的潜在挑战、致命性自主武器系统的特点、人的因素、潜在军事应用、应对人道主义和国际安全挑战的可能办法等议题进行了讨论。会议建议 2020 年和 2021 年继续举行政府专家组会议，探讨致命性自主武器系统涉及的原则、法律、技术、军事等问题，有关建议提交 2021 年《特定常规武器公约》第六次会议审议。

四、《特定常规武器公约》框架下致命性自主武器系统军控问题磋商要点

从《特定常规武器公约》框架下关于致命性自主武器系统召开的历次会议来看，各方磋商的主要议题分为技术问题、法律问题、伦理问题、安全问题、禁令和限制问题。

（一）技术问题

历次会议关于致命性自主武器系统技术方面问题的讨论主要在于致命性自主武器系统的定义以及技术特点。

1. 定义问题

在定义方面，目前尚没有被广泛接受的关于致命性自主武器系统的定义，这也是导致致命性自主武器系统相关军控问题推进缓慢的重要原因。目前大部分参会代表能够形成共识的方面是：致命性自主武器系统的定义应包括完全自主性和致命性这两个要素。也有一些与会专家认为，形成一个国际上普遍接受的致命性自主武器系统定义对于推进相关军控问题讨论并不是必要的。

2. 技术特点

与会专家与代表关注的与技术特点相关问题包括“自主性”功能、自主程度分级、人机关系、与自动化技术的区别等，其中最受关注的特性是“自主性”功能。2018 年，中国政府专家提出了致命性自主武器系统应具备五个基本特征，即致命性、自主性、不可终止性、滥杀性、进化性，在国际社会引起广泛关注。目前，在法国、德国等欧洲国家推动以及拉美国家和多个非政府组织的舆论呼应下，从人机交互角度展开相关问题讨论的呼声上升，倡导者希望将致命性自主武器系统相关军控讨论引向“政治宣言—透明和防扩散—制定自愿行为准则”的三步走路线。

（二）法律问题

国际人道主义法要求任何国家在研发、采购、部署新的武器装备时，都需要进行法律审查，充分的测试和法律审查是主权国家的责任。与会专家认为，作为一种新型武器系统，致命性自主武器系统显然是需要法律审查的对象。但在具体实施过程中，面临诸多挑战。

1. 审查机制问题

包括确定审查机制的建立依据、审查机制的实施与内容、审查程序、审查结果效力、审查结果的使用及权限等问题。

2. 审查规则问题

现有红十字国际委员会制定的审查参考规则针对特定武器和作战手段的规定不适用于致命性自主武器系统，而由于致命性自主武器系统所具有的自主性，使得其行为具有不可预测性，也难以理解和遵守人类的人道原则和公众良心要求。

3. 责任认定问题

致命性自主武器系统违反国际法的行为责任需要有人承担。当前与会代表普遍同意部署和使用该武器的国家应承担责任，但是具体到个人的刑事责任目前还不知如何界定。

（三）伦理问题

有代表认为，自主武器在参与战争过程中会由于无法遵守人道主义原则而引发战争伦理问题。还有代表认为，允许机器自主攻击人类在伦理上本身就是不可接受的。

国际人道主义法是指出于人道原因，而设法将武装冲突影响限制在一定范围内的一系列规则的总称，其适用问题也是《特定常规武器公约》框架下关于致命性自主武器系统讨论的焦点问题。各国代表普遍认为致命性自主武器系统需要遵守国际人道主义法的基本原则，如区分原则、比例原则和必要性原则，但是由于致命性自主武器系统具有传统武器不具备的特性，在遵守相关法规和限制方面会存在很大挑战。与会专家认为，这些关于人类道德和伦理的原则对于机器来说，难以理解、决策和执行。

1. 区分原则遵守问题

与会专家认为，自主武器系统难以满足区分原则的要求。从技术角度看，致命性自主武器系统所依赖的算法存在可靠性缺陷，且复杂的战场环境使得区分目标的难度更大。

2. 比例原则遵守问题

国际法中的比例原则只给出了模糊的要求，没有（也没有办法）给出详细的指导规则，对原则的遵守完全取决于参战方的承诺以及履行承诺的能力。与会专家认为目前没有任何证据显示自主武器系统具备遵守此类模糊原则的能力。

3. 必要性原则遵守问题

与比例原则类似，国际法并没有给出必要性原则的具体要求，遵守该原则同样依赖于对人类道德和伦理的理解。与会专家认为自主武器系统难以遵守必要性原则。

（四）安全问题

与会专家和代表主要关注致命性自主武器系统可能带来的破坏战略稳定性、武器扩散风险和致命性自主武器系统本身的安全漏洞等问题。

1. 对战略稳定性的影响

与会专家普遍认为致命性自主武器系统属于进攻占优型武器，会吸引各国主动使用该种武器，降低发生战争的门槛，并刺激各国进行军备竞赛。

2. 武器扩散风险

由于相关技术的军民两用性，此类武器容易被非国家行为体获取，造成武器扩散的风险。

3. 武器本身的安全性问题

致命性自主武器系统包含复杂信息系统，不可避免存在安全漏洞，可能会遭遇黑客攻击。此外，人工智能技术已经被证明存在被欺骗的可能，因此致命性自主武器系统所依赖的人工智能是否可靠也存在风险。

（五）禁止和限制问题

各国专家普遍认为，目前为止已有一些武器系统采用了人工智能技术，但是具备完全自主目标选择能力和与人类相近认知能力的武器系统尚未出现。根据《特定常规武器公约》历次会议各国专家和代表团的声明，目前对于致命性自主武器系统的观点可分为几种。

1. 支持禁止致命性自主武器系统的观点

主要是阿尔及利亚、阿根廷、古巴等发展中国家专家持此种观点。这些专家认为，在伦理方面，致命性自主武器系统的使用会使得机器杀戮人类的事情发生，这是难以接受的。在法律方面，致命性自主武器系统难以自主理解和遵守相关国际法法规，可能导致滥杀现象。在国际战略方面，致命性自主武器系统可能降低战争门槛，并且容易扩散。

2. 反对限制致命性自主武器系统的观点

主要是以色列、韩国、英国等发达国家专家持此种观点。这些专家认为，在伦理方面，限制相关技术的发展可能会影响那些有助于人道主义或军民两用的技术使用。还有观点认为，致命性自主武器系统有助于提升国家安全，从而保护本国公民。在法律方面，致命性自主武器系统可以使得作战行动更加精确，避免不必要的伤亡，从而有助于国际法的实施。还有观点认为，国际法的精神并非针对武器系统，而是针对其使用者，因此，在责任认定方面，致命性自主武器系统造成的后果由其使用者承担，并未违反国际法精神。

3. 支持规范致命性自主武器系统的观点

还有一些国家专家认为，致命性自主武器系统及相关技术存在潜在益处，因此，应允许相关技术的发展，但是应禁止其在战场上的使用，或禁止特定类型的致命性自主武器系统，同时制定防止武器扩散的框架。还有观点认为，应在致命性自主武器系统真正出现后再采取实质的规范化行动，因为预先制定的规范会存在各种不足。

五、结语

展望未来，联合国《特定常规武器公约》框架下关于致命性自主武器系统问题的讨论将持续深入。由于致命性自主武器系统的复杂性和相关技术快速发展的实际情况，相关讨论短期内难以形成各方普遍接受的方案。中国应继续密切关注人工智能及自主武器的国际军控进程，建立涵盖技术、法律、政策等领域的专家团队，积极参加《特定常规武器公约》框架下致命性自主武器系统问题会议以及其他双边或多边交流，不断丰富中国主张，树立我负责任大国形象，为多边国际军控努力作出贡献。

主要国家人工智能军事应用战略动向及影响

朱启超　龙坤

内容提要：人工智能被视为大国战略竞争和改变未来战争规则的关键技术，各国尤其是主要军事大国纷纷在这一领域加快布局，推动人工智能的军事应用。本文主要考察了美国、俄罗斯、以色列等主要军事强国在人工智能领域的战略动向，并分析了其发展的主要特点和未来影响。

关 键 词：人工智能　军事应用　战略动向

作者单位：国防科技大学国防科技战略研究智库

国防科技大学文理学院

随着大数据的快速增长、算力的显著提升和深度学习算法的进步，人工智能在经历了两起两落的起伏后，正迎来第三次发展浪潮，深刻影响国际战略格局。美国、俄罗斯等主要军事大国和强国近来加快推进人工智能军事应用，积极应对人工智能对国家安全、战争样式和国际军备控制等领域带来的新挑战。

一、主要国家人工智能军事应用发展动向

重视人工智能军事应用发展战略规划。美国国防部将人工智能视为战略竞争的关键技术，高度重视人工智能在军事领域应用。2018 年 7 月，美

国国防部设立联合人工智能中心（Joint AI Center，JAIC），旨在改善与私营部门、学术界和军事盟友的合作，吸引人才，为人工智能用于国防建立伦理框架，并协助落实国防战略，大力推动军事人工智能应用。根据美军设想，这一中心将会根据任务需求、作战结果、用户反馈和数据，快速交付人工智能能力，解决关键任务，增强当前军事优势，加强未来人工智能研究和开发工作，促进人工智能的整体规划、政策、治理、伦理、安全、网络安全和多边协调等。2019 年 2 月 12 日，美国防部发布《2018 年国防部人工智能战略概要：利用人工智能促进安全与繁荣》①，系统阐述了五角大楼对于人工智能的官方认知、战略部署及重点领域，标志着美军人工智能战略的正式出台。② 2019 年 10 月，俄罗斯总统普京签署命令批准《2030 年前俄罗斯国家人工智能发展战略》，旨在使“俄罗斯在全球人工智能领域占据领先地位”和“获得技术独立和竞争力”，标志着俄罗斯人工智能战略正式出台。③ 与国家人工智能战略相适应，俄罗斯国防政策委员会发布《人工智能在军事领域的发展现状及应用前景》报告，认为未来国家间围绕人工智能等战略前沿技术领域的竞争将深刻影响国家战略走向。迄今为止，俄军已出台《2025 年前未来军用机器人技术装备研发专项纲要》《未来俄军用机器人应用构想》等与人工智能密切相关的发展规划。在俄罗斯联邦

① US Department of Defense, *Summary of The 2018 Department Of Defense Artificial Intelligence Strategy: Harnessing AI to Advance Our Security and Prosperity*, February2019, https://media.defense.gov/2019/Feb/12/2002088963/-1/-1/1/SUMMARY-OF-DOD-AI-STRATEGY.PDF.

② US Department of Defense, *Summary of The 2018 Department Of Defense Artificial Intelligence Strategy: Harnessing AI to Advance Our Security and Prosperity*, February 2019, https://media.defense.gov/2019/Feb/12/2002088963/-1/-1/1/SUMMARY-OF-DOD-AI-STRATEGY.PDF, p.4.

③ 殷新宇：《俄罗斯加快推进人工智能发展》，《人民日报》2019 年 10 月 21 日，第 16 版，http://paper.people.com.cn/rmrb/html/2019-10/21/nw.D110000renmrb_20191021_2-16.htm.该战略的英文版可参见 *National Strategy for the Development of Artificial Intelligence Over the Period Extending up to the Year 2030*, October 10, 2019, https://cset.georgetown.edu/wp-content/uploads/t0060_Russia_AI_strategy_EN-1.pdf。

《2018—2025年国家武器发展纲要》中，将研发智能化武器装备列为重点内容，涵盖无人机、机器人、网络战等重点建设方向。根据俄国防部《2025年前未来军用机器人技术装备研发专项纲要》，无人作战系统将在2025年左右占俄军武器装备中的30%。①

加强人工智能关键技术研发投入。美军2015年提出“第三次抵消战略”，其核心内容是发展人工智能为核心的颠覆性技术以提升机器人和战场网络自主性。② 2018年《国防战略报告》要求加大对人工智能和自主性的投资，为美国提供具有竞争力的军事优势。③ 美国国防高级研究计划局（DARPA）是主管美军高技术研发的重要机构，近年来人工智能作为颠覆性技术进行重点规划。2018年9月，五角大楼承诺在未来五年内通过这一机构投入20亿美元，以“开发新一代人工智能技术”。④ 迄今为止，美国国防高级研究计划局已经出台了“快速轻量化自主”（Fast Lightweight Autonomy，FLA）、“拒止环境中的协同作战”（Collaborative Operations in Denied Environments，CODE）等人工智能相关项目，⑤ 大力推进人工智能的研究和军事应用。2018年7月底，美国防部宣布合同金额高达100亿美元、合同期为10年的“联合企业防御基础设施云”（JEDI Cloud）项目招标，其中就包括将人工智能嵌入美军网络信息体系。美国防部于2020年2月提交国会的《2021财年美国国防授权法案草案》特别强调对人工智能、5G、

① 转引自李大鹏：《俄罗斯坚定推进智能化军队转型》，《中国青年报》2018年11月22日，http://zqb.cyol.com/html/2018-11/22/nw.D110000zgqnb_20181122_2-12.htm。

② Chuck Hagel, “Toward a Strong and Sustainable Defense Enterprise,” *Military Review*, No. 1, January - February 2015, pp. 6 - 14, http://usacac. army. mil/CAC2/MilitaryReview/Archives/English/MilitaryReview_20150228_art006.pdf.

③ 见 *National Defense Strategy of the United States*, 2018。

④ Kirsten Gronlund, “State of AI: Artificial Intelligence, the Military and Increasingly Autonomous Weapons, ”Future of Life Institute, May 9, 2019, https://futureoflife.org/2019/05/09/state-of-ai/.

⑤ ［美］保罗·沙瑞尔：《无人军队：自主武器与未来战争》（朱启超、王姝、龙坤译），北京：世界知识出版社2019年版，第74—84页。

高超声速等关键技术进行投资，建议对人工智能投资 8.41 亿美元，对“自主性”（autonomy）投资 17 亿美元。[①] 俄罗斯也建立了类似美国国防高级研究计划局的专门研究机构——先期研究基金会（The Foundation for Advanced Research Projects），并于 2015 年成立了国家机器人技术发展中心，为国防和国家安全支持高科技创新，对颠覆性技术进行投资。在 2019 年 11 月 22 日俄联邦安全会议上，普京再次强调要将“发展现代化的新型高精度武器、空天防御装备，以及积极推动人工智能技术嵌入军事装备”作为新时期主要任务之一。此外，俄国防部还计划把黑海边风景如画的小镇阿纳帕建成“军事创新技术城”，为 2000 多名年轻的军事科学家提供从事人工智能、机器人等领域的研究机会。[②] 2018 年 3 月，法国武装部队部长弗洛伦斯·帕利（Florence Parly）在政府支持的人机合作（MMT）研究项目启动仪式上宣布，将每年在人工智能领域的支出增加到 1 亿欧元，用于开发未来武器系统的创新行动。该项目旨在将人工智能应用于作战飞机，是法国国防部探索人工智能装备路线图的一部分。[③]

推进武器装备智能化发展和运用。自 2005 年以来，美国国防部和各军种发布了多个版本的无人系统发展路线图，展望未来 25 年美国防部对于（空中、地面、水面和水下等领域）无人系统“研发—生产—测试—训练—作战—保障”发展图景，推进人工智能在武器平台、指挥控制系统等

① “DOD Releases Fiscal Year 2021 Budget Proposal,” U.S .Department of Defense, February 10, 2020, https://www. defense. gov/Newsroom/Releases/Release/Article/2079489/dod-releases-fiscal-year-2021-budget-proposal/source/GovDelivery/.

② Jill Dougherty, Molly Jay, “Russia Tries To Get Smart About Artificial Intelligence,” *The Wilson Quarterly*, Spring 2018, https://www. wilsonquarterly. com/quarterly/living-with-artificial-intelligence/russia-tries-to-get-smart-about-artificial-intelligence/.

③ Pierre Tran, “France to increase investment in AI for future weapon systems,” U.S. Department of Defense, March 2018, https://www. defensenews. com/intel-geoint/2018/03/16/france-to-increase-investment-in-ai-for-future-weapon-systems/.

领域应用步伐，并先后提出“算法战”“蜂群战”“马赛克战”“多域战”“全域战”等构想，挖掘人工智能支撑军事行动的巨大潜力。

根据其路线图发展设想，2025年前后，美军将围绕“全球监视打击体系”，在无人装备建设、智能指挥控制、无人侦察监视、情报分析处理和颠覆性前沿技术方面取得较大进展，空中、地面、水面和水下无人系统数量不断增加；2035年前后，美军将通过发展智能化作战平台、信息系统和决策支持系统以及新型智能无人武器，初步建成涵盖态势感知、指挥决策、行动控制、平台执行、武器攻击、综合保障等的智能化作战体系，多种新型智能化武器可用于实战，无人系统在规模上和作战行动执行上将居于主导地位，在作战力量中占比达到或超过50%，母舰—蜂群集群作战等新型作战样式将成为现实。

俄罗斯智能化武器装备研发进展显著，并积极将其无人装备在叙利亚战场接受实战检验。无人机方面，俄军研发中的“猎人”无人机，智能化水平高，拥有自主完成各种任务的能力；无人车方面，以“天王星-9”系列、“阿尔戈”“平台-M”“维克”等型号为代表，可执行巡逻、侦察、排雷、近距离火力支援等任务；无人潜航器方面，俄罗斯研发的“波塞冬”核动力无人水下航行器、“斯塔图斯”-6号核鱼雷有望成为战略威慑的新手段；智能化信息系统方面，俄军正在研发基于神经网络的能自主识别目标并做出判断与决策的“全自主作战模块”等先进系统。①

以色列是世界军用无人机重要出口国之一，占世界无人机出口量61%，研发有垂直起降长航时“黑豹”无人机、大型长航时“苍鹭”无人机和“赫尔姆拉”系列无人机等先进军用装备。以色列研制的“哈比”巡飞弹

① “Kalashnikov develops fully automated neural network-based combat module,” *Russia Today*, July 2017, https://www.rt.com/news/395375-kalashnikov-automated-neural-network-gun/.

被称为当今世界为数不多的“完全自主武器”，能够探测、瞄准和攻击敌人的雷达设施，而不需要任何人工监督。以色列还宣称是第一批已部署全自动机器人的国家之一，其军用机器人已在边境地区执行巡逻和作战任务。

日本防卫省在其《2016年防卫技术中长期展望》中强调，未来将重点关注的技术领域有无人载具（或机器人）技术、核技术、航天航空技术、生物技术和材料领域等。[①] 防卫省还设立“新技术短期”实证项目，试图把信息通信技术、机器人和人工智能等领域先进两用技术快速推向实用。

韩国国防部表示将在2019年之前投入29亿韩元用于推动人工智能在情报侦察、指挥控制等领域的运用，开发智能型信息化情报监视侦察系统，运用人工智能和大数据技术分析间谍卫星、侦察机、无人机搜集的影像情报，远期目标是开发基于人工智能的指挥控制系统，实时研判传递战况。韩军已将“SGR-A1”型哨兵机器人等无人装备部署在朝韩边境的非军事区，该型哨兵机器人拥有完全自主模式，可自主开火射杀目标。[②]

二、主要国家人工智能军事应用的战略影响

综合来看，主要大国和强国高度关注人工智能军事应用发展，从战略上、技术上和武器装备发展等方面纷纷布局，加强投入，必将对国际战略格局、未来战争样式和国际安全形势产生深远影响。

围绕人工智能军事应用的国家间竞争将加剧。俄罗斯总统普京曾说：

---

① 防衛装備庁『平成28年度中長期技術見積り』、https://www.mod.go.jp/atla/soubisensaku/plan/mitsumo ri.pdf。(2018年12月8日登录)

② Jean Kumagai, “A Robotic Sentry For Korea's Demilitarized Zone,” IEEE Spectrum, March 2007, https://spectrum. ieee. org/robotics/military-robots/a-robotic-sentry-for-koreas-demilitarized-zone; Alexander Velez-Green, “The Foreign Policy Essay: The South Korean Sentry—A ‘Killer Robot’ to Prevent War,” The Lawfare Institute, March 1, 2015, https://www. lawfareblog. com/foreign-policy-essay-south-korean-sentry%E2%80%94-killer-robot-prevent-war.

“谁能成为人工智能领域的领导者，谁就将主宰世界。”[①]美、俄等军事大国对于人工智能发展动向对于世界其他国家具有示范效应，必将推动各国人工智能领域的技术竞赛如火如荼。

从主要军事大国对于人工智能发展战略布局看，美国在技术创新能力、顶尖人才队伍、算法储备、算力资源、投资强度、军事应用的深度与广度等方面都走在世界前列。美国国防部还通过设立联合人工智能中心等专门机构，改进人工智能技术和产品采办机制，快速将人工智能技术引入国防领域；通过实施《国防部数字现代化战略：国防部 2019—2023 财年信息资源管理战略规划》，整合云计算、人工智能、网络安全和指挥控制系统资源，打造支撑全球作战的强大的网络信息体系；通过贸易制裁、技术出口管制、单方面法律制裁等方式对其认为的对手国家进行打击，以确保其人工智能领域的绝对优势地位。

俄罗斯通过加强人工智能领域战略规划、先期技术投资、实战化检验等措施，推进人工智能在军事领域的实用步伐，不断推出实战和威慑能力并重的智能化、无人化武器装备。

法国、英国、以色列、韩国等军事技术强国也在不断加大无人化装备的研发与应用步伐。正如美国智库“新美国安全中心”（CNAS）研究员保罗·沙瑞尔所言，拥有人工智能技术研发优势的国家对于建立人工智能的使用规则必然产生巨大的影响力，比如将决定谁有权使用人工智能，如何管理数据，以及制定什么类型的法规，等等[②]。可以预见，未来人工智能领域仍是主要军事大国和强国不可缺席的战略竞争地带。

---

① “‘Whoever leads in AI will rule the world’: Putin to Russian children on Knowledge Day,” RT, September 1, 2017, https://www.rt.com/news/401731-ai-rule-world-putin/.

② ［美］保罗·沙瑞尔：《无人军队：自主武器与未来战争》（朱启超、王姝、龙坤译），北京：世界知识出版社 2019 年版，第 465 页。

人工智能将深刻改变未来战争样式和作战方式。人工智能在军事领域的应用伴随着计算机技术的发展而发展，当前已经覆盖军事活动的所有领域，对情报信息处理、武器平台、指挥控制、后勤管理等全方位带来变革活力，也为战争样式和作战方式带来新的影响。从美、俄军队发展实践和未来布局看，一方面，随着无人化武器平台和更加高效的信息系统大量应用，有人/无人协同作战、蜂群战、甚至机器人军团作战等作战样式逐渐走向成熟，融合了网络攻防行动、无人化平台精准猎杀行动等在内的代理人战争或混合战争样式将会越来越多，人工智能技术似乎推动战争朝着减少人员伤亡的“仁慈化”方向演进。

另一方面，人工智能技术本身并非完美，也有可能触发新的战争风险。比如，美军操控无人机在中东或南亚地区开展“精确猎杀”行动，由于冲突的烈度、人员伤亡变得可控，某种程度上降低了微小规模战争的门槛，但也会导致不对称的报复性军事行动加剧。比如，虽然美军2020年1月动用无人机针对伊朗将军苏莱曼尼的精确猎杀行动，实现了以尽可能低的成本消灭所谓“高价值”目标，但已引发美伊关系及中东地区局势的进一步复杂化。毕竟，美国在中东多国都有相当数量的军事和民事存在，美国的军事、外交、媒体、企业人员都可能成为被报复的对象。未来一段时期，中东地区的代理人战争与冲突可能进一步趋于活跃。或许，美国人用不了多长时间就会发现，其战术上的精准胜利带来的并不是真正的安全，而是战略上的无底“黑洞”。

此外，人工智能的广泛应用，还有可能带来核、太空、金融等领域关联冲突的风险。美国智库兰德公司2018年4月曾发布报告《人工智能如何影响核战争爆发的风险》，认为人工智能可能会在2040年前后由于误用滥用或黑客操控而引发核战争，对人工智能盲目乐观的人们来说，可谓敲响了警钟。

人工智能武器军备控制议题日益受到国际关注。人工智能技术的发展催生了致命性自主武器系统的出现，致命性自主武器如果误用或滥用将对国际安全和人道主义构成重大挑战，使得人工智能全球治理尤其是致命性自主武器系统军备控制日益成为国际社会关注的重要议题。目前，围绕致命性自主武器系统的军控问题，已经出现了多样化官方和非官方平台，也吸引了国家、非政府组织、智库等多元利益攸关方的广泛关注和参与。从2014年至2019年，针对致命性自主武器系统这一议题，联合国《特定常规武器公约》机制已经召开了多次专家会议，并成立专门的政府专家组（GGE on LAWS）围绕该议题召开了多次会议。“禁止杀人机器人运动”“国家机器人军备控制委员会”等围绕禁止和限制致命性自主武器系统的非政府组织也层出不穷。[①] 2015年7月，1000多名人工智能专家签署了一封信，严重警告人工智能军备竞赛的危险，并呼吁禁止使用自主武器。[②] 正如彼得·辛格（Peter W. Singer）指出的那样，人工智能军备竞赛由地缘竞争、知识前沿领域的科学动力以及追求利润的科技企业等不可阻挡的力量驱动。[③]在可预见的未来，国际社会围绕发展还是禁止自主武器的辩论仍会继续升温。这将促使军事大国和强国越来越重视人工智能武器使用的伦理准则和法律协调问题。2019年10月，美国防部国防创新委员会发布《人工智能准则：推动国防部以符合伦理的方式运用人工智能的建议》，提出了国防部运用人工智能的五项原则和十二条建议，并建议建立国防部层面的

① 关于致命性自主武器系统军备控制的系统研究，可参见龙坤、徐能武：《致命性自主武器系统军控：困境出路和参与策略》，《国际展望》2020年第2期。

② “Autonomous Weapons: An Open Letter From AI & Robotics Researchers,” Future of Life Institute, July 2015, http://futureoflife.org/open-letter-autonomous-weapons/.

③ “Man and machine: Autonomous weapons are a game-changer: AI-empowered robots pose entirely new dangers, possibly of an existential kind,” *The Economist*, January 25, 2018, https://www.economist.com/news/special-report/21735472-ai-empowered-robots-pose-entirely-new-dangers-possibly-existential-kind-autonomous.

人工智能指导委员会，确保人工智能伦理准则的正确推行。[①] 2020 年 2 月 24 日，美国国防部宣布正式采纳了国防创新委员会提出的人工智能军事应用的五项原则，说明美军已在人工智能军事应用的伦理准则制定方面走出了重要一步，为其未来在军事行动中更多地运用人工智能武器提供了政策和舆论基础。

中国作为人工智能发展应用大国，也高度重视人工智能运用的伦理规范。中国军方智库专家曾于 2017 年在新加坡香格里拉对话会演讲中呼吁，国际社会应高度重视人工智能武器运用必须兼顾伦理道德约束。近年来，中国专家积极参加联合国政府专家组关于致命性自主武器军备控制磋商，发出中国理性声音。[②] 2018 年 6 月，中国人工智能学会组建了人工智能伦理道德专业委员会。2019 年 7 月，中共中央全面深化改革委员会第九次会议召开，正式组建中国国家科技伦理委员会，对包括人工智能在内的科学技术良性应用给予有力的规范和指导。

---

① Defense Innovation Board, *AI Principles: Recommendations on the Ethical Use of Artificial Intelligence by the Department of Defense*, October 31, 2019, https://media.defense.gov/2019/Oct/31/2002204458/-1/-1/0/DIB_AI_PRINCIPLES_PRIMARY_DOCUMENT.PDF.

② Zhu Qichao, "AI and the next revolution in military defense," *China Daily*, June 5, 2017.

【生物武器军控】

2019 年度国际生物安全与生物军控形势

刘术　李瑞　舒东

2019 年度国际生物安全与生物军控形势

刘术　李瑞　舒东

内容提要： 2019 年，国际生物威胁呈多样化态势，大国继续加紧抢占生物技术战略高地，传统与非传统生物安全威胁交织并存。美国继 2018 年推出《国家生物防御战略》后，2019 年又相继从人口健康和全球卫生治理等维度推出国家战略层面的文件，进一步完善生物安全防御网。《禁止生物武器公约》专家组会和缔约国会如期举行，但总体上看，国际多边生物军控进展有限。各国推进天花病毒、炭疽杆菌、埃博拉病毒、马尔堡病毒、登革热病毒等重要烈性病原体的预防及治疗研究。

关 键 词： 生物安全　生物军控　生物防御　《禁止生物武器公约》

作者单位： 中国军控与裁军协会生物安全项目组

2019 年，国际生物安全形势复杂演变，生物科技迅猛发展，生物军控多边进程矛盾与合作并存。必须充分做好应对复杂困难局面的准备，积极参与国际生物安全合作，推动全球生物安全治理改革和建设。

一、多样化生物威胁形势

2019 年，国际生物威胁继续呈多样化态势发展，大国抢占生物技术战略高地，加紧前沿生物技术研发，生物恐怖主义等非传统生物安全威胁仍然存在。

（一）生物武器与生物反恐

第一，美国开展可疑生物研发活动。2019年4月8日，美国网络媒体"今日退伍军人"（Veterans Today）发表文章，披露美军在格鲁吉亚第比利斯援建的理查德·卢格中心（Richard E. Lugar Centre）实际上是一家生物武器实验室，打着"科学研究"的旗号开展进攻性菌毒株研究，美军在这些实验室开展的生物计划违反了《禁止生物武器公约》[①]。实际上，外界对该研究机构的质疑一直存在。俄罗斯国防部长绍伊古曾公开指责美国在全球部署了一系列生物实验室，其中多个位于上海合作组织的成员国。这些实验室正开展具有军事性质的美国生物计划，并且引进了允许远程控制病原微生物研究过程的软件系统。俄罗斯认为，美军在上合组织成员国内的这些实验室选址不是偶然的，很多都靠近俄罗斯领土，对俄罗斯构成持续生物威胁。

第二，美国完善生物犯罪立法。2019年6月17日，美国网络媒体发表文章称，作为解决日益严重的生物恐怖主义威胁的手段，美国众议院司法委员会批准了一项法案，将个人私自拥有某些致命物质定为刑事犯罪，填补了联邦法律在这方面的漏洞[②]。该法案名为《2019年有效起诉持有生物毒素和生物剂法案》（Effective Prosecution of Possession of Biological Toxins and Agents Act of 2019）。法案规定：将公民个人进行的州与州之间或国家间的生物制剂或生物毒素的运输、传播、拥有或接收行为定义为犯罪行为。

---

① Jeffrey K. Silverman, "VT Exclusive: Biological warfare, Secret US laboratories in Georgia unveiled," *Veterans Today*, April 8, 2019, https://www.veteranstoday.com/2019/04/08/vt-exclusive-biological-warfare-secret-us-laboratories-in-georgia-unveiled/.

② *S. 744-Effective Prosecution of Possession of Biological Toxins and Agents Act of 2019*, 116th Congress (2019-2020), https://www.congress.gov/bill/116th-congress/senate-bill/744/text.

（二）两用生物技术风险

第一，美国解禁功能获得性研究。2019 年 2 月 8 日，美国卫生与公共服务部（HHS）宣布，重启资助两项禽流感病毒的功能获得性研究（GoFR）①。禽流感病毒的功能获得性研究因可能会生成危险性病原体，对全球安全带来威胁而为人诟病。2014 年，美国政府因此暂停了对类似实验研究的资金支持。2018 年，美国卫生与公共服务部对相关申请进行了全面审核，并对研究风险、效益分析、安全措施及沟通交流计划等工作提供了指导和建议。2019 年 1 月 10 日，美国威斯康星大学日裔病毒学家河冈义裕的申请获得批准，资金将由国立过敏与传染病研究所（NIAID）拨付，相关工作在几周后正式启动。此次对河冈义裕团队的资助实则为接续 2014 年因禽流感病毒功能获得性研究争议而暂停资助的项目，研究内容包括明确导致 H5N1 在雪貂间经飞沫传播的基因突变。2019 年 3 月，卫生与公共服务部对西奈山伊坎医学院费奇的实验室进行例行检查后，重新拨付资金。研究内容包括确定致使流感病毒毒性增强的分子变化、明确流感病毒在雪貂间传播时发生的基因突变。美国卫生与公共服务部的批准决定在国际社会引起广泛关注。功能获得性研究因其可能会生成毒性和传播能力更强的病原体，使人类面临巨大的风险成为当今最具争议性的话题之一。此类研究是否可正常开展、如何开展及如何监管无疑将是未来生命科学领域重点关注的课题。

第二，基因组编辑技术军事应用受到高度关注。美国《全球生物安全》杂志 2019 年第 1 期发表题为《生殖基因组编辑与核化生力量平衡中正在出

① Jocelyn Kaiser, "EXCLUSIVE: Controversial experiments that could make bird flu more risky poised to resume," American Association for the Advancement of Science, February 8, 2019, https://www.sciencemag.org/news/2019/02/exclusive-controversial-experiments-make-bird-flu-more-risky-poised-resume.

现的优势争夺斗争》的论文，文章认为，中国科学家贺建奎的基因编辑胎儿有可能引发基因战军备竞赛[①]。基因组编辑为创建优势军事能力的群体而有意受孕和进行有选择的修饰打开了大门。贺建奎的工作向企业、军事组织和政府机构展示了成功的“概念证明”，并预示了未来基因战的前景。在大国竞争和强权政治的背景下，基因编辑立即实现人体优势的技术诱惑很大，基因工程提供了许多潜在的军事能力优势。贺建奎的工作开辟了一条改变人类种系的新道路，运用这种方法探索实现人类军事能力的提升是完全有可能的。2019 年 5 月 22 日，美国国家科学院网站发表文章称，美国国家医学院、国家科学院和英国皇家学会共同召集多国科学家成立“国际人类遗传基因组编辑临床应用委员会”，旨在为科学家、临床医生和管理机构建立一个人类生殖系基因组编辑的潜在临床应用评估框架，包括人类生殖系基因组编辑需要考虑的科学、医学和伦理问题等[②]。

第三，美国加快合成生物学研究步伐。2019 年 7 月，美国疾病预防控制中心（CDC）的研究人员成功合成近来导致刚果民主共和国埃博拉疫情暴发的病毒。刚果民主共和国生物医学研究所（INRB）和美国陆军传染病医学研究所（USAMRIID）联合对造成刚果民主共和国埃博拉疫情的病原体进行基因测序，相关结果在网上公布。美国疾病预防控制中心研究人员依据上述测序结果成功合成同版本的埃博拉病毒[③]。2019 年 4 月，美陆军实

---

① David James Heslop, Chandini Raina MacIntyre, “ Germ line genome editing and the emerging struggle for supremacy in the Chemical, Biological and Radiological (CBR) balance of power,” *Global Biosecurity*, Vol. 1, No. 1, 2019, pp. 169-173, https://jglobalbiosecurity.com/article/10.31646/gbio.18/.

② “International Commission on the Clinical Use of Human Germline Genome Editing,”The National Academies of Sciences, Engineering, and Medicine, https://www.nationalacademies.org/our-work/international-commission-on-the-clinical-use-of-human-germline-genome-editing.

③ Helen Branswell, “CDC made a synthetic Ebola virus to test treatments. It worked,” STAT News, July 9, 2019, https://www.statnews.com/2019/07/09/lacking-ebola-samples-cdc-made-a-synthetic-virus-to-test-treatments-it-worked/.

验室将合成生物学研究确定为十大关键研究领域之一，将士兵生存能力作为研究的重点方向。2019 年 7 月，美国“防务一号”（Defense One）网站刊文透露，美陆军新成立的未来司令部正在加速合成生物学研究①。

（三）实验室生物安全

随着全球高等级生物安全实验室数量不断攀升，病原体泄漏与人员意外暴露事件仍时有发生。2019 年 8 月，美陆军传染病医学研究所（USAMRIID）宣布，因未能通过美国疾病预防控制中心的生物安全检查，其位于马里兰州德特里克堡的实验室将暂时关闭，所有涉及高致病性病原体的相关研究均无限期中止②。美国疾病预防控制中心于 2019 年 6 月对该实验室进行安全检查，发现其存在严重的生物安全问题，包括未遵守当地行政管理程序，员工缺乏定期重新认证培训，废水净化系统未达到联邦管制生物剂计划标准等。2019 年 7 月 15 日，美国疾病预防控制中心向该研究所发函，责令其生物安全 3 级和 4 级实验室停止开展研究。同时，美国疾病预防控制中心暂时取消了该研究所在联邦管制生物剂计划中的注册资格，导致该研究所无法对埃博拉病毒等危险病原体进行研究。该研究所正在开展的多个研究项目均受到了影响。例如与阿尔伯特·爱因斯坦医学院合作的针对克里米亚—刚果出血热病毒、安第斯病毒、辛诺柏病毒和普马拉病毒等病毒的抗体疗法，以及与乔治·梅森大学等合作创建的传染病疫情通用监控平台等。

---

① “The US Army Is Making Synthetic Biology a Priority,” Defense One, July 2019, https://www.defenseone.com/technology/2019/07/us-army-making-synthetic-biology-priority/158129/.

② Heather Mongilio, “Fort Detrick lab shut down after failed safety inspection; all research halted indefinitely,” *The Frederick News-Post*, August 2, 2019, https://www.fredericknewspost.com/news/health/fort-detrick-lab-shut-down-after-failed-safety-inspection-all-research-halted-indefinitely/article_767f3459-59c2-510f-9067-bb215db4396d.html.

二、应对生物威胁战略举措

2019 年，美国先后出台《全球卫生安全战略》（Global Health Security Strategy）和《2019—2022 年国家卫生安全战略》（National Health Security Strategy 2019-2022）①，生物安全国家战略体系进一步完善，并继续高投入生防技术与产品研发。

（一）完善生物安全国家战略体系

美国政府继 2009 年发布《应对生物威胁国家战略》、2012 年发布《生物监测国家战略》、2018 年发布《国家生物防御战略》以来，2019 年又出台了《全球卫生安全战略》②。至此，美国生物安全国家战略体系进一步完善，涵盖生物反恐、生物监测、生物国防、生物安全国际合作等领域。

2019 年 5 月 9 日，特朗普政府发布《全球卫生安全战略》，战略共 32 页，包括 5 部分和 3 个附件，内容包括愿景、目标、优先技术领域、美国的全球卫生安全活动、管理机制等。《全球卫生安全战略》是美国首个面向全球卫生安全的发展战略和行动纲领，也是其国家安全领域里首个面向全球的国际合作战略，主要体现在以下三方面战略考量。

一是谋求全球领导地位。从《全球卫生安全战略》的三个目标及措施可以看出，美国将与伙伴国政府、非政府组织和国际组织合作，协助目标国家维持和提高其卫生安全能力，并强调当疫情超出一个国家应对能力时，

---

① *National Health Security Strategy 2019 - 2022*, Department of Health and Human Service. USA, PHE, https://www.phe.gov/Preparedness/planning/authority/nhss/Documents/NHSS-Strategy-508.pdf.

② The White House, *United States Government Global Health Security Strategy 2019*, https://www.whitehouse.gov/wp-content/uploads/2019/05/GHSS.pdf.

美国应成为全球领导者。二是推动全球卫生安全议程。《全球卫生安全战略》反复强调将全球卫生安全议程作为促进全球应对传染病威胁的主要机制，“全球卫生安全议程”一词在《全球卫生安全战略》正文中出现多达 57 次。该议程于 2014 年 2 月由美国政府提出，目前有 60 多个成员国，重点关注传染病预防、监测及响应，相关活动由美国政府主导，并与世界卫生组织的《国际卫生条例》以及世界动物卫生组织等框架和协议相协调。《全球卫生安全战略》指出，美国鼓励国家、国际组织和私营公司加入全球卫生安全议程，制定具体目标，降低传染病威胁，确保美国的伙伴国具有应对卫生安全的关键能力。三是强化部署军队系统的职能任务。美国国防部是美国政府全球卫生安全议程和《全球卫生安全战略》的重要参与方。在《全球卫生安全战略》中，明确了国防部的职责和任务，包括促进与全球卫生安全目标一致的军方活动和计划的实施与协调，促进生物监测、生物安全方面的军民能力建设，与其他伙伴国军方合作，与国际开发署、卫生与公共服务部协调提供援助与支持等。《全球卫生安全战略》赋予了美军全球生物安全部署的合理合法性，为军方监测哨点和实验室全球布局提供了依据和理由，有效保障了美全球生物安全军事部署和军事职能发挥。

（二）制定全谱性国家健康战略

美国卫生与公共服务部作为国家生物安全的协调中枢，制定出台了涵盖全谱性健康挑战的战略。2019 年 1 月 14 日，美国卫生与公共服务部发布了《2019—2022 年国家卫生安全战略》①。该战略指出，极端天气和自然灾害、传染病和流行病、技术和网络威胁、化生放核（即化学、生物、放射

① *National Health Security Strategy 2019 - 2022*, Department of Health and Human Service. USA, PHE, https: //www. phe. gov/Preparedness/planning/authority/nhss/Documents/NHSS-Strategy-508. pdf.

性、核，CBRN）是人类面临的四大健康威胁。抗生素、新病毒株的抗药性和灭绝疾病重现可能导致疾病大流行，也可能为恐怖分子利用给全球带来灾难。美国将充分调动各部门力量，保护美国免受大流行传染病及化生放核带来的损害。该战略从保护美国人民健康的角度，将自然发生和人为故意的生物安全威胁统筹考虑，是美国应对全谱性生物安全威胁、树立“大生物安全观”的新理论实践。

（三）实施一揽子国家生防计划

在生防技术与产品研发方面，美国继续给予较高经费投入。2019 年 6 月，美国国会决定，进一步加强“生物盾牌”计划，将其作为《2019 年流行病和全面灾害防范以及创新推进法案》（PAHPAIA）的一部分，增加了经费预算，并为产品开发提供十年资金①。美国“生物盾牌”计划于 2004 年开始实施，15 年来共支持了 27 个项目，共 15 种产品纳入国家战略储备，用于应对埃博拉病毒、炭疽杆菌、肉毒毒素、天花病毒、神经毒剂、急性放射病和辐射烧伤等多种核化生威胁。其中，10 种产品获得美国食品药品监督管理局（FDA）的批准，5 种产品在食品药品监督管理的紧急使用授权下可以使用。2019 年 7 月 11 日，由美国共和、民主两党联合组成的蓝丝带生防研究小组（BRSPB）在纽约市举行会议。会议认为，美国在生物领域面对的威胁不断加剧，主要包括生物战和生物恐怖主义以及传染病大流行，但美国政府依然缺乏应对生物危机的有效防控手段。会议提议设立“生物防御曼哈顿计划”，仿照“曼哈顿计划”模式，将军方机构、联邦机构、学术界、工业界、政府承包商、独立实验室等公共和私营部门紧密联

① “Project BioShield: Building a Better Medical Countermeasure Pipeline,” Global Biodefense, August 5, 2019, https://globalbiodefense.com/2019/08/05/project-bioshield-building-a-better-medical-countermeasure-pipeline/.

合起来，共同应对生物威胁①。

三、国际多边生物军控进程

2019 年，《禁止生物武器公约》专家组会和缔约国会如期举行。本轮会议是八审会后新一轮会间会的第二轮会议，各方交锋激烈。

（一）《禁止生物武器公约》专家组会

2019 年《禁止生物武器公约》专家组会于 7 月 28 日至 8 月 8 日在联合国驻瑞士日内瓦总部召开。来自 95 个缔约国、3 个签约国（埃及、海地、坦桑尼亚）、1 个非缔约国（以色列）和世界卫生组织、世界动物卫生组织、禁止化学武器组织、红十字国际委员会等国际组织的代表参加会议，德国汉堡大学、美国科学院、斯德哥尔摩国际和平研究所等 30 余个非政府组织和学术机构列席会议。本次会议是公约八审会后，根据缔约国达成的新一轮会间会工作计划召开的第二次专家组会议，主要围绕国际合作与援助、科技审议、国家履约、受害国家援助应对与准备、加强公约机制等五项议题展开讨论②。各方立场鲜明、讨论激烈，美西方国家拒绝重启具有法律约束力的核查议定书谈判，不结盟国家则坚持推动具有法律约束力、全面推进公约执行力的“一揽子方案”。经磋商讨论，会议最终达成专家组会五项议题的程序性报告。会上，各国大力推动于己有利的倡议主张，谋求

① Bipartisan Commission On Biodefense, “A Manhattan Project for Biodefense: Taking Biological Threats Off The Table,” July 11, 2019, https://biodefensecommission.org/events/a-manhattan-project-for-biodefense-taking-biological-threats-off-the-table/.

② “2019 Meetings of Experts,” https://www.unog.ch/80256EE600585943/(httpPages)/E8A05357EECA5490C12583BE00578053?OpenDocument.

国际生物军控进程的话语权和主导权，主要有以下动向。

一是国际合作与援助议题分歧较大。国际合作与援助一直是发达国家与发展中国家在生物军控领域分歧较大的议题。本次会议上，该议题主要围绕援助与合作数据库、挑战与应对、教育与培训等方面展开讨论。发展中国家呼吁公平，要求发达国家履行公约第十条义务，设立公约框架下的国际合作专门机制，取消歧视性生物技术出口控制；发达国家则关注安全，强调国际合作与援助应确保遵约为前提，不能损害公约宗旨。

二是科技审议议题争议较少。科技审议是目前生物军控磋商谈判中呼声最高、分歧较少的议题。本次会议上，该议题主要围绕科学家行为准则、风险评估、基因编辑等方面展开讨论。随着生物技术的发展，其潜在谬用风险引起国际社会广泛关注，多数成员国要求加强对生物科技发展的审议。会议期间，美国、英国分别提交了“生命科学研究进展风险和益处评估方法”“生物风险管理再思考”等工作文件，俄罗斯通过边会平台，倡导在公约框架下成立科学咨询委员会，德国联合荷兰和瑞典共同提交了成立公约科学咨询论坛的建议方案。

三是履约遵约机制引起广泛关注。该议题围绕出口管制、同行评估、建立信任措施（CBM）等方面展开讨论。西方国家继续推行“同行评估”机制，法国重点介绍了“同行评估”的做法及经验教训。各国还就如何优化建立信任措施相关宣布提出看法，日本建议对建立信任措施进行分步骤提交，得到美国支持。英国建议扩大疫苗生产设施的申报范围，既包括缔约国批准的在其领土上的疫苗生产设施，也包括在其领土外疫苗生产设施。伊朗强调建立信任措施的自愿提交原则。中国支持提高建立信任措施的透明度和改进宣布表格，表示将继续积极参与建立信任措施申报，与履约支持机构加强交流合作。

四是援助应对与准备议题推进缓慢。该议题主要围绕面临挑战、生物医学机动单位、援助数据库等方面展开讨论。美等西方国家强调联合国秘书长调查机制（United Nations Secretary-General's Mechanism，UNSGM）的重要性，认为该机制是目前对指称使用生物武器调查的最佳选择。俄罗斯继续推动组建“生物医学机动单位”（Biomedical Mobile Unit），以履行调查援助与保护、传染病防控及国际合作等多重职能。

五是公约核查机制议题存在严重分歧。美等西方发达国家拒绝重启具有法律约束力的核查议定书谈判，认为通过同行评估、联合国秘书长调查机制等措施可以有效加强公约机制。美国提交了“使用公约工具加强机制功能”的工作文件，提出通过联合国秘书长调查机制是最合适的机制。英国提出加强履约支持机构（The Implementation Support Unit，ISU）能力建设，扩大建立信任措施宣布范围，以加强公约机制。俄罗斯与不结盟国家等认为全面加强具有法律约束力的核查具有现实意义，重启核查议定书谈判面临迫切需求。

（二）《禁止生物武器公约》缔约国会

2019 年《禁止生物武器公约》缔约国会议于 12 月 3 日至 6 日在联合国驻瑞士日内瓦总部召开，119 个缔约国代表参加会议，4 个签约国、2 个观察员国代表及联合国裁军办公室、世界卫生组织、世界动物卫生组织、红十字国际委员会、禁止化学武器组织、欧盟、非盟等 10 余个国际组织和近 30 个非政府组织和学术机构列席会议①。本次会议是公约新一轮会间会进程开展实质性工作的第二次缔约国会议，对于维护公约在国际安全中的地位、跟进全球生物安全治理转型具有重要意义。各方高度重视公约多边平

① “2019 Meeting of States Parties,” https://www.unog.ch/80256EE600585943/(httpPages)/5E44DF9F7FB5DE1AC12583BE00576666?OpenDocument.

台，63 个缔约国代表做一般性辩论发言，阐述各国政府推进公约多边进程、维护国际生物安全的主张。经过反复磋商沟通和相互妥协，会议讨论并通过了解决财务预算问题方案，审议了科技发展、国际合作、国家履约、应急与援助及加强公约机制等年度专家组会报告。本次会议各方交锋激烈，集中反映出国际社会更加关切全球生物安全治理，更加倚重公约多边平台，更加积极谋求全球生物安全治理主导权，主要有以下动向。

一是公约地位作用受到高度重视。多数国家主张加强公约机制，以适应国际形势变化和生物科技发展，有效应对生物武器、生物恐怖、大规模传染病等威胁，促进生物科技和平利用，释放科技发展红利；同时认为，公约是多边体系重要支柱，加强公约机制对维护多边主义、实现共同安全意义重大。2020 年适逢公约生效 45 周年、《日内瓦议定书》（公约前身）达成 95 周年，多方倡议应加紧筹备 2021 年公约第九次审议大会，推动大会取得积极成果，为公约长远发展奠定基础。

二是公约进程政治化趋势明显。美西方国家与俄罗斯、伊朗等不结盟国家交锋激烈，凸显公约进程政治化趋势日益增强，公约机制建设分歧巨大。美反对重启具有法律约束力的核查议定书谈判，并同西方国家推动开展履约“同行评估”，强化履约建立信任措施机制，力推联合国秘书长调查机制走实。发展中国家质疑或反对美等上述立场，同时要求切实改变对发展中国家的歧视性做法，建立机制性安排确保各国享受生物科技发展惠益。俄刻意绕开美方，提交核心议题讨论情况书面总结，并要求列入会议最终报告，引发美强烈不满及坚决反对，俄提议无果而终，凸显美俄激烈争夺全球生物安全治理主导权。

三是科技发展监管获高度关注。主要大国主张加强对生物科技发展的审议，尤其关注合成生物学、基因编辑等领域的突破性进展，认为其潜在谬用风险逐步加大，研发、制造、获取生物武器的门槛大幅降低，呼吁规范生物科研活动，强化两用科技的安全风险评估和有效监管，加强生物安全实验室管理。中国系统介绍生物安全立法进展及规范生物安全实验室管理情况，呼吁成员国以开放心态共同推进公约框架下“生物科学家行为准则”，获得巴西、日本、德国、伊朗等国积极支持。

四是生物安全国际合作引多方共鸣。美西方大力宣传其帮助发展中国家建立公共卫生体系、应对传染病疫情、加强专业人员培训等成果进展。欧盟强调高度重视发展中国家诉求，在资金、技术等方面注重持续投入，并着力推进区域合作。发展中国家对此积极回应，高度评价欧盟设立区域核生化防护示范中心、与非盟疾控中心合作加强公共卫生能力建设等举措。中国积极宣传在重大传染病防控及专业人员培训等方面开展国际合作与援助的成果，表达推进生物安全国际合作的良好愿望。

四、生防产品研发进展

2019 年，各国围绕天花病毒、炭疽杆菌、埃博拉病毒、马尔堡病毒、登革热病毒等重要烈性病原体的预防及治疗开展大量研究，取得系列研究与应用进展。

（一）疫苗研发进展

第一，天花疫苗。2019 年 9 月 24 日，美国食品药品监督管理监管局批准一种新型痘病毒疫苗，用于在具有高感染风险的成年人（18 岁以上）中预防天花和猴痘相关疾病①。该疫苗名为 Jynneos，由北欧巴伐利亚（Bavarian Nordic）公司开发，经美国陆军传染病医学研究所（USAMRIID）测试。Jynneos 是一种皮下注射悬浮液，每瓶 0.5 ml，分两次给药，间隔 4 星期。

第二，埃博拉疫苗。2019 年 12 月 20 日，默沙东公司的 ERVEBO（V920）通过欧洲药品管理局（EMA）批准，成为欧洲首款获批上市的埃博拉疫苗②。欧洲药品管理局人用药品委员会有条件地批准 ERVEBO 用于预防 18 岁及以上人群因埃博拉病毒引起的感染，默沙东公司将在德国工厂开始生产，预计在 2020 年第三季度开始供货。此前，美国食品药品监督管理监管局已授予 ERVEBO“突破性疗法”认定和优先审评资格，预计将在 2020 年 3 月对该疫苗的上市许可做出最终决定。ERVEBO 是一种基因工程减毒活疫苗，已在非洲、欧洲和美国大约 16000 名受试者中进行了试验，证明该疫苗的安全性和免疫原性，该疫苗在当前刚果（金）的埃博拉疫情中使用效果良好。

第三，登革热疫苗。2019 年，美国陆军与法国赛诺菲巴斯德公司继续合作开发四价登革热疫苗（Dengvaxia）③。在流行地区（泰国、菲律宾）进行的三期临床研究中，有 40000 多名志愿者接种了疫苗。赛诺菲巴斯德公司已经在多个国家获得疫苗注册，并计划向美国食品药品监督管理提交生

---

① “FDA Approves Jynneos: FDA Approves Jynneos (Smallpox and Monkeypox Vaccine, Live, Non-replicating) for Prevention of Smallpox and Monkeypox Disease in Adults,” COPENHAGEN, Denmark, September 24, 2019, https://www.drugs.com/newdrugs/fda-approves-jynneos-smallpox-monkeypox-vaccine-live-non-replicating-prevention-smallpox-monkeypox-5061.html.

② “Merck Announces FDA Approval for ERVEBO © (Ebola Zaire Vaccine, Live), December 20, 2019, Merck Sharp & Dohme Corp., https://investors.merck.com/news/press-release-details/2019/Merck-Announces-FDA-Approval-for-ERVEBO-Ebola-Zaire-Vaccine-Live/default.aspx.

③ “Dengvaxia,” European Medicines Agency, https://www.ema.europa.eu/en/medicines/human/EPAR/dengvaxia.

物制品注册申请。然而，美军事医学专家组在对数据进行核查时，认为该疫苗不适合广泛用于军队。目前，美国陆军正与日本武田制药公司合作，开发其四价登革热疫苗，并在泰国和菲律宾开展三期临床试验。

第四，腺病毒疫苗。2019 年，美军委托 PaxVax 公司启动了腺病毒疫苗工艺改造及生产项目①。腺病毒疫苗经现代化生产改造后，在保证疫苗效果的同时降低成本与风险。PaxVax 公司使用微喷雾干燥器改良活性疫苗的喷雾干燥工艺，可将两种类型疫苗封装到同一胶囊中并保证其活性，降低疫苗 50%的包装及物流成本。还研发了同时测定两种疫苗活性的分析方法。此前，美军仅有一家腺病毒疫苗供应商，即巴尔实验室公司（美国 TEVA 制药公司的子公司），年采购金额约 3200 万美元。

第五，基孔肯雅病毒疫苗。2019 年 10 月，美国 Emergent BioSolution 公司公布了其候选基孔肯雅病毒样颗粒（CHIKV VLP）疫苗二期临床研究结果②。数据显示，接种第一剂疫苗后，多达 98%的受试者在接种疫苗后 7 天内产生了中和病毒的抗体反应。单次给药后，免疫反应至少持续 1 年。2020 年，该公司将启动后续临床试验。该药获得了欧洲、美国药品监督管理部门的优先审评资格。

第六，疟疾疫苗。美国国防部、葛兰素史克（GSK）和盖茨基金会合作研发的候选疫苗（RTS, S）已在非洲完成试验。2019 年，研究人员继续

---

① Kim Riley, "U. S. military recruits still need adenovirus vaccine," *Homeland Preparedness News*, April 9, 2019, https://homelandprepnews.com/countermeasures/33301-u-s-military-recruits-still-need-adenovirus-vaccine/.

② Zacks Equity Research, "Emergent's Chikungunya Vaccine Candidate Gets EMA's PRIME Tag," Yahoo! Finance, October 12, 2019, https://finance.yahoo.com/news/emergents-chikungunya-vaccine-candidate-gets-165304993.html.

改良使用剂量和使用疗程，实现用量减少80%，有效率提高到近90%①。另一种候选疫苗PfSPZ也已完成临床试验。该候选疫苗由美国国防部、Sanaria公司、国立卫生研究院和欧洲与非洲研究人员联合开发。PfSPZ候选疫苗是一种辐射减毒的活疫苗，已显示出与RTS, S疫苗相似的功效②。

第七，炭疽疫苗。2019年7月，美国Emergent BioSolutions公司启动新型炭疽疫苗（AV7909）的第三期临床研究，评估其批次一致性、免疫原性和安全性③。AV7909是采用CPG 7909佐剂的吸附疫苗，预期将比现有炭疽疫苗（Emergent BioSolutions公司生产的BioThrax，是美国目前唯一获批的炭疽疫苗）具更快的免疫应答，成人给药方案为肌肉分两次注射。

（二）药物研发进展

2019年6月3日，美国卫生与公众服务部（HHS）同Emergent BioSolutions公司签署了一份为期10年、价值5.35亿美元的合同，向美国

---

① Paul Adepoju, "RTS, S malaria vaccine pilots in three African countries," *The Lancet Journals*, April 27, 2019, https://www.thelancet.com/journals/lancet/article/PIIS0140-6736%2819%2930937-7/fulltext.

② https://www.marketwatch.com/press-release/the-government-of-equatorial-guinea-us-energy-companies-and-sanaria-sign-agreements-to-extend-support-for-clinical-development-of-pfspz-vaccine-for-malaria-and-a-pathway-towards-malaria-elimination-on-bioko-island-2019-04-10.

③ "Emergent BioSolutions Announces Exercise by BARDA of the First Contract Option, Valued at $261 Million, to Procure Doses of AV7909 Anthrax Vaccine Candidate for the Strategic National Stockpile: AV7909 next generation vaccine positioned as primary solution for U.S. government's anthrax preparedness and response efforts," Source: Emergent BioSolutions, GlobeNewswire, July 30, 2019, https://www.globenewswire.com/news-release/2019/07/30/1894099/0/en/Emergent-BioSolutions-Announces-Exercise-by-BARDA-of-the-First-Contract-Option-Valued-at-261-Million-to-Procure-Doses-of-AV7909-Anthrax-Vaccine-Candidate-for-the-Strategic-National.html.

国家战略储备库提供牛痘免疫球蛋白静脉注射药物 VIGIV[①]。VIGIV 是目前唯一获得美国食品药品监督管理局（食品药品监督管理监管局）批准治疗天花疫苗接种并发症的药物。合同内容包括血浆收集、药品生产和交付，第一年 Emergent BioSolutions 公司将使用美国政府提供的血浆生产 VIGIV，之后九年由 Emergent BioSolutions 公司负责血浆采集和药品生产工作。

① Emergent BioSolutions Inc., "Emergent BioSolutions Awarded 10 - Year HHS Contract Valued at Approximately $535 Million to Deliver Vaccinia Immune Globulin Intravenous (VIGIV) in Support of Smallpox Preparedness", June 03, 2019, https://www.globenewswire.com/news-release/2019/06/03/1863051/0/en/Emergent-BioSolutions-Awarded-10-Year-HHS-Contract-Valued-at-Approximately-535-Million-to-Deliver-Vaccinia-Immune-Globulin-Intravenous-VIGIV-in-Support-of-Smallpox-Preparedness.html.

【常规及综合】

《武器贸易条约》的现状及前景

吴金淮　王馨安

探析美国对华制裁新动向

吴金淮　马瑞婕

《武器贸易条约》的现状及前景

吴金淮　王馨安

内容提要：《武器贸易条约》在2019年经历了成员规模的重要变化：美国撤销签约，中国宣布启动入约国内法律程序。《武器贸易条约》是有史以来第一个规范常规武器贸易的国际条约，对常规武器的监管范围、贸易方式、管理要求、争端解决等设立了统一的国际标准，推动了国际社会对常规武器的管控制度建设。作为当今全球最大的武器出口国，特朗普政府秉承"美国优先"的外交政策，撤签条约，无疑会对国际常规武器军控体系产生消极影响。中国作为联合国安理会常任理事国，启动入约不仅有利于维护国际常规武器军控体系的有效运行和治理效力，而且有利于改善地区安全形势，缓解人道主义状况，是中国积极推动构建人类命运共同体的重要实践。《武器贸易条约》也将成为中国军贸发展的重要外部因素之一。

关 键 词：常规武器　《武器贸易条约》　多边主义　军贸

作者单位：中国军控与裁军协会

北京大学国际关系学院

2018年5月24日，联合国秘书长古特雷斯在日内瓦大学就裁军议程发表演讲，为裁军议程提出了三大优先事项——为保护人类裁军、为保护生命裁军、为未来安全裁军。在"为保护生命裁军"议题中，古特雷斯首先指出，常规武器的广泛应用及非法交易等问题给国际常规武器军控体系带来日益严峻的挑战，并成为人类不安全感的重要来源之一。[①] 的确，自二战以来尤其是冷战结束以来，常规武器在诸多的战争、武装冲突中都扮演了重要角色，不仅导致大量的人员伤亡和财产损失，也严重威胁着地区乃至全球的和平与安全。

近年来，常规武器尤其是轻小武器的非法贸易与滥用所导致的暴力冲突和人道主义危机等问题日益引起国际社会的高度关注，轻小武器问题成为常规军控领域的热点问题之一。尤其是“9·11事件”以后，常规军控条约和机制的局限性使其越来越受到非传统安全威胁的挑战，轻小武器非法扩散现象呈愈演愈烈之势。轻小武器泛滥不仅加剧地区武装冲突，影响和平进程和战后重建工作，而且助长恐怖主义蔓延和跨国有组织犯罪，威胁可持续发展目标的实现，可以说，轻小武器对世界和平与发展构成了现实、直接的危害。加强轻小武器管控、消除轻小武器非法贸易成为国际共识。[②] 因此，为防止和消除常规武器非法贸易并防止其转作他用，联合国于2013年4月2日在第67届联合国大会上表决通过了《武器贸易条约》(Arms Trade Treaty)，并于2014年12月24日正式生效，迄今共有129个签约国，包括英国、法国、德国等主要的武器出口国。作为有史以来第一个监控常规武器贸易的国际条约，《武器贸易条约》在2019年经历了成员规模的重要变化：全球最大的武器出口国——美国撤签条约，联合国安理会常任理事国——中国宣布启动入约，这无疑会对《武器贸易条约》的实施以及国际常规武器军控体系的前景产生重要影响。

---

① United Nations, “Securing Our Common Future: An Agenda for Disarmament,” https://www.un.org/disarmament/sg-agenda/en/.

② 王群主编：《当代中国战略安全与军控外交》，北京：世界知识出版社2018年版，第234页。

一、中美对《武器贸易条约》的态度变化

在《武器贸易条约》曲折漫长的诞生及发展过程中，中美两国的态度也发生了不同的变化。从小布什政府的反对入约，到奥巴马政府的签署条约，再到特朗普政府的选择撤销签约，美国对《武器贸易条约》的态度呈现出反复、曲折的变化。而中国从谈判时的积极参与，到条约生效后加强沟通合作，再到选择入约，对《武器贸易条约》的态度则始终朝着积极的方向发展。

（一）《武器贸易条约》的诞生过程

《武器贸易条约》的诞生经历了曲折而漫长的过程，从酝酿、谈判、通过条约，前后经历近 10 年时间。早在 2004 年，一些欧洲国家和非政府组织就开始积极推动在联合国框架内达成一项全面的“武器贸易条约”，以建立统一的国际武器转让行为准则和标准，从而对国际常规武器贸易加以有效管控。2006 年 12 月，第 61 届联大一委对阿根廷、澳大利亚、哥斯达黎加、芬兰、日本、肯尼亚和英国七国共同提出的第 61/89 号决议进行表决，以 153 票赞成、24 票弃权、（美国）1 票反对的压倒性多数通过了该决议，决定制定“武器贸易条约”，并决定成立政府专家组，要求专家组成员提交关于该问题的立场文件。此后，联合国举行了多次专家组会议，组织各国就条约的相关内容，包括条约的目标宗旨、监管范围、具体要求等问题进行了充分的讨论和准备。在这一阶段，各国政府向联合国提交了关于“武器贸易条约”的立场文件，但彼此之间的立场分歧较大，并且由于美国政府的反对，准备过程进展缓慢。

2009 年，美国奥巴马政府对这一问题的态度发生明显转变，“武器贸

易条约”的推进工作才有了明显的进展。2009 年 10 月，联合国大会以压倒性多数通过决议，决定举行正式的条约谈判，并于 2012 年召开“武器贸易条约”会议，制定关于常规武器转让标准的具有法律约束力的国际条约。此后，各国在联合国框架下就此问题展开漫长、复杂、曲折的谈判，终于在 2013 年 4 月 2 日，联合国大会以压倒性多数投票通过了《武器贸易条约》。美国等 156 个国家投了赞成票，俄罗斯、印度、中国、巴西等 23 个国家投了弃权票，朝鲜、伊朗和叙利亚 3 国投了反对票。

（二）美国：从反对，到签约，再到撤销签约

在《武器贸易条约》漫长而曲折的筹备及谈判过程中，作为全球最大的武器出口国——美国的立场和态度发生了复杂的变化。如上所述，2006 年 12 月，第 61 届联大一委关于制定“武器贸易条约”的第 61/89 号决议表决中，仅美国一国投了反对票。当时，美国小布什政府受到国内利益集团的影响而反对《武器贸易条约》，对推进条约带来巨大的阻力。

2009 年，奥巴马上台后改变了小布什政府对该条约的立场，认为《武器贸易条约》作为规范国际常规武器贸易，打击非法武器贸易的重要国际条约，恰好迎合了美国遏制武器扩散，维护安全利益，打击恐怖主义的需要，并且这一条约对于美国的国家安全利益和军事利益影响甚微，而在外交和国内政治领域带来的益处是巨大的。[①] 因此，2009 年 10 月，美国国务卿希拉里·克林顿宣布美国同意参加条约谈判，美国的立场变化直接促成了国际社会立即启动条约谈判的决心。[②] 2013 年 6 月 3 日《武器贸易条约》

① 龙涛：《联合国〈武器贸易条约〉的来源、现状和走向》，载黎弘主编：《2011 国际军备控制与裁军》，北京：世界知识出版社 2011 年版，第 227 页。

② 翟德泉：《〈武器贸易条约〉的筹备进程与制定》，载黎弘主编：《2012 年国际军备控制与裁军》，北京：世界知识出版社 2012 年版，第 146 页。

开放签署后，美国于当年9月25日签署《武器贸易条约》，成为条约第91个签约国。不过，由于遭到美国全国步枪协会（National Rifle Association，NRA）和其他保守派团体的反对，该条约一直未得到美国参议院批准。

而特朗普上台后，美国新一届政府又选择撤销签约。2019年4月26日，美国总统特朗普在印第安纳州参加美国全国步枪协会聚会时宣布，他将撤销美国对《武器贸易条约》的签署，引起了国际社会的广泛关注。[①] 美国全国步枪协会表示，该条约相当于国际枪支管制，并对美国第二宪法修正案所赋予公民持有和携带武器的权利构成威胁。特朗普在演说中表示，在其任内“不会将美国的主权交给任何人，不会由外国官僚机构践踏美国宪法第二修正案”，因此，他会要求美国参议院永不批准这项条约。特朗普此举引起美国及国际社会一些人权组织的谴责。

（三）中国：从积极参与到启动入约

中国一直高度关注常规武器引发的人道主义问题，支持《武器贸易条约》的目标和宗旨，赞成国际社会采取必要措施，打击常规武器非法贸易行为。因此，中国积极地参与并促成《武器贸易条约》的达成。在2006年至2013年期间，中国以建设性态度参与了条约谈判的全部过程，为达成条约作出了努力和贡献。自2015年起，中国连续五年以观察员身份参加公约缔约国大会，并表示将与包括条约缔约国在内的各方继续加强沟通合作，共同致力于建立规范合理的国际武器贸易秩序。

2019年4月，美国宣布退出《武器贸易条约》，中国外交部发言人就

① 《特朗普说美国将“退出”〈武器贸易条约〉》，新华网，2019年4月27日，http://www.xinhuanet.com/2019-04/27/c_1124422934.htm。

公开表示“一直在研究入约问题”。[①] 2019 年 9 月 27 日，中国国务委员兼外交部长王毅在联合国大会第七十四届会议的一般性辩论中发言正式宣布，中国已经启动加入《武器贸易条约》的国内法律程序。[②] 这一讲话对外释放出中国愿加入《武器贸易条约》的积极信号。中国外交部发言人耿爽 9 月 28 日表示，中方一向高度重视常规武器非法转让和滥用引发的各方面问题，支持《武器贸易条约》的宗旨和目标，赞成采取必要措施，规范国际武器贸易行为，打击非法武器转让。当前，中国正按照规定履行相应的国内法律手续，争取尽快实现入约。[③]

二、《武器贸易条约》在国际常规军控体系中的地位与意义

《武器贸易条约》目的是制定用于监管常规武器国际贸易或改进对常规武器国际贸易监管尽可能高的共同国际标准，以及防止和消除常规武器非法贸易并防止其转作他用。《武器贸易条约》全文共有 28 条，它对常规武器的监管范围、贸易方式、管理要求、争端解决等设立了统一的国际标准。其中，条约第 2 条规定了条约适用的常规武器范围，包含作战坦克、装甲战斗车、大口径火炮系统、作战飞机、攻击直升机、军舰、导弹和导弹发射器以及轻小武器八类。条约第 6 条到第 16 条关于国际常规武器贸易

---

① 《2019 年 4 月 30 日外交部发言人耿爽主持例行记者会》，外交部网站，2019 年 4 月 30 日，https: //www. fmprc. gov. cn/web/wjdt_674879/fyrbt_674889/t1659935. shtml。

② 王毅：《今日之中国，世界之中国——在第 74 届联合国大会一般性辩论上的讲话》，外交部网站，2019 年 9 月 28 日，https: //www. fmprc. gov. cn/web/wjbz_673089/zyjh_673099/t1703211. shtml。

③ 《外交部发言人耿爽就中国将要加入〈武器贸易条约〉问题答记者问》，外交部网站，2019 年 9 月 28 日，https: //www. fmprc. gov. cn/web/fyrbt_673021/dhdw_673027/t1703310. shtml。

措施及执行是核心内容，分别就禁止出口、出口评估、进口、过境和转运、中介活动、转用、记录、报告、执行、国际合作及国际援助等作出规定。此外，条约还就争端解决、条约的生效、同其他国际协定的关系等内容作了详细规定。

在《武器贸易条约》诞生之前，国际常规武器军控领域有多个国际条约和多边合作机制发挥着不同的作用。如1983年生效的《特定常规武器公约》及其附加议定书，旨在禁止或限制使用某些被认为具有过分伤害力或滥杀滥伤作用的常规武器，涵盖了地雷、饵雷、燃烧武器、激光致盲武器以及战争遗留爆炸物的清除。自生效以来，《特定常规武器公约》在常规军控和人道主义领域发挥了积极作用，并不断得到充实和发展，但是在控制常规武器尤其是轻小武器的非法贸易和扩散问题上未发挥有效作用。

又如联合国常规武器登记册，各国自愿向联合国秘书长提供上一年列入登记范围的常规武器的贸易情况。自1991年开始使用以来，登记册已收到逾170个国家的报告，绝大多数官方转让活动都被记录在案，有助于提高成员国的“军事透明度”。[①] 但是联合国常规武器登记册也有一定的局限性。首先，登记册仅包含七类最致命的常规武器，尽管有一些国家从2003年后将轻小武器列入其年度报告，但这并非强制要求。其次，登记册属于军备控制透明范围，对成员国没有强制的约束力，也没有涉及非法武器贸易，没有明确的预防和惩罚措施。相较于《武器贸易条约》对缔约国具有法律约束力，联合国常规武器登记册对缔约国而言，所需要承担的责任和义务不具有强制性，其执行效力也必然有限。

尽管近年来国际常规武器军控体系建设已经取得了一定的成效，但受

① 联合国常规武器登记册，参见“UN Register of Conventional Arms,” UN, https://www.un.org/disarmament/convarms/register/。

军火贸易监管或管制不力的影响，全球每年仍有数以万计的平民死于常规武器泛滥而导致的武装冲突中。常规武器泛滥也给联合国和其他人道主义组织工作人员带来威胁，对人道主义行动造成挑战。近年来，由于地区动荡、恐怖主义、跨国犯罪、信息化和新技术革命等多种因素的影响，常规武器尤其是轻小武器的非法转让与扩散问题更加严峻，严重危害着国际和平与稳定。因此，《武器贸易条约》对有效遏制甚至消除常规武器的非法贸易问题有重要意义。

首先，《武器贸易条约》是第一个监管常规武器贸易的全球条约。由于国际社会对轻小武器一直没有强制性的法律约束，致使大量武器被非法转让到诸多战乱地区，导致成千上万的平民死于暴力冲突和流离失所。在这样的形势下，遵守《武器贸易条约》对于结束武装冲突和其他暴力局势的循环以及防止随之而来的人类苦难至关重要。①《武器贸易条约》的通过被人们寄予了厚望，希望该条约能够对规范常规武器国际贸易，防止和消除非法贸易产生积极影响。其次，条约扩大了对常规武器的监管范围，尤其是将轻小武器包含在内。轻小武器虽然杀伤力较小，但使用更为普遍，所造成的伤亡反而更大。因此，将轻小武器纳入监管范围能够有效规范轻小武器的泛滥，从而减少人员伤亡，促进保护人权，减少人类苦难。再次，《武器贸易条约》有助于推动国际社会对常规武器的管控制度建设。常规武器泛滥现象严重的重要原因就是一些中小国家对常规武器的进出口缺乏有效管控，尤其是缺乏完善的审查、监管、执法等相关法律和制度，从而让部分不法军火商钻了空子。因此，《武器贸易条约》有助于帮助一些缔约国建立针对常规武器的监管法律、政策及机构，提高执法效果，从而推动国

① Gilles Carbonnier, “The Arms Trade Treaty Builds Humanitarian Norms,” *Arms Control Today*, Vol. 49, No. 8, 2019, p. 36.

际社会常规武器管控制度的建设。最后，《武器贸易条约》鼓励缔约国开展并加强在情报、执法、反腐和经验交流等方面的国际合作，并倡议建立自愿信托基金，加强对缔约国的国际援助，对推动构建合法规范的国际常规武器贸易秩序也具有重要的现实意义。

三、美国撤销签约的政治考量与消极影响

基于对《武器贸易条约》的不同看法和受国内政治因素的影响，特朗普政府选择撤销奥巴马政府时期签署的《武器贸易条约》。作为当前全球最大的武器供应国，美国撤销签约无疑会给国际常规武器军控和全球治理体系带来一系列消极影响。

（一）美国撤销签约的政治考量

如前所述，美国对《武器贸易条约》的态度经历了从反对到签约，再到撤销签约的曲折变化。

美国选择撤销签约，首先是因为特朗普政府对《武器贸易条约》的立场与奥巴马政府相左。当前，包括俄罗斯在内的主要武器出口国尚未加入《武器贸易条约》，而条约只对缔约国具有法律约束力。特朗普政府认为，如果主要武器出口国不受《武器贸易条约》的限制，美国入约只会导致条约限制美武器贸易尤其是出口，而不会限制美国的对手。只有撤销签约才能摆脱条约对美国的束缚。

国内政治因素是特朗普政府撤签条约的又一重要影响因素。事实上，尽管奥巴马政府改变了前任政府对《武器贸易条约》的反对立场，积极参与条约谈判，但美国国内对该条约的批评从未间断。甚至在美国政府签署

条约之后，仍有多名国会参议员联名向奥巴马致信反对批准该条约。① 在美国国内，美国全国步枪协会是《武器贸易条约》最大的反对力量。该协会有超过550万会员，有巨额的运营经费，是美国实力强大的游说集团，在美国政治中有巨大的影响力。在2016年美国总统大选中，该协会向特朗普总统提供了3000万美元的竞选资金。作为美国军火商、拥枪者利益的代言人，美国全国步枪协会一直批评《武器贸易条约》挑战了美国宪法第二修正案规定的持枪自由。为备战2020年总统大选，特朗普急需拉拢该组织，因此，他在宣布退出《武器贸易条约》的现场对美国全国步枪协会成员高呼，“我们永远不会允许外国官僚践踏你们的第二修正案自由”，并要求美国全国步枪协会成员投票支持他。②

（二）美国撤销签约的消极影响

作为联合国安理会常任理事国和全球最大的武器供应国，美国撤销签署《武器贸易条约》不仅给国际常规武器军控体系带来严峻挑战，还严重冲击全球治理体系和多边机制。

当前，全世界仍有三分之一左右的国家未签署《武器贸易条约》，已签署国家中有数十个国家未批准该条约。美国自冷战结束以来就一直稳居全球武器出口国之首，其选择撤销签约无疑会对《武器贸易条约》在全球的普遍性产生严重消极影响。打击甚至消除轻小武器的非法转让，规范国际武器贸易秩序有可能面临新困难。同时，近年来中东、非洲等地区的局部武装冲突不断，如沙特阿拉伯于2015年在也门的军事行动造成了许多平民

① Paul Meyer, “A Banner Year for Conventional Arms Control? The Arms Trade Treaty and the Small Arms Challenge,” *Global Governance*, Vol. 20, No. 2, 2014, p. 209.

② 郭晓兵：《特朗普为何撤签〈武器贸易条约〉》，《世界知识》2019年第10期，第11页。

伤亡，且被认为是无差别的。[①] 而沙特阿拉伯一直是美国武器的主要出口目的地之一。因此，美国撤销签约不仅会对《武器贸易条约》普及与实施产生消极影响，给国际常规武器军控体系带来严峻挑战，而且不利于缓解局部地区严重的人道主义危机。

此外，自特朗普上台以来，美国政府奉行"美国优先"原则，推行单边主义外交政策，已退出《巴黎气候变化协定》、伊核协议、《中导条约》等国际条约。这种"退群毁约"行动是无视国际规则、放弃国际责任的体现，不仅不利于有效应对和解决全球性问题和挑战，而且还导致了国际金融市场动荡、地区冲突升级、恐怖主义蔓延等问题，给世界带来新的威胁，使得国际秩序进入了更加混乱和多变的时代，[②] 给全球治理体系和多边合作机制带来了严重的冲击。

四、中国入约的积极意义

作为联合国安理会常任理事国和负责任大国，中国一直高度重视和关切常规武器的非法转让问题。中国选择加入《武器贸易条约》有着坚实的基础：其一，中国长期以来都积极参与国际常规武器军控体系建设；其二，中国的军品出口原则与《武器贸易条约》的宗旨和目标相一致；其三，中国入约不仅是维护多边外交的有力举措，而且是中国积极推动构建人类命运共同体的重要实践。与美国撤销签约相反，中国选择入约不仅有利于提高国际军控体系的治理效力，而且对改善地区安全形势、维护世界和平稳定具有积极意义。

---

① Stockholm International Peace Research Institute, *SIPRI Yearbook 2018: Armaments, Disarmament and International Security* (Oxford: Oxford University Press, 2018), p. 194.

② 高飞：《大变局与中国外交的选择》，《国际问题研究》2019 年第 6 期，第 31 页。

（一）中国入约有坚实基础

首先，中国长期以来都积极参与国际常规武器军控体系建设。中国是《特定常规武器公约》及其附加议定书的缔约国，不仅重视并支持公约各项工作，履行公约框架下的各项义务，而且每年按时提交国家履约报告，向公约履约支持机构提供捐款。中国还以观察员的身份多次参加《渥太华禁雷公约》缔约国年会，近年来在联大一委对“《渥太华禁雷公约》的执行”决议投赞成票。中国还积极参加联合国常规武器登记册历届政府专家组工作，作出了积极贡献。由此可见，中国在国际常规武器军控体系发挥着积极的建设性作用。在当前仍有不少武器进出口大国尚未加入条约的背景下，中国决定启动加入《武器贸易条约》的国内法律程序，体现了对常规武器非法转让问题的高度重视和为维护国际和地区和平与稳定贡献力量的坚定决心。

其次，中国的军品出口原则与《武器贸易条约》的宗旨和目标相一致。《武器贸易条约》的宗旨包含三个方面：一是促进国际和区域和平、安全与稳定；二是减少人类苦难；三是促进缔约国在常规武器国际贸易方面的合作、透明和负责任的行动，从而在缔约国之间建立信任。因此，条约要求缔约国不得违反联合国安理会所采取的武器禁运措施规定的义务，或违反其所应承担的相关国际义务尤其是涉及常规武器转让或非法贩运的义务，或了解到相关武器将用于犯下灭绝种族罪、危害人类罪，或严重违反《1949 年日内瓦四公约》的行为及其他战争罪的行为进行武器转让。中国《军品出口管理条例》也明确规定了军品出口应当遵循的“军品出口三原则”，即有助于接受国的正当自卫能力，不损害有关地区和世界的和平、安全与稳定，以及不干涉接收国的内政。

最后，中国启动加入《武器贸易条约》的国内法律程序，不仅是维护多边外交的有力举措，而且是中国积极推动构建人类命运共同体的重要实践。2019 年 4 月，习近平主席在会见联合国秘书长古特雷斯时表示，中国坚定维护多边主义，坚定维护以联合国为核心的国际体系，坚定维护以国际法为基础的国际秩序，推动构建人类命运共同体。[①] 当前，国际格局正在经历着深刻复杂的变化，治理真空和治理乱象日趋严峻。尤其是美国政府近年来频频“毁约退群”，推卸国际责任，严重冲击了以国际法为基础的国际秩序。作为世界上最大的武器出口国家，美国却撤签《武器贸易条约》，给常规武器军控领域多边机制正常运行带来严重的负面影响。在这样的背景下，中国此时选择加入《武器贸易条约》，就是希望以身作则，带动更多国家加入，共同构建合理有效的国际军贸秩序。[②] 因此，中国启动加入《武器贸易条约》的法律程序，在武器贸易中贯彻人道主义理念，严格监管武器贸易，推动构建规范合理的武器贸易秩序，不仅体现出中国愿意承担更大的责任，[③] 而且彰显了中国以实际行动支持多边主义的坚定决心和积极构建人类命运共同体的重要理念，有助于树立中国负责任大国的国际形象，提高中国在国际社会上的吸引力和号召力，增强国家软实力。

（二）中国入约的积极影响

中国加入《武器贸易条约》有利于维护国际军控体系。近年来，国际防扩散形势十分严峻，常规武器军控和扩散问题同样不容忽视，且对人类文明的发展和进步更具现实意义。正因如此，2018 年 5 月，联合国秘书长古特雷斯在其新裁军议程中将常规武器控制问题称为“拯救生命的裁军”。

---

① 《习近平会见联合国秘书长古特雷斯》，《人民日报》2019 年 4 月 27 日，第 2 版。

② 郭晓兵：《中国为什么要加入〈武器贸易条约〉》，《世界知识》2019 年第 21 期，第 57 页。

③ 《中国将加入〈武器贸易条约〉愿意承担更大责任》，人民网—环球时报，2019 年 9 月 29 日，http://military.people.com.cn/n1/2019/0929/c1011-31379541.html。（2020 年 2 月 12 日登录）

随着诸多新兴技术在常规武器领域的广泛应用，现有的国际军控和防扩散体系面临日益严峻的挑战。在此背景下，《武器贸易条约》作为联合国框架下具有法律约束力的条约，在国际军控规则体系中的重要作用日益凸显。作为联合国安理会常任理事国和国际社会负责任的大国，中国的加入将增强《武器贸易条约》在国际合作和国际援助领域的执行能力，推动国际常规武器军控领域多边机制的正常运行，从而提高国际军控体系的治理效力。

中国加入《武器贸易条约》有利于改善地区安全形势，缓解人道主义状况，维护国际和平与稳定。多年来，常规武器，特别是轻小武器非法贩运与滥用问题引发的地区局势不稳定、人道主义危机等问题，持续受到国际社会广泛关注。全球化和贸易自由化带来的交易便利使得常规武器扩散极易陷入无序和混乱的状态。[①] 但是，世界上还有很多国家没有建立起完善的军品出口管制体系，有的虽已建立但并未进行严格有效的执行，这些国家恰好正是发生人道主义灾难风险最严重的地区。中国加入《武器贸易条约》，将在继续秉承"军品出口三原则"前提下，在出口过程中合理规范这些国家的合规行为，推动其建立与国际规范接轨的进出口管制体系，将进一步增强条约对国际常规武器贸易监管的有效性，加强国际社会对常规武器非法贸易的打击力度，有助于妥善解决非法转让问题，稳定和改善地区安全局势，同时也有利于尊重和维护所在国人权，缓解因武器泛滥引起的人道问题，为维护国际和平与稳定作出积极贡献。

五、结语：中国军贸的未来

当前，中国已经启动了入约的国内法律程序，相信在不久的将来就会

① 龙涛：《2012年国际常规武器军控态势综述》，载黎弘主编：《2013国际军备控制与裁军》，北京：世界知识出版社2013年版，第152页。

加入《武器贸易条约》。《武器贸易条约》作为联合国框架下第一个规范国际常规武器，尤其是轻小武器贸易的国际条约，很大程度上影响了国际军贸的法律和政策环境，也会成为事关中国军贸发展的重要因素之一。

（一）对军品出口管理的影响

从军品出口管理的角度来看，中国一直都十分重视常规武器非法转让和滥用引发的问题，已建立了完备的军品出口管制法律法规体系，先后颁布实施《枪支管理法》《军品出口管理条例》及《军品出口管理清单》等法律法规，对所有军品出口依法实施严格、有效的管理。

首先，在监管范围方面，中国的《军品出口管理清单》将军品分为轻武器，火炮及其他发射装置等十四个大类，每一大类又划分为若干小类，构成了以武器的定义、种类、主要系统或部件以及与武器装备直接相关的零部件、技术和服务四个层面为主体的框架体系，包含了《武器贸易条约》所适用的所有常规武器及其弹药和零部件，甚至监管范围比《武器贸易条约》还要广泛、细致。

其次，在管理制度方面，《武器贸易条约》要求缔约国应建立和维持国家管制制度，包括国家管制清单，同时要求指定国家主管部门对常规武器及其弹药和零部件的转让进行有效监管。事实上，早在国际社会就条约展开讨论和谈判之前，中国就已经建立了国家军品管理制度。1996 年，第八届全国人大常委会第二十次会议就通过了《中华人民共和国枪支管理法》，对枪支的配备、配置、制造、配售、日常管理、运输及出入境等进行了明确规定。1997 年，国务院和中央军委发布《中华人民共和国军品出口管理条例》，规定了军品出口的原则、主体、报批程序等。2002 年对此条例进行修订，同时公布相配套的《军品出口管理清单》。因此，从法律法规，到管理清单，再到主管机构，中国已经建立起全面、完备的国家军品管理体系和制度，有力地保障了正常的军品出口管理秩序。

最后，在武器的出口和转用方面，《武器贸易条约》给予高度关切，第7条就武器出口和出口评估有7款具体规定，第11条就武器转用有6款具体规定，可见出口和转用是其关切“核心中的核心”。而中国的军品出口管理体系对武器的出口和转用给予严格规定，在源头环节对出口主体资格进行严格限制，在审查环节实行严格的许可证制度，在流程环节落实“三报三批”管理机制，在转用环节则执行严格的最终用户和最终用途证明制度。

综上，中国的军品出口管理在监管范围、管理制度及对出口和转用的关切等方面完全满足《武器贸易条约》相关规定和要求，某些方面甚至还高于其所制定的标准。作为一项具有法律约束力的国际条约，《武器贸易条约》对缔约国在武器贸易领域的责任和义务做了相应规定。中国在未来正式加入《武器贸易条约》后，也必然要遵守条约的各项规定。在军品出口管理方面，可能需要完成建立国家联络点、与缔约国加强国际合作、向缔约国提供国际援助等具体工作。

（二）对中国军贸企业发展的影响

作为世界上重要的武器出口国之一，中国加入《武器贸易条约》将对中国军贸企业的发展产生重要影响。

一方面，《武器贸易条约》对轻小武器的高度关切、对出口评估的具体要求、对武器转用的严格监管给中国军贸发展提出更高要求。军贸企业在开展正常军贸交易之前应做足功课，一要确保充分了解进口国国家和地区情况以及周边局势，提高业务人员的政治敏感度和大局观，加强对《武器贸易条约》监管重点的关注；二是谨慎评估武器进口国的人道主义状况，尤其重视对武器潜在非法转移的审查力度，确保避免轻小武器等常规武器流入人道主义灾难地和侵犯人权的最终用户手中；三要有效落实出口评估要求，切实掌握并落实最终用户的信息，与政府合作加强对武器转运的监管能力。

另一方面，近年来，美国在出口管制领域的最新举措对中国企业的发展带来严峻挑战，尤其是我相关企业接连遭遇制裁。除了中兴、华为等民营企业外，军工单位、军贸公司等中国国有企业及科研单位频频被美国列入制裁清单。鉴此，军贸企业应继续重视合规管理体系建设，遵守《武器贸易条约》相关规定，重视企业防扩散合规制度的有效执行，树立企业良好国际形象，规避风险。

总之，我军贸企业要充分发挥“排头兵”和“防火墙”的作用，保持和加强与国家主管机构的沟通、交流与合作，尤其是在立项申请和出口申请两个环节，加强相关出口评估审查，实现国际条约与国内执行的衔接。要在遵守国际规则的基础上，利用规则，抓住机遇，积极推动我国军贸在新形势下的持续健康发展。

探析美国对华制裁新动向

吴金淮　马瑞婕

内容提要：制裁一直是美国实现对外政策目标的重要手段和工具。自从特朗普执政以来，美国频频对华实施单边制裁，先后将数百个中国实体和个人列入制裁清单。如此频繁、密集的制裁行动背后实际上反映出美国对华制裁在制裁缘由、制裁领域及制裁手段三个方面呈现出新的变化和动向。在当前的环境下，企业一方面要吸取已被制裁企业的经验教训，防范风险；另一方面要了解美国政府相关部门的合规指南，规范经营，推动企业可持续发展。

关 键 词：防扩散　美国制裁　出口管制　大国竞争

作者单位：中国军控与裁军协会

北京大学外国语学院

一、美国对华制裁行动

制裁一直是美国实现其外交政策的重要手段之一。21 世纪以来，美国多次以防扩散、国家安全、外交政策等缘由对中国实体和个人进行制裁。如在 2003 年，小布什政府以涉嫌向伊朗扩散弹道导弹技术为由连续多次对中国北方工业公司实施制裁，停止该公司及其所有子公司的对美出口。

2005年12月，美国国务院又以涉嫌向伊朗出口武器和技术为由宣布对中国航空技术进出口有限公司、江西洪都航空工业股份有限公司等6家公司实施制裁，禁止美国企业向他们出口敏感技术和产品。

在奥巴马政府时期，美国也多次对中国实体和个人实施制裁。如2013年2月，美国国务院宣布以《伊朗、朝鲜和叙利亚不扩散法案》为由对中国精密机械进出口公司、保利科技公司等多个中国企业和个人实施制裁，禁止美国政府与受制裁对象进行业务往来。2016年3月，美国商务部以违反美国对伊朗实施的相关法规为由，对中兴实施出口限制，要求美国零部件制造商和软件公司不得与中兴展开业务往来。当然，小布什政府和奥巴马政府对华制裁行动并不止上述所举。不过总的来看，这一时期美国对华制裁主要是以防扩散为由，制裁的数量、频率及影响范围均相对有限。

然而，特朗普执政以来，美国政府奉行“美国优先”原则和单边主义外交政策，在对外政策中更加偏爱制裁手段，频频对中国挥舞制裁大棒（见表1）。如此频繁、密集的制裁行动背后实际上反映出美国对华制裁的制裁缘由、制裁领域及制裁手段三个方面呈现出新的变化和动向，值得我们高度关注。

表1　特朗普政府时期的美国对华单边制裁行动

时间	制裁缘由	制裁行动	制裁措施
2018年4月	由于对美国政府的反复错误陈述	美国商务部取消对中兴公司的临时性出口特权，激活出口特权否决令①	禁止以任何形式从美国进口商品、软件和技术，否决令有效期长达7年

① U. S. Department of Commerce, *Secretary Ross Announces Activation of ZTE Denial Order in Response to Repeated False Statements to the U. S. Government*, https://www.commerce.gov/news/press-releases/2018/04/secretary-ross-announces-activation-zte-denial-order-response-repeated.

续表

时间	制裁缘由	制裁行动	制裁措施
2018年8月	以国家安全和外交利益为由	美国商务部将44家中国机构和公司列入美国的出口管制“实体清单”①	对受管辖物项和技术拒绝签发出口许可证
2018年9月	以违反美国对俄罗斯的制裁措施为由	美国国务院和财政部对中国中央军委装备发展部以及负责人李尚福实施制裁，将其列入“特别指定国民清单”②	禁止与美国金融系统进行交易、冻结在美财产、签证禁令等
2019年5月	以违反《伊朗、朝鲜和叙利亚不扩散法案》为由	美国国务院将武汉三江进出口有限公司等13个中国实体和个人列入“防扩散制裁清单”③	禁止所有美国政府部门向这些企业或个人采购任何服务、产品、技术
2019年5月	以国家安全为由	美国商务部将华为公司及其70家附属公司列入出口管制“实体清单”④	禁止华为在未经美国政府批准的情况下从美国企业获得商品及技术

① 这44家中国实体共包括中国航天科工股份有限公司第2研究院、中国电子科技集团公司第13研究所、中国技术进出口集团有限公司、中国华腾工业有限公司等8个实体及其36个附属机构，主要为军工领域的研究机构和公司。参见 Bureau of Industry and Security, Commerce, “Addition of Certain Entities; and Modification of Entry on the Entity List,” Federal Register, August 1, 2018, https://www.federalregister.gov/documents/2018/08/01/2018-16474/addition-of-certain-entities-and-modification-of-entry-on-the-entity-list。

② U. S. Department of State, *Sanctions Under Section 231 of the Countering America's Adversaries Through Sanctions Act of 2017 (CAATSA)*, September 20, 2018, https://www.state.gov/sanctions-under-section-231-of-the-countering-americas-adversaries-through-sanctions-act-of-2017-caatsa/.

③ Bureau of International Security and Nonproliferation, Department of State, “Imposition of Nonproliferation Measures Against Foreign Persons, Including a Ban on U. S. Government Procurement,” May 22, 2019, Federal Register, https://www.federalregister.gov/documents/2019/05/22/2019-10664/imposition-of-nonproliferation-measures-against-foreign-persons-including-a-ban-on-us-government.

④ Bureau of Industry and Security, Commerce, “Addition of Entities to the Entity List,” Federal Register, May 21, 2019, https://www.federalregister.gov/documents/2019/05/21/2019-10616/addition-of-entities-to-the-entity-list.

续表

时间	制裁缘由	制裁行动	制裁措施
2019年8月	以国家安全和外交利益为由	美国商务部将中广核集团及其附属公司共4家实体列入出口管制“实体清单”①	对受管辖物项和技术拒绝签发出口许可证
2019年8月	以国家安全为由	美国商务部将华为公司及其46家附属公司列入出口管制“实体清单”②	禁止华为在未经美国政府批准的情况下从美国企业获得商品及技术
2019年9月	以违反美国对伊朗的石油禁令为由	美国财政部将大连中远海运油品运输有限公司、中远海运船员船舶管理有限公司等6家中国公司及其5位高管列入“特别指定国民清单”③	禁止与美国金融系统进行交易、冻结在美财产、签证禁令等
2019年10月	以国家安全和外交利益为由	美国商务部将旷视科技、科大讯飞、海康威视等28家中国企业列入出口管制“实体清单”④	对受管辖物项和技术拒绝签发出口许可证

资料来源：作者根据美国联邦公报、财政部及商务部网等相关信息源整理。

① Bureau of Industry and Security, Commerce, "Addition of Certain Entities to the Entity List, Revision of Entries on the Entity List, and Removal of Entities From the Entity List," Federal Register, August 14, 2019, https://www.federalregister.gov/documents/2019/08/14/2019-17409/addition-of-certain-entities-to-the-entity-list-revision-of-entries-on-the-entity-list-and-removal.

② Bureau of Industry and Security, Commerce, "Addition of Certain Entities to the Entity List and Revision of Entries on the Entity List," Federal Register, August 21, 2019, https://www.federalregister.gov/documents/2019/08/21/2019-17921/addition-of-certain-entities-to-the-entity-list-and-revision-of-entries-on-the-entity-list.

③ U.S. Department of the Treasury, "Iran-related Designations; Issuance of Iran-related Frequently Asked Question," September 25, 2019, https://www.treasury.gov/resource-center/sanctions/OFAC-Enforcement/Pages/20190925.aspx.

④ Bureau of Industry and Security, Commerce, "Addition of Certain Entities to the Entity List," Federal Register, October 9, 2019, https://www.federalregister.gov/documents/2019/10/09/2019-22210/addition-of-certain-entities-to-the-entity-list.

二、制裁缘由新动向：突出强调大国竞争

2001 年“9 · 11 事件”后，美国民众认识到大规模杀伤性武器的扩散，尤其是扩散到恐怖主义分子手中，将会对美国安全构成巨大的威胁。因此，打击恐怖主义成为这一时期美国防扩散政策的首要目标。为了实现其反恐的目标，小布什政府和奥巴马政府在防扩散领域采取了一系列措施，如加强对两用物项及技术的出口管制、对与大规模杀伤性武器扩散活动有关的实体和个人实施制裁、积极推动防扩散多边合作机制，等等。这一时期，美国政府主要是以防扩散为由对中国实体和个人实施制裁，其制裁行动所援引的依据主要是《伊朗、朝鲜和叙利亚不扩散法案》等法律法规以及以防扩散为目的的总统行政令。尽管美国这种援引国内法对中国实体和个人实施制裁的行为严重违反国际关系准则，但由于其对外政策的主要目标是打击恐怖主义，并且希望与中国在反恐、防扩散等多个领域开展国际合作，因此，其对华制裁的规模、频率及影响范围均相对有限。

然而特朗普执政以后，美国对华制裁不再只是出于防扩散目的，而是突出强调大国竞争。这主要是因为美国对国家安全威胁的认知发生了重大改变，认为国际战略竞争而非恐怖主义是美国国家安全面临的首要问题。在 2017 年 12 月发布的《国家安全战略报告》和 2018 年 1 月发布的《国防战略报告》中，美国政府认为长期战略竞争的重新出现成为当前对美国繁荣与安全的核心挑战，并将中国和俄罗斯视为“修正主义大国”和“战略竞争对手”。其中，中国由于具备强大的规模、不断崛起的经济实力以及持

久的地缘政治影响力，更被美国视为长期竞争对手。①

美国对华战略定位的根本性改变必然导致美国对华政策的重大调整。在新的认知背景下，出于大国竞争的需要，美国的国家安全和外交政策发生了巨大转变，应对竞争对手尤其是中国的挑战成为美国外交政策的关键内容。尽管美国政府仍然承认中美处于既竞争又合作的关系，但特朗普政府显然更突出中美关系的竞争性。因此，美国国务院在制裁的实施与执行、调整对中国的出口管制政策、建立“谨慎联盟”以限制向中国转移敏感技术等多个方面采取具体措施，以支持美国的大国竞争战略。② 2019 年，美国在以防扩散为由对武汉三江进出口有限公司等实体和个人进行制裁的同时，也将制裁缘由扩大化，以国家安全和外交利益为由对中国技术进出口集团有限公司、中广核集团以及华为等公司实施出口管制。实际上，负责美国两用物项及技术的出口管制以及发布“实体清单”（Entity List）的主管部门——商务部下设的工业和安全局（Bureau of Industry and Security，BIS），其宗旨就是通过确保有效的出口管控和合规体系，促进和确保美国国家安全、外交政策和经济目标的实现，维护美国在国防科技上的领先地位，保护美国产业的竞争力。不过，美国所谓的国家安全更多是一种泛化的国家安全概念，为其滥用制裁及出口管制等措施提供了新的借口。并且，美国对华扩大制裁体现出美国外交强烈的单边主义色彩，不仅影响了中国企业正常的经营活动，而且对中美两国的经贸关系和企业之间的国际合作产生了严重的负面影响。在 2019 年 5 月美国政府将华为公司列入“实体清

① The White House, *National Security Strategy of the United States of America*, December 2017, https://www.whitehouse.gov/wp-content/uploads/2017/12/NSS-Final-12-18-2017-0905-2.pdf; U.S. Department of Defense, *Summary of the 2018 National Defense Strategy of the United States of America*, https://dod.defense.gov/Portals/1/Documents/pubs/2018-National-Defense-Strategy-Summary.pdf.

② U.S. Department of State, *Re-learning a Competitive Mindset in Great-Power Competition*, March 14, 2019, https://www.state.gov/re-learning-a-competitive-mindset-in-great-power-competition/.

单”后，英特尔、高通、博通、美光等多家华为在美国的供应商股价持续走低，反映出市场对滥用出口管制措施行为的普遍焦虑情绪。[①]

此外，美国近年来以大国竞争为由对俄罗斯的制裁也波及中国。在《国家安全战略报告》和《国防战略报告》中，美国政府将俄罗斯视为“修正主义大国”和“战略竞争对手”。因此，美国于 2018 年通过了《以制裁反击美国敌人法案》（Countering America’s Adversaries Through Sanction Act，CAATSA），决定对俄罗斯等国实施制裁。相比之前的有关制裁法规，该法案更加扩大了对俄罗斯行业制裁范围，将国防部门和情报部门的多个实体和个人列入制裁清单，并且要求美国政府对非美国实体和个人开展与俄罗斯有关的部分业务进行次级制裁。2019 年 9 月，美国国务院和财政部对中国中央军委装备发展部以及负责人李尚福的制裁正是受到美国次级制裁的波及。[②] 美国国务院的制裁声明表示，美国采取这些行动是因为中国中央军委装备发展部在美国对俄制裁生效后向俄罗斯国防出口公司（Rosoboronexport）购买了苏－35 战斗机及 S－400 地对空导弹系统等军事装备。

三、制裁领域新动向：对敏感技术转移的高度关切

在近年来被美国制裁的上百家中国企业中，大部分是军工企业（及其附属的研究机构）和高科技企业，体现出随着美国对华制裁的着眼点从防扩散转移到大国竞争，其制裁领域也呈现出新的变化，即对敏感技术转移

① 《制裁华为令美国科技企业“很受伤”》，《经济参考报》2019 年 5 月 20 日，第 3 版。

② 通常情况下，经济制裁是发起国针对目标国的行动，不会涉及第三国。这种一般意义上的经济制裁通常被称为初级制裁（primary sanction）。但是，有一些发起国所实施的经济制裁还禁止第三国国民与目标国进行贸易，这些制裁被称为“次级制裁”（secondary sanction）。

的高度关切。

美国对敏感技术的关注主要集中在军事技术和高新技术领域。在向大国竞争转变的过程中，一方面，美国将保护国防工业基础作为其政策重点，其目标旨在确保美国军事装备供应链的安全和涉及国防工业基础的技术能力不被非法利用以增强美国竞争对手的军事能力。另一方面，随着科学技术的进步，各国都在积极发展高新技术，中国当前十分重视先进制造业、人工智能、5G 及物联网等高新技术的发展，并制定了“中国制造 2025”等一系列政策。将中国视为战略竞争对手的美国为了在大国竞争中获胜，自然也将高新技术作为其核心关切之一。

美国政府对中国军工及高科技企业的制裁不仅体现出美国政府对军事技术和高新技术对华转移的关注，还聚焦于中国的军民融合战略。近年来，美国国务院主管国际安全与防扩散事务的助理国务卿克里斯托弗·阿什利·福特（Christopher Ashley Ford）在多个场合表达了对中国军民融合战略的关切。① 在美国政府看来，中国近年来实施的军民融合发展战略打破了国防工业和民用部门的壁垒，致使中国的政府机构、国家的军事现代化战略与高科技企业之间缺乏明显的界限。美国担心其军事技术和高新技术在向中国的科技公司、科研机构、高等院校等民用部门转移后，会通过军民融合战略，转移至中国的军事部门用以提升中国的军事实力和竞争力。因

① U. S. Department of State, *Chinese Technology Transfer Challenges to U. S. Export Control Policy*, July 11, 2018, https://www.state.gov/remarks-and-releases-bureau-of-international-security-and-nonproliferation/chinese-technology-transfer-challenges-to-u-s-export-control-policy/; U. S. Department of State, *Why China Technology-Transfer Threats Matter*, October 24, 2018, https://www.state.gov/remarks-and-releases-bureau-of-international-security-and-nonproliferation/why-china-technology-transfer-threats-matter/; U. S. Department of State, *Technology and Power in China's Geopolitical Ambition*, June 20, 2019, https://www.state.gov/technology-and-power-in-chinas-geopolitical-ambitions/; U. S. Department of State, *Bureaucracy and Counterstrategy: Meeting the China Challenge*, September 11, 2019, https://www.state.gov/bureaucracy-and-counterstrategy-meeting-the-china-challenge/.

此，美国不断调整对华出口管制政策，频频将中国的军工企业和高科技企业列入“实体清单”，禁止出口相关敏感物项和技术。

其中最典型的案例是美国对中广核集团的制裁。自1985年中美签订《中美和平利用核能协定》以来，两国开始在核能领域的合作。2015年，两国又续签该协定。但是特朗普上台以后，认为奥巴马政府关于核能合作的政策并不符合美国利益。2018年10月，美国能源部发布了《美国对华民用核能项目合作政策框架》，禁止美国特有的技术、设备和零部件等对华出口，实质是旨在加强对华民用核技术的出口管制。[①]

特朗普政府认为，中国在过去的中美核能合作中通过多种渠道从美国获取了先进的核技术，推动了核工业发展和成功。中国核工业并不是纯粹的民用工业，在军民融合战略的框架下，中国的国有核工业企业与中国军方开展了密切的合作，以支持实现军事现代化的目标。中国核工业在很大程度上是一种战略工具，而不是纯粹的经济工具，有助于增强中国在地缘政治方面的影响力。[②] 因此，特朗普上台以后，对美国的民用核许可政策进行了重大调整，限制正处于研发阶段的小型模块化反应堆（Small Modular Reactors，SMRs）和先进反应堆有关的技术转让，并将中国最大的国有核工业企业之一——中广核集团列入出口管制“实体清单”。

四、制裁手段新动向：更趋多样化

为了实现美国对华制裁目标，特朗普政府调动各方面的资源，实施了

① 洪涛：《美国特朗普政府核能政策介绍》，《中国核电》2019年第6期，第689页。

② U. S. Department of State, *Competitive Strategy vis-a-vis China: The Case Study of Civil-Nuclear Cooperation*, June 24, 2019, https://www.state.gov/competitive-strategy-vis-a-vis-china-the-case-study-of-civil-nuclear-cooperation/.

所谓"全政府"（whole of government）战略，制裁手段也更趋多样化。"全政府"战略系指各级政府部门为实现共同目标和解决某一特定问题而进行的联合行动，并同时注意和私人部门在行动中的协作。[①] 美国助理国务卿福特在2019年9月演讲中对"全政府"战略的具体措施进行了阐述。[②] 首先，美国国务院下属的各个政策局要制订各自的战略计划，把各种有助于对华竞争战略的政策选择集中组织起来，并确定优先次序。其次，各个行政部门要打破传统的制度壁垒，将不同领域的公共政策汇集起来，以高度协调的方式执行。再次，政府部门要调动社会各界的广泛参与，加强政府与商业界、产业界、学术界的接触与外联。如美国商务部对在美国及海外公司进行了广泛外联计划，以增强企业的风险意识。最后，美国政府要积极与其他国家尤其是盟友建立合作伙伴关系，甚至组成"谨慎联盟"，以应对来自中国的挑战。其中最典型的例子就是美国与多个国家（主要是发达工业国）之间进行的关于敏感技术多边行动（Multilateral Action on Sensitive Technology，MAST）进程。具体在落实层面，美国政府对华采取了防扩散制裁、金融制裁、出口管制等多种制裁手段。

防扩散制裁。防扩散制裁是指美国出于防止大规模杀伤性武器及其运载工具扩散的目的，对从事扩散活动的外国政府、实体及个人实施制裁。美国国务院下设的国际安全与防扩散局（Bureau of International Security and Nonproliferation，ISN）是美国防扩散制裁的执法部门。国际安全与防扩散局职责主要是防止敏感物项和技术流向美国的敌对国家及恐怖分子。但近年来，为了支持美国的国家安全和地缘政治战略，国际安全与防扩散局以

---

① 侯海丽、倪峰：《美国"全政府—全社会"对华战略探析》，《当代世界》2019年第7期，第61—62页。

② U. S. Department of State, *Bureaucracy and Counterstrategy: Meeting the China Challenge*, September 11, 2019, https://www.state.gov/bureaucracy-and-counterstrategy-meeting-the-china-challenge/.

其防扩散领域的专业知识和衍生工具，在涉及中国的出口管制政策中发挥着日益重要的作用。[①] 2019 年 5 月，国际安全与防扩散局对武汉三江进出口有限公司、江苏天元金属粉末有限公司等从事民用技术与产品开发和贸易的公司进行制裁就是最好的例证。国际安全与防扩散局负责发布并更新防扩散制裁清单（Nonproliferation Sanctions List）。历史上，先后有近 200 个中国实体和个人被列入清单，包括保利科技公司、北方工业公司等军贸公司都被列入其中，但都在两年有效期到期后失效。截至 2019 年年底，制裁生效的中国实体和个人有 30 个左右。

金融制裁。由于美元在国际金融体系的霸权地位，金融制裁一直是美国对外制裁的重要手段，具体措施包括冻结在美国的资产、冻结或取消国家间或国际机构融资、切断美元获取能力和使用美元渠道以及禁止全球金融机构与被制裁对象交易等。美国实施金融制裁的政府机构主要是财政部下设的海外资产管制办公室（The Office of Foreign Assets Control，OFAC）。为增强制裁效果针对性和有效性，海外资产管制办公室发布《特别指定国民清单》《海外制裁逃亡者清单》（Foreign Sanctions Evaders List）等 6 个制裁清单。截至 2019 年年底，共有约 170 个中国实体和个人被列入特别指定国民清单。

出口管制。美国的出口管制体系是世界上最庞大、最复杂的系统之一，涵盖军品、民品、两用品，以及所有相关的软件和高科技出口。2018 年 8 月，美国对其出口管制体制和政策进行了重大修订，通过了《出口管制改革法案》（Export Control Reform Act，ECRA）将现有的美国出口管制实践纳入立法，为现行两用物项出口管制规则提供永久的执法基础。在对华出口

---

① U. S. Department of State, *The State Department's ISN Bureau: Enduring Priorities and New Missions*, September 26, 2019, https://www.state.gov/the-state-departments-isn-bureau-enduring-priorities-and-new-missions/.

管制方面，美国在管制范围、出口许可、国际合作以及清单管控等方面采取了一系列措施。

首先，《出口管制改革法案》扩大美国出口管制法的适用范围，特别是增加了对美国的“新兴和基础技术”（emerging and foundational technologies）的出口控制。随后，美国商务部发布公告，对这些“新兴和基础技术”的出口管制征询公众意见，共列举了生物技术、人工智能（AI）和机器学习技术等14类“具有代表性的技术类别”。[①] 其次，在出口许可方面，美国加强了对最终用途和最终用户的审查范围和力度，不仅关注出口许可证上所列的最终用户和中间人，而且还关注这些实体与中国其他机构之间的联系，尤其是中介机构受到更多关注。此外，美国还加强了与“瓦森纳安排”等多边出口管制制度的国际合作，以将美国所关注的“新兴和基础技术”列入多边出口管制制度的管制清单。最后，除了“实体清单”外，工业和安全局还负责发布“拒绝人员清单”（Denied Persons List）和“未核实清单”（Unverified List）。其中，被列入“拒绝人员清单”则禁止美国企业及个人与之交易，截至2019年年底，共有不到10个中国实体和个人；被列入“未核实清单”后则需要接受美国的最终用途检查，当前共有约40个中国实体和个人，超过三分之二都是2019年被列入的。对中国影响最大的还是“实体清单”，截至2019年年底，共有超过200个中国企业被列入其中，大部分是近两年才被列入清单。

---

① Bureau of Industry and Security, Commerce, Review of Controls for Certain Emerging Technologies, Federal Register, November 25, 2018, https://www.federalregister.gov/documents/2018/11/19/2018-25221/review-of-controls-for-certain-emerging-technologies.

五、中国企业的应对之策

面对美国政府如此频繁密集的制裁行动和多样化的制裁手段，中国企业尤其是跨国企业所面临的制裁压力和风险也明显上升。在当前的环境下，企业一方面要“前车之覆，后车之鉴”，吸取被制裁企业的教训，防范风险，切勿重蹈覆辙；另一方面要思考“他山之石，可以攻玉”，深入了解美国政府相关主管部门的合规指南，规范经营，从而推动企业的可持续发展。

（一）“前车之覆，后车之鉴”

被制裁企业的教训对企业规范自身经营行为、降低受制裁风险具有重要的借鉴意义。在近年来的制裁案例中，中兴公司和苹果公司的案例具有一定的代表性。其中，中兴公司因虚假陈述、破坏证据等诸多违规行为而受到美国商务部的巨额罚款，而苹果公司则因其制裁名单筛查工具无法区分大小写而与受制裁对象进行交易，表明成熟的跨国公司也难免出现小的疏忽。

1. 中兴公司的五个教训

2016 年 3 月 7 日，美国商务部以中兴公司违反美国对伊朗实施的相关法规为由，宣布将中兴通讯股份有限公司以及深圳市中兴康讯电子有限公司、中兴伊朗有限公司、北京八星有限公司列入“实体清单”，禁止美国企业向中兴公司出口任何商品及技术。2017 年，中兴与美国政府就美国政府出口管制调查案件达成和解。作为和解协议的一部分，中兴公司向美国支付 8.92 亿美元的刑事和民事罚金，还有 3 亿美元罚金被暂缓。是否支付，取决于未来七年公司对协议的遵守并继续接受独立的合规监管和审计。

在中兴公司与美国达成和解之后，工业和安全局于 2017 年 10 月公布了对中兴公司的调查分析报告，基于中兴的案例总结了以下五个教训。

第一，不要说谎以及创建虚假或误导性记录（Don't Lie and create false/misleading records）。工业和安全局表示，早在2014年8月，中兴公司的代表就向工业和安全局官员陈述中兴公司已于2012年停止向伊朗出口相关敏感物项，并不再违反美国出口管制法律。但事实上，中兴公司向律师以及美国政府传递了虚假和误导性的陈述，并且这些陈述都是经过中兴公司管理层批准的。同时，中兴公司还采取了回避措施，如在与伊朗相关的交易文件中使用“卡塔尔”作为伊朗的代码等。

第二，不要破坏证据（Don't destroy evidence）。工业和安全局表示，中兴公司通过删除和隐藏法务、会计等文件和信息来误导政府。2016年1月至3月期间，中兴公司建立了由13名员工组成的“合同数据归纳团队”（Contract Data Induction Team），隐藏、删除、销毁了与伊朗交易有关的材料、电子邮件等。

第三，不要依靠保密协议掩盖犯罪（Don't rely on non-disclosure agreements to cover up crimes）。工业和安全局表示，中兴公司要求参与破坏证据的“合同数据归纳团队”每个成员签署保密协议，禁止披露该团队所隐瞒的有关公司交易活动的任何信息，并规定对违反了保密协议的员工处以100万元人民币的罚款。

第四，不要在调查过程中重新开始犯罪活动（Don't restart your criminal activity during the investigation）。工业和安全局表示，尽管中兴公司的法律部门有不同意见，但在2013年11月由当时的首席执行官主持召开的高级管理人员会议后，中兴公司仍然向伊朗转运敏感物项。

第五，不要制定书面的、经批准的公司策略来系统地违反法律（Don't create a written, approved corporate strategy to systematically violate the law）。工业和安全局表示，中兴公司法务部副部长郭建军在2011年8月25日起草了《关于全面整顿和规范公司出口管制相关业务的报告》，并于2011年9月由中兴公司首席执行官史立荣签署同意。在这份报告中，中兴公司分析了自己目前正在执行项目的风险，主要是由于中兴公司向伊朗等被美国实施贸易禁令的国家进行出口和转口贸易而带来的风险。该报告明确指出这样的转口贸易所带来的风险之一就是中兴公司将会被美国列入“实体清单”，禁止其在一定时期内直接或间接地购买美国产品，从而失去美国产品的供应链。因此，中兴为了使伊朗项目和其他出口管理项目的运作更加标准化，中兴需要建立一支跨部门的出口管制项目组来管控潜在的风险，并就项目组的成员和责任、项目的里程碑计划进行了详细的规划和安排，包括给执行相关项目的团队奖金等。

2. 苹果公司的小疏忽

2019年11月，美国财政部发布公告，表示苹果公司（Apple Inc.）同意支付约46.7万美元，对在两年多的时间里违反美国制裁法规、与制裁黑名单上的公司进行交易的多项指控进行和解。① 苹果公司之所以违反美国制裁法规，主要是因为苹果公司的制裁名单筛查工具无法区分大小写，且没有对某个App Store账号的关联个人进行筛查，导致公司与“特别指定国民清单”中的实体和个人进行多次交易。

2008年7月，苹果公司与位于斯洛文尼亚的一家软件开发商SIS d. o. o. 签订了一份应用程序开发协议。2015年2月，海外资产管制办公室就已经将SIS d. o. o及其大股东Savo Stjepanovic列入了“特别指定国民清单”，理由是涉嫌参与一个类固醇的国际走私网络。这一行动导致SIS d. o. o和Savo Stjepanovic拥有的所有财产权益均被冻结，美国个人和实体也

① U. S. Department of the Treasury, *Settlement Agreement between the U. S. Department of the Treasury's Office of Foreign Assets Control and Apple, Inc.*, November 25, 2019, https://www.treasury.gov/resource-center/sanctions/OFAC-Enforcement/Pages/20191125.aspx.

被禁止与之交易。直到 2017 年 5 月，Savo Stjepanovic 和 SIS d. o. o. 才被海外资产管制办公室从制裁清单上移除。

在 SIS d. o. o. 被列入“特别指定国民清单”期间，苹果公司支付了 47 笔与 SIS d. o. o. 被禁应用有关的款项，包括直接向 SIS d. o. o. 付款。苹果公司还从下载 SIS d. o. o. 应用的客户那里收取了约 120 万美元。其原因是在 Savo Stjepanovic 和 SIS d. o. o. 被列入制裁清单时，苹果公司对针对其应用程序开发者账户的持有者名称做了筛查，但该公司的制裁名单筛查工具未能识别出 SIS d. o. o. 是“特别指定国民清单”上的实体，因为其筛查系统将 SIS d. o. o. 列为“SIS DOO”，而不是外国资产管制办公室名单上的“SIS d. o. o”。同时，苹果公司也未能在其制裁名单筛查系统中识别出 Savo Stjepanovic 是黑名单上的个人，原因是该公司当时没有对某个 App Store 账号的关联个人进行筛查。

在增强了制裁筛查工具和相关流程后，苹果公司于 2017 年 2 月识别出 SIS d. o. o. 为制裁清单上的实体，随后停止向管理 SIS d. o. o. 的 App Store 账号的公司付款，并向有关机构汇报了此事，且全面配合了调查。海外资产管制办公室就苹果公司自我披露这些涉嫌违规的行为表示赞赏，认为这并非极端恶劣案件。双方于 2019 年 11 月达成和解，苹果公司向海外资产管制办公室支付约 46. 7 万美元的罚金。此后，苹果公司已对自己的制裁合规体系做了调整，包括增强该公司全球出口和制裁合规负责人在评估和升级过程中所发挥的作用，并将制裁筛查范围扩大到应用开发者的支付受益人和相关银行。对于苹果公司这种市值上万亿美元的公司而言，这点和解费用不过是毛毛雨。但此案表明，即便是老练的跨国公司，在合规方面也会出现纰漏。

中兴公司和苹果公司所遭遇的制裁和惩罚都是当今处在全球化浪潮中的企业可能遇到的问题，它们的案例无疑给企业提供了丰富的经验教训，以更好地在今后有效防范和规避制裁风险，合规经营。

（二）他山之石，可以攻玉

美国作为中国最大的外部因素，因此中国企业在走出去的过程中要深入了解美国的核心关切。近年来，负责执行美国制裁的三个主要部门——财政部、商务部和司法部分别发布了企业合规体系建设的指南报告，无疑对我企业建立合规体系具有重要的借鉴意义。

1. 财政部的《制裁合规指南》

2019 年 5 月 2 日，海外资产管制办公室发布了一份合规承诺框架文件，即《海外资产管制办公室合规承诺框架》（A Framework for OFAC Compliance Commitments）。[①] 这份 12 页的文件包括对一些常见违反制裁情况的分析。文件称，许多机构违反制裁是因为对法规适用范围解读错误或缺乏理解。在指南中，海外资产管制办公室建议所有的制裁合规体系应该包括管理层承诺、风险评估、内部控制、测试审核以及培训这五个基本要素，并对每一个要素内涵、要求及意义等方面进行了详细阐述。如管理层承诺。指南表示，高级管理层对制裁合规计划的承诺和支持是决定其成功与否的关键因素，管理层的承诺和支持不仅对确保制裁合规计划获得足够的资源并完全融入公司的日常运营中至关重要，而且有助于在整个组织内培养合规文化。具体而言，有效的管理层承诺包括高级管理层对制裁合规计划的审查与批准、确保公司内的合规部门拥有足够的自主权及资源、在整个组织内推广“合规文化”及对违规行为有足够的认识。

作为美国金融制裁的主管机构，海外资产管制办公室的这份合规指南

---

① U. S. Department of the Treasury, *A Framework for OFAC Compliance Commitments*, May 2, 2019, https: //www. treasury. gov/resource-center/sanctions/Documents/framework_ ofac_ cc. pdf.

无疑对中国企业有着重要的借鉴意义。一方面，按照海外资产管制办公室框架建立的制裁合规体系能够帮助中国企业降低制裁风险。现实中，很多中国企业往往是在不知情的情况下违反了美国的制裁规定，而有效的制裁合规体系能够帮助企业有效管控制裁风险，防微杜渐，从源头上减少被美国制裁的风险。另一方面，海外资产管制办公室在指南中表示，制裁合规计划是其与企业考虑和解协议时的一个重要参考因素。如果一家公司在涉嫌违规时已有一项有效的制裁合规计划，并能够采取措施进行纠正，海外资产管制办公室可能会从轻处罚。

2. 商务部的《合规指南：如何建立有效的出口管理及合规的计划与手册》

为了确保美国出口管制政策能够得到有效的遵守和执行，工业和安全局于 2011 年 6 月公布了一份《合规指南：如何建立有效的出口管理及合规的计划与手册》（Compliance Guidelines：How to Develop an Effective Export Management and Compliance Program and Manual），以供出口企业根据自身情况，制订一个与其自身经营活动相适应的合规计划，对其出口活动的合规性进行管理和监控。① 根据该指南，企业应建立出口管理及合规的计划（Export Management and Compliance Program，EMCP），具体包括九个核心要素：管理层承诺、合规培训、合规监督和审计、风险评估、筛查机制、违规问题披露、书面的制度、记录保管和整改措施。

同时，企业可以灵活地根据自身经营状况的变化对企业自身的合规计划进行相应的调整，如具体的合规风控岗位设置安排、风控阈值设定等。

① Bureau of Industry and Security, U. S. Department of Commerce, *Compliance Guidelines: How to Develop an Effective Export Management and Compliance Program and Manual*, November 2013, https://www.bis.doc.gov/index.php/documents/compliance-training/export-management-compliance/1256-emcp-guidelines-november-2013/file.

该指南明确指出，对于建立并有效运行合规计划的企业，那么如其遭遇行政处罚，合规计划将会被视为重要的减轻处罚条件，可大幅减轻处罚幅度。

3. 司法部的《企业合规评估指南》

多年来，美国司法部一直将公司合规计划是否充分作为对一家公司提出控告时的一个考虑因素。2019 年 4 月，司法部公布了新的《企业合规评估指南》，目的是就检方希望从被调查公司获得哪些信息提供更大透明度。① 这份文件旨在帮助检察官明确判断企业在违法及对其进行起诉决定或决议时，其合规项目是否有效以及有效程度，以便确定适当的决议及起诉形式、罚款金额和公司刑事决议中包含的合规义务。该指南指出，检察官会向公司提出三个基本问题，分别是该企业的合规项目是否设计良好，合规项目是否认真及诚信地实行，以及该企业的合规项目在实践中是否有效。在每一个基本问题之下，检察官会从多个方面评估公司的表现，这些方面都是与评估公司合规计划相关联的。如对于第三个基本问题，即在评估公司的合规项目在不法行为发生时是否有效时，检察官会考虑不法行为是如何被发现的，公司为调查可疑不法行为提供了那些调查资源，以及企业补救行为的性质和彻底性。因此，企业合规体系中是否有定期的内部审计与管控测试、对不法行为的调查以及对任何潜在的不当行为的分析与纠正就显得至关重要。

① U. S. Department of Justice, *Evaluation of Corporate Compliance Programs, Guidance Document*, April 2019, https://www.justice.gov/criminal-fraud/strategy-policy-and-training-unit/compliance-initiative.

【附件】

2019 年中国军控与裁军文件摘编

2019年中国军控与裁军文件摘编目录及声明

一、领导人讲话及声明

中华人民共和国和俄罗斯联邦关于加强当代全球战略稳定的联合声明（2019年6月5日）

今日之中国，世界之中国——在第74届联合国大会一般性辩论上的讲话 中华人民共和国国务委员兼外交部长王毅（2019年9月27日）

二、《不扩散核武器条约》审议进程

马朝旭大使出席安理会“在2020年审议大会前支持《不扩散核武器条约》”公开会的发言（2019年4月2日）

中国代表团团长在《不扩散核武器条约》第十次审议大会第三次筹备会一般性辩论中的发言（2019年4月29日）

中国代表团在《不扩散核武器条约》第十次审议大会第三次筹备会关于核裁军问题的发言（2019年5月2日）

中国代表团在《不扩散核武器条约》第十次审议大会第三次筹备会关于无核安保问题的发言（2019年5月3日）

中国代表团在《不扩散核武器条约》第十次审议大会第三次筹备会关于核不扩散问题的发言（2019年5月3日）

中国代表团在《不扩散核武器条约》第十次审议大会第三次筹备会关于无核武器区及中东核问题的发言（2019年5月6日）

中国代表团在《不扩散核武器条约》第十次审议大会第三次筹备会关于和平利用核能问题的发言（2019 年 5 月 7 日）

三、第 74 届联大发言及立场文件

中国与联合国——第 74 届联合国大会中方立场文件（2019 年 9 月 18 日）

中国代表团团长、中国外交部军控司司长傅聪在第 74 届联大一委一般性辩论中的发言（2019 年 10 月 11 日）

中国裁军大使李松在第 74 届联大一委关于核裁军问题的专题发言（2019 年 10 月 22 日）

中国裁军大使李松在第 74 届联大一委关于核裁军问题的答辩发言（2019 年 10 月 22 日）

中国代表团在第 74 届联大一委关于生化武器问题的专题发言（2019 年 10 月 23 日）

中国代表团在第 74 届联大四委关于“协助地雷行动”问题的发言（2019 年 10 月 23 日）

中国代表团在第 74 届联大一委关于常规武器问题的专题发言（2019 年 10 月 25 日）

中国裁军大使李松在第 74 届联大一委关于外空问题的专题发言（2019 年 10 月 29 日）

中国裁军大使李松在第 74 届联大一委关于外空问题的答辩发言（2019 年 10 月 29 日）

中国代表团在第 74 届联大一委关于裁军机制问题的专题发言（2019 年 10 月 31 日）

吴海涛大使在第 74 届联大“国际原子能机构的报告”议题下的发言（2019 年 11 月 11 日）

四、热点军控问题

中国裁军大使李松在《武器贸易条约》第五次缔约国会议上的发言（2019年8月26日）

中国代表团团长傅聪在第十一届促进《全面禁止核试验条约》生效大会上的发言（2019年9月26日）

外交部军控司司长傅聪在第十六届北京军控研讨会上的讲话（2019年10月16日）

外交部军控司司长傅聪在莫斯科防扩散大会上关于“军控防扩散机制未来”的专题发言（2019年11月8日）

外交部军控司司长傅聪在莫斯科防扩散大会关于伊核问题的专题发言（2019年11月9日）

中国代表团在《特定常规武器公约》第21次缔约国会议上的发言（2019年11月14日）

中国工业和信息化部副部长王志军在《禁止化学武器公约》第24次缔约国大会一般性辩论中的发言（2019年11月25日）

中国代表团在《渥太华禁雷公约》第四次审议大会上的发言（2019年11月25日）

中国裁军大使李松在《禁止生物武器公约》2019年缔约国会议上的发言（2019年12月3日）

张军大使在安理会讨论朝鲜半岛局势公开会上的发言（2019年12月11日）

张军大使在安理会伊朗核问题公开会上的发言（2019年12月19日）

五、其他军控与裁军问题

外交部军控司司长傅聪在五核国与学术机构对话会上的发言（2019年1月31日）

中国代表团就《全面禁核试条约》组织筹委会财务及人力资源等问题阐述看法（2019年5月30日）

中国副理事张建华在国际原子能机构六月理事会上的发言（2019年6月14日）

中国代表团戴怀成参赞就《全面禁止核试验条约》组织筹委会相关工作阐述立场（2019年6月20日）

王群大使在"单边强制措施及其影响国际研讨会"上的发言（2019年6月29日）

中国代表团团长徐宏大使在禁化武组织第91届执理会上的发言（2019年7月25日）

中国代表团在国际原子能机构九月理事会上关于"核安全和辐射安全"议题的发言（2019年9月11日）

中国代表团在国际原子能机构九月理事会上关于"核安保"议题的发言（2019年9月11日）

中国代表团在国际原子能机构九月理事会上关于"加强机构有关核科学、技术和应用的活动"议题的发言（2019年9月11日）

中国代表团团长王磊参赞在联合国信息安全开放式工作组首次会一般性辩论中的发言（2019年9月27日）

中国代表团团长徐宏大使出席禁化武组织第92届执理会一般性辩论发言（2019年10月8日）

王群大使在"核电应对气候变化——中国解决方案"主题边会上的致辞（2019年10月9日）

中国代表团团长王磊参赞在联合国信息安全开放式工作组首次会上关于国际法使用问题的发言（2019年10月18日）

中国代表团团长王磊参赞在联合国信息安全开放式工作组首次会上关

于“5G供应链安全”问题的发言（2019年10月18日）

外交部军控司司长傅聪在亚太地区防扩散国家联络点培训班开幕式上的讲话（2019年10月21日）

外交部网络事务协调员王磊在第六届世界互联网大会“网络空间国际规则”分论坛的发言（2019年10月24日）

中国代表团团长、外交部军控司副司长张钧安在建立中东无核及其他大规模杀伤性武器区会议一般性辩论中的发言（2019年11月19日）

一、领导人讲话及声明

中华人民共和国和俄罗斯联邦
关于加强当代全球战略稳定的联合声明

（2019 年 6 月 5 日）

中华人民共和国和俄罗斯联邦，本着两国平等信任的全面战略协作伙伴关系和对保障国际安全肩负的责任，考虑到维护全球和地区战略稳定的重要性，声明如下。

双方认识到当前国际安全环境面临严峻挑战，因此双方决心深化战略互信，加强战略协作，坚定维护全球和地区战略稳定。

双方决心继续遵循 2016 年 6 月 25 日在北京签署的《中华人民共和国主席和俄罗斯联邦总统关于加强全球战略稳定的联合声明》精神，并重申该声明所述原则具有重要意义。

个别国家出于自身地缘政治甚至商业利益考虑，按照自身需要破坏或改变现行军控和防止大规模杀伤性武器扩散体系的行为十分危险，中俄对此感到忧虑。为谋求军事领域战略优势，意图实现“绝对安全”，获得不受限制的向对手进行军事政治施压的能力，那些国家正肆意破坏稳定维护机制。

双方强调维持良好大国关系对解决全球战略性问题的重要性，核武器国家对国际安全和全球战略稳定负有重要责任，他们应通过对话磋商解决彼此关切，增进互信水平，巩固共同安全，避免战略误解和误判。

双方特别指出，核武器国家应摒弃冷战思维和零和博弈，停止毫无限制地发展全球反导系统，减少核武器在国家安全政策中的作用，切实降低核战争威胁。

《苏美关于限制反弹道导弹系统条约》在过去30年里曾是维护战略稳定体系的基础之一，美国2001年宣布退出该条约是其加强全球反导系统建设的序曲。美相关行动，特别是其战略反导系统的发展以及在全球不同地区和外空部署计划持续对国际和地区战略平衡、安全稳定造成严重消极影响。

美国决定退出《苏美关于消除中程和中短程导弹条约》（《中导条约》）将破坏战略稳定，加剧紧张和不信任，骤增核导领域不确定性，引发军备竞赛，并使世界多个地区冲突风险上升。中俄两国主张条约当事方通过对话与磋商解决分歧，恢复条约活力，防止事态朝上述方向发展。双方将就此保持密切对话，协调立场。

破坏《中导条约》体系对将于2021年2月到期的《俄美关于进一步削减和限制进攻性战略武器措施的条约》前景同样构成不利影响。两个拥有最大核武库的核国家间将数十年来首次面临相互监督和彼此透明机制被完全破坏的风险，为多边核裁军创造前提的努力将受到严重消极影响，现已为世界局势带来巨大困难，损害国际安全。

双方强调，《不扩散核武器条约》（NPT）是当今国际安全体系的基础之一，是一份独特的国际条约，实现了不扩散核武器、核裁军与和平利用核能领域平等合作的和谐统一。双方主张强化核不扩散体系，呼吁《不扩散核武器条约》所有缔约国积极落实历届审议大会成果文件，积极推进《不扩散核武器条约》核裁军、核不扩散与和平利用核能三大支柱，推动

《不扩散核武器条约》2020 年审议大会取得成功。

双方认为，一些国家在履行《不扩散核武器条约》自身义务方面的不负责任态度不可接受。有关国家应摈弃核共享政策，使所有部署在核武器国家境外的核武器返回其本土。

双方强调，伊核问题全面协议具有重要意义，重申将根据联合国安理会第 2231 号决议和《联合国宪章》第二十五条规定，一如既往持续无条件落实所达成的协议。双方满意地指出，国际原子能机构所有报告仍明确证实，伊方不折不扣履行了全面协议所有义务，认为美方对伊朗实施单边制裁不可接受。双方呼吁伊方不采取进一步停止履行全面协议的举措，其他方均应履行自身义务。

双方认为，禁止核试验是实现全面彻底核裁军的重要一步，也是实现世界稳定和普遍安全的重要内容。双方还坚定支持《全面禁止核试验条约》。中俄双方指出，美国宣布拒绝批准《全面禁止核试验条约》，进而决定着手准备核试验场以考虑恢复核试验，这将严重损害该条约。双方将继续全力推动条约早日生效。

双方认为军备控制是加强国际安全与稳定的重要手段。联合国及其多边裁军机制应在军控进程中发挥核心作用。双方主张合力推动多边主义，应就军控领域重大问题恢复开展多边工作，实现该工作去政治化。军控领域所采取的任何措施都应遵循 1978 年联合国第一届裁军特别联大《最后文件》各项基本原则，特别是裁减和限制军备措施应具有公正、平衡性，且有助于巩固每个国家的安全。

外空军备竞赛及外空演变为军事冲突疆域的现实前景威胁战略稳定，引发严重关切。禁止在外空放置任何类型武器有助于防止国际和平与安全受到严重威胁。各国首先应不折不扣遵守关于和平利用外空的国际法，促进国际和平与安全，推进国际合作，扩大国与国间共识。国际社会应共同努力完善相关法律体系。

中俄欢迎联合国政府专家组开展工作，就防止外空军备竞赛，包括就防止在外空放置武器制定具有法律约束力的国际法律文书实质要素进行审议并提出建议，对美国阻挡专家组通过报告表示遗憾。

双方主张，国际社会应在中俄“防止在外空放置武器、对外空物体使用或威胁使用武力条约”草案基础上，谈判缔结具有法律约束力的多边文书，为防止外空军备竞赛和外空武器化提供可靠保障。裁军谈判会议是举行多边裁军谈判的唯一场所，应在全面防止外空军备竞赛国际协定谈判中发挥关键作用。透明和加强信任措施有助于防止外空武器化。中俄双方认为，国际社会应积极致力于推动作出有关“不首先在外空部署武器”政治承诺的国际倡议。

《禁止发展、生产及储存细菌（生物）及毒素武器和销毁此种武器公约》（《禁止生物武器公约》）应得到遵守和强化，包括通过达成含有有效核查《公约》履行机制的议定书，实现共同应对《公约》框架下的存疑活动等方式。双方反对建立与《公约》功能重复且绕开联合国安理会运作的国际机制。

双方高度评价禁止化学武器组织为构建无化武世界所作贡献，强调《关于禁止发展、生产、储存和使用化学武器及销毁此种武器的公约》的完整性、有效性和普遍性对维护《公约》宗旨和实现《公约》目标、维护和平安全具有重要意义，国际社会应坚持以非政治化原则在《公约》框架内研究有关指称使用化武事件。

化学武器被频繁用于实施恐怖活动和挑衅行为，极端组织具备生产化学武器能力引发严重关切。为应对化学和生物恐怖主义威胁，应在裁军谈判会议上就制定“制止生化恐怖主义行为国际公约”举行多边谈判。

双方认为新兴科技发展及其军事化应用将影响军控进程，并进而影响到国际安全，也会对全球战略稳定带来不良后果、改变战争形态和方式、衍生新危险和新风险、引发新的法律和政治外交难题。双方愿加强协作，共同分析战略新疆域安全治理。双方并主张国际社会以联合国为平台，研究科技发展成果对国际安全可能造成的影响及其法制化规范，同时确保各方平等参与，充分反映各方立场和关切。

中俄一贯坚持共同维护巩固来之不易的防扩散和军控领域国际机制体系，双方呼吁国际社会予以支持，并对旨在破坏军控、裁军及防扩散现行协定体系的行为后果进行妥善评估。

今日之中国，世界之中国

——在第 74 届联合国大会一般性辩论上的讲话

中华人民共和国国务委员兼外交部长 王毅

（2019 年 9 月 27 日）

主席先生：

今年是中华人民共和国成立 70 周年。1945 年，联合国应运而生。4 年后，中华人民共和国宣告成立，中华民族以崭新姿态出现在世界面前。

新中国 70 年，是中国人民艰苦奋斗、改写命运的 70 年。70 年前，中国人民彻底结束了山河破碎、任人宰割的近代史，真正成为掌握自己国家的主人。中国人民从此站了起来。70 年来，中国从封闭落后到开放进步，从一穷二白到解决温饱，从积贫积弱到总体小康，8.5 亿人摆脱贫困，数亿人迈入中等收入群体，创造了人类历史的发展奇迹。中国用几十年时间走完了发达国家几百年走过的进程，拓展了发展中国家走向现代化的途径，也丰富了各国人民希望过上更美好生活的梦想。

这些成就不是天上掉下来的，是中国人民用勤劳、智慧和勇气干出来的。中国发展的密码，在于我们坚持中国共产党的集中统一领导，坚持走符合中国国情的发展道路，坚持改革开放的基本国策，坚持以人民为中心的发展思想。

新中国 70 年，是中国不断融入世界、作出贡献的 70 年。中国通过自身发展积极促进世界的和平与繁荣。当前，中国已成为全球发展的主要动力源和国际和平的重要稳定器。我们是联合国会费和维和经费的第二大出资国，也是安理会常任理事国中派遣维和军事人员最多的国家，连续十几年对全球经济增长的贡献率位居世界首位。中国正在致力于促进更高水平的对外开放，相信这将为世界带来新一轮“中国机遇”。

走进新时代，中国人民比以往任何时候都更有信心更有能力实现中华民族伟大复兴，比任何时候都更有条件为人类作出更大贡献。我们将以习近平新时代中国特色社会主义思想为指导，继续努力奋斗，砥砺前行。回首70年走过的道路，我们无比自豪！展望未来光明的征程，中国充满信心！

主席先生，

历经70载风雨洗礼，中国外交初心不改、航向不变。中国人民和世界人民始终真诚相待、守望相助，中国与世界日益相互依存、命运与共。面对充满不确定性的国际局势，中国将保持外交政策的稳定性和连续性，坚定不移推进中国特色大国外交，维护世界和平繁荣，促进人类发展进步。

——中国奉行独立自主。中国将继续坚持独立自主的和平外交政策，既不依附，也不胁迫。继续坚定维护国家核心利益和正当权益，不畏强权，不惧压力。继续践行主权平等、不干涉内政等联合国宪章基本原则，永不称霸，永不扩张。和平发展早已写入中国宪法，始终是中国外交的基石。

——中国坚持平等待人。21世纪的今天，强权政治、丛林法则早已陈旧落伍，相互尊重、和谐共处才是人心所向。中国主张大小国家一律平等，尊重各国主权和领土完整，尊重各国人民自主选择社会制度和发展道路。中国愿与各国分享发展经验，向有需要的国家提供必要帮助，但不输出模式、不当教师爷、不附加任何政治条件。

——中国维护公平正义。我们在国际上讲公道话、办公道事，反对霸权霸道霸凌，坚持共商共建共享。主张根据事情本身的是非曲直处理国际事务，世界上的事情由各国人民商量着办。作为最大的发展中国家，中国将坚定地同广大发展中国家站在一起，维护发展中国家的共同利益和发展权利，扩大发展中国家在全球治理中的代表性和发言权，推动国际关系民主化。

——中国追求互利共赢。全球化时代的世界一荣俱荣、一损俱损，零和博弈、以邻为壑寸步难行。中国致力于构建开放型世界经济，维护以世贸组织为核心的多边贸易体制，推动全球化朝着更加开放、包容、普惠、平衡、共赢的方向发展。我们不寻求单方面安全、不谋求本国利益至上，始终将自身发展寓于世界发展潮流之中，在开放中扩大共同利益，在合作中实现机遇共享。

主席先生，

环顾全球，世界并不太平，单边主义和保护主义冲击国际秩序，成为突出威胁。在攸关世界前途命运的重大关头，中国从未缺席。作为联合国创始会员国，中国愿与各国一道，携手建设新型国际关系，合力构建人类命运共同体。我们将坚定维护联合国的地位和作用，坚定维护以联合国为核心的国际体系，坚定维护以国际法为基础的国际秩序。

面对保护主义逆流，我们不能袖手旁观。面对全球性挑战，竖起高墙不是办法。面对自身问题，诿过于人不是出路。20 世纪“大萧条”的教训殷鉴不远。挥舞关税大棒，挑起经贸摩擦，将干扰全球产业链和供应链，损害多边贸易体制和全球经贸秩序，甚至可能导致世界陷入“衰退陷阱”。对于经贸摩擦和分歧，中国坚持以冷静、理性、合作的方式加以解决，也愿意展现最大的耐心和善意。但如果不讲诚信、不讲平等、不讲规则，我们也必须做出必要反应，维护自身正当权益，捍卫国际公平正义。我想负责任地告诉大家，中国，作为一个拥有五千年文明、14 亿勤劳勇敢人民、960 万平方公里辽阔国土的国家，任何威胁都吓不倒，任何施压也压不垮。

面对单边主义肆虐，我们不能姑息纵容。国际秩序需要法治规则，为所欲为恐将天下大乱。新一轮科技革命的机遇属于全世界，其成果不能由个别国家垄断，更不能阻碍其他国家自主创新的努力。凭借自身优势搞单边制裁和“长臂管辖”，没有国际法依据，缺乏合法性和正当性。将自身利益凌驾于各国共同利益之上，是典型的霸凌行径，必将不得人心。《中导条约》对于维护全球战略平衡与稳定具有重要作用，单方面退约造成多方面消极影响。中国反对在亚太部署陆基中导，敦促拥有最大核武库的国家切实履行核裁军特殊、优先责任。中国将继续积极参与国际军控进程，我在此宣布，中国已启动加入《武器贸易条约》的国内法律程序。

大国对于维护国际稳定负有特殊责任，安理会常任理事国理应发挥表率作用。我们支持古特雷斯秘书长改革联合国系统的新一轮努力，让联合国更有效率、更加公平。中国 8000 人维和待命部队以及常备成建制维和警队已组建完毕、通过验收、整装待发。中国愿继续同各方一道，为世界的和平与正义承担大国应尽的责任。

主席先生，

在挑战层出不穷、风险日益增多的当今世界，中国将一如既往站在和平与正义的一边，积极探索和践行中国特色热点问题解决之道，为维护国际和平与安全发挥建设性作用。中国坚持共同、综合、合作、可持续的安全观，主张通过对话协商解决争端，通过国际合作应对共同威胁，推动建设持久和平、普遍安全的世界。

伊朗核问题攸关世界和平与安全。各方应共同努力，让全面协议得以维护，而不使这一历史性成果付诸东流。当前中东海湾局势紧张升级，中方倡议：推动伊朗核问题尽快回归全面协议轨道，推动海湾地区国家搭建对话协商平台，推动域外国家为促进地区安全发挥积极作用。

巴勒斯坦问题必须放在国际议程的核心位置。我们缺的不是宏大的方案，而是兑现承诺的勇气和主持公道的良知。“两国方案”和“土地换和平”是国际正义的底线，不应继续后退。独立建国是巴勒斯坦人民不可剥夺的民族权利，不容任何交易。

我们希望看到一个团结的阿富汗，各党派各民族共同掌握国家命运；一个稳定的阿富汗，坚定不移地打击恐怖主义；一个与邻国和睦共处的阿富汗，成为地区和平稳定的积极力量。我们将继续为阿富汗和解与重建作出自己的贡献。

政治解决朝鲜半岛问题不能再次错过机遇。20多年曲折反复的历程一再表明，并行推进半岛无核化和和平机制建设，按照分阶段、同步走的思路，解决各自关切，逐步建立信任是现实可行的路径。朝鲜方面已经展现出促进对话的意愿，希望美方相向而行。安理会有必要结合半岛局势进展，考虑启动涉朝决议的可逆条款，为政治解决半岛问题注入动力。

在中国斡旋下，缅甸和孟加拉国就加快推动避乱民众遣返工作达成新的共识。这一势头来之不易。等待不是办法，只会等来人道局势进一步恶化。行动才有希望，不断积累最终解决若开邦问题的条件。各方包括联合国机构要为此提供助力而非阻力。

克什米尔问题是历史遗留下来的争议。要根据联合国宪章、安理会决议以及双边协定，以和平方式加以妥善解决。各方都不应采取单方面改变现状的行动。作为与印度、巴基斯坦的共同邻邦，中方希望看到争议得到有效管控，双方关系恢复稳定。

主席先生，

发展是解决一切问题的总钥匙，应当将发展问题置于全球宏观政策框架的核心位置，持续关注减贫、基础设施建设、教育、卫生等重点领域。维护以南北合作为主渠道、南南合作为补充的全球发展合作格局。积极构建开放型世界经济，帮助发展中国家更好融入全球产业链和价值链。

各国要把 2030 年可持续发展议程同本国中长期发展战略相结合，努力实现高质量发展。“一带一路”倡议坚持开放、绿色、廉洁理念，努力实现高标准、可持续、惠民生目标，同 2030 年可持续发展议程高度契合，已成为造福世界和各国人民的合作之路、希望之路、繁荣之路。希望各国抓住“一带一路”倡议带来的发展机遇，为落实 2030 年议程注入新动力。

气候变化是全球共识，需要按照共同但有区别责任原则，采取全球行动加以应对。联合国气候行动峰会取得积极成果，中国作为峰会“基于自然的解决方案”共同牵头国为此发挥了应有作用。中国言必信、行必果，将兑现承诺、履行义务，以实际行动推动建设清洁美丽的世界。

中国将人民生命安全和健康放在突出位置，始终保持对毒品问题“零容忍”，已整类列管芬太尼类物质，超过联合国管制品种，彰显了中国积极参与全球毒品治理的责任担当。近来非洲再次拉响埃博拉疫情警报，中国已向刚果（金）及其周边国家紧急驰援，提供物资援助，派出公共卫生专家，并同世界卫生组织、非盟委员会积极合作。我们还将向全球艾滋病、结核病和疟疾基金增加捐款 1800 万美元。

主席先生，

习近平主席说：“我们生活的世界充满希望，也充满挑战。我们不能因现实复杂而放弃梦想，不能因理想遥远而放弃追求。”让我们携起手来，为实现联合国宪章宗旨和原则，为推动构建人类命运共同体而不懈努力！

谢谢大家！

二、《不扩散核武器条约》审议进程

马朝旭大使出席安理会
"在2020年审议大会前支持《不扩散核武器条约》"
公开会的发言

（2019年4月2日）

主席先生：

首先，中方赞赏德国作为安理会轮值主席召集此次公开会，感谢中满泉副秘书长、天野之弥总干事的通报。

《不扩散核武器条约》（NPT）是国际核裁军与核不扩散体系的基石。条约达成半个世纪以来，为避免核战争、防止核扩散、促进核能造福人类提供了重要制度保障，为维护国际和平与安全发挥了重要作用。2020年是条约生效50周年和无限期延长25周年，将迎来条约第十次审议大会。在这样一个历史性时刻，安理会成员回顾条约取得的成就，重申对条约的坚定支持，对维护条约机制、推进全球安全治理具有重要意义。

主席先生，

当前，条约第十轮审议进程进入关键阶段，但总体形势不容乐观。核裁军领域矛盾激化，防扩散领域单边主义和双重标准盛行，多边军控规则和秩序受到损害。新的形势下，国际社会应秉持人类命运共同体理念，从维护国际和平与安全大局出发，展现政治智慧，加强团结协作，共同推动 2020 年审议大会取得务实成果。

第一，要切实承担责任，维护全球战略稳定。核武器国家应当摒弃冷战思维和零和观念，放弃以先发制人为核心的核威慑政策，降低核武器在国家安全政策中的作用，以切实减少核战争风险。中方呼吁美俄继续通过谈判协商解决分歧，尽快恢复遵守《中导条约》义务，并探讨延期现行美俄核裁军条约。

第二，要坚持国际规则，维护多边军控体系。国际社会应坚定支持多边主义，支持平衡推进条约三大支柱的国际公认原则，共同维护联合国和日内瓦裁军谈判会议在多边军控领域的权威地位。

第三，要加强对话协商，维护条约机制。条约的权威性、有效性和普遍性只能加强、不能削弱。核裁军应遵循维护全球战略稳定、各国安全不受减损、循序渐进等原则。地区热点核问题应在尊重国际法的基础上，通过政治外交手段和平解决。各方应积极鼓励和促进和平利用核能合作，将其打造成条约本轮审议进程亮点。在中东无大规模杀伤性武器区问题上，联合国将于今年举行会议讨论相关问题，各方应积极配合，推动会议顺利举行，为 2020 年审议大会成功召开创造条件。

主席先生，

中方作为五核国合作机制协调员，今年 1 月在北京主办五核国年度正式会议。北京会议发出了维护条约机制的明确政治信号，五核国承诺共同维护条约机制，全面完整执行条约，促进条约的普遍性，推动 2020 年审议大会取得成功。重申遵循“各国安全不受减损”原则，推动核裁军取得更大进展。确认将尽最大努力通过政治外交手段解决核不扩散问题，致力于促进和平利用核能国际合作，支持东南亚、中东地区建立无核武器区的努力。

中国坚持和平发展道路，不对任何国家构成威胁，绝不会以牺牲别国利益为代价追求自身绝对安全。中国将继续以实际行动践行共同、综合、合作、可持续的新安全观，坚定维护条约权威性、普遍性和有效性，为维护国际和平与安全作出应有贡献。

谢谢主席先生。

中国代表团团长
在《不扩散核武器条约》第十次审议大会
第三次筹备会一般性辩论中的发言

（2019 年 4 月 29 日）

主席先生：

首先，请允许我代表中国代表团，祝贺你当选本次筹备会主席。我相信你的智慧和经验定能引领此次会议取得成功。中国代表团将全力支持和配合你的工作。

主席先生，

《不扩散核武器条约》（NPT）是国际安全体系重要支柱，也是全球安全治理重要的国际法基础。《不扩散核武器条约》达成半个世纪以来，为避免核战争、阻止核扩散、促进核能造福人类提供了坚实制度保障，有力维护了国际和平、安全与发展。当今世界正经历大发展大变革大调整。要和平不要战争，要合作不要对抗，成为国际社会共同呼声。加强《不扩散核武器条约》普遍性、权威性和有效性，仍是大势所趋。但另一方面，全球安全治理赤字日益加剧，国际安全领域不确定不稳定因素不断增多。个别国家奉行单边主义，渲染大国竞争和地缘博弈，谋求绝对军事优势，不断恶化国际安全环境，冲击全球战略稳定。国际核军控体系受到严重侵蚀，《不扩散核武器条约》面临前所未有的挑战。

主席先生，

面对历史潮流和现实挑战，《不扩散核武器条约》缔约国应当正确把握时代大势，坚定恪守多边主义，坚持条约的宗旨和原则，展示我们致力于履行条约的决心，努力凝聚共识、弥合分歧，共同推动审议进程取得进展。我们应从更宽广的历史跨度，审视《不扩散核武器条约》过去五十年历史性贡献，继续加强条约维护国际和平与安全的重要作用，同时放眼未来数十年，赋予《不扩散核武器条约》服务全球发展的新时代内涵。在此方面，中方有以下几点建议。

第一，要坚持改善国际安全形势。应秉持人类命运共同体理念，摒弃冷战思维、零和博弈，以合作谋和平，以合作促安全。个别国家追求自身绝对安全，处心积虑打击竞争对手，只会激化矛盾，加剧安全困境。“核战争打不赢，也打不得”。从人类前途命运的角度看，这是不能触碰的底线。核武器国家应放弃以先发制人为核心的核威慑政策，遏制核军备竞赛冲动，降低核武器在国家安全政策中的作用，以切实减少核战争风险。

第二，要坚守务实有效的核裁军路线。最终全面禁止并彻底销毁核武器，符合全人类共同利益。应遵循“维护全球战略稳定”和“各国安全不受减损”等原则，以循序渐进方式推进。拥有最大核武库的国家，应按照国际社会共识，包括联大决议等联合国文件规定，切实履行核裁军特殊、优先责任，维护并延续双边核裁军条约，进一步大幅实质削减核武器，为最终实现全面彻底核裁军创造条件。任何核裁军倡议均不应违背这一基本原则。所有核武器国家均应放弃首先使用核武器政策，明确承诺无条件不对无核武器国家和无核武器区使用或威胁使用核武器，并就此谈判缔结国际法律文书。

第三，要巩固核不扩散问题政治外交解决方向。伊核协议业经安理会第 2231 号决议核可，应当得到全面、有效执行。只顾自身政治议程，无视国际社会共同意志和共同利益，动辄退群毁约，实施单边制裁和“长臂管辖”只会破坏国际核不扩散体系和中东地区和平与稳定。当前朝鲜半岛对话缓和势头来之不易，各方应当保持耐心，沿着推进半岛无核化、建立半岛和平机制的正确方向扎实前进，并为此发挥建设性作用。推动建立中东无大规模杀伤性武器区，对维护中东和平与安全具有重要现实意义。各方应当积极落实去年联大相关决定，推动有关国际会议顺利召开，为明年审议大会成功召开创造条件。

第四，要挖掘和平利用核能巨大潜力。和平利用核能是《不扩散核武器条约》赋予各国不可剥夺的权利，是国际社会共同应对气候变化挑战、增加全球经济发展动能、实现绿色发展和 2030 可持续发展目标的重要手段。促进和平利用核能合作是《不扩散核武器条约》在新时代服务发展的崇高使命。本轮《不扩散核武器条约》审议进程应就此加强探索，力争提出务实有效、惠及各方的合作倡议。同时，和平利用核能合作不应被政治化，更不能成为大国竞争的工具。各方应平衡处理核不扩散与和平利用核能的关系，在《不扩散核武器条约》框架下加强核能合作，切实向发展中国家提供更多资源。

第五，要忠实维护《不扩散核武器条约》机制。要加强与非缔约国对话，推动相关国家尽早无条件以无核武器国家身份加入《不扩散核武器条约》。切实尊重往届《不扩散核武器条约》审议大会成果文件，平衡处理三大支柱。支持国际原子能机构独立、客观、公正开展工作，避免将机构工作政治化。

主席先生，

中国坚持走和平发展道路，秉持共同、综合、合作、可持续的新安全观，积极推动构建人类命运共同体。中国的发展是机遇，不是挑战。中国的发展是对和平的贡献，不是对稳定的威胁。中国不对任何国家构成威胁，无意与谁开展战略竞争，绝不会以牺牲别国利益为代价追求自身绝对安全。

中国改革开放的辉煌成就，得益于对多边主义和国际规则的践行。中国深化改革开放，客观上要求中国继续做多边主义的维护者，做国际规则的捍卫者。坚定维护《不扩散核武器条约》机制，是中国的必然选择。中国已向本次筹备会提交《不扩散核武器条约》履约国家报告，全面介绍履约成就，这是中国为推动条约审议进程取得成果采取的一项实际举措，体现了中国对条约的坚定政治支持。

几十年来，中国在核战略方面展示了最大限度透明，在核力量发展上保持了极大克制，在核武器使用方面采取极为慎重态度。中国始终坚持自卫防御的核战略，恪守不首先使用、不对无核武器国家和无核武器区使用或威胁使用核武器等承诺，始终将核力量维持在国家安全需要的最低水平。无论是面临核威胁和核讹诈的冷战期间，还是在国际安全形势复杂多变的今天，中国的核战略与核政策都始终立足防御性，保持高度稳定性、连贯性与一致性。这是中国基于自身安全考量的战略选择，是中国新安全观的具体体现，也是中国推动构建人类命运共同体的内在要求。

中国坚决反对任何形式的核武器扩散，以负责任态度参与地区热点核问题政治解决进程。中方坚决维护和执行伊核问题全面协议，将继续坚定维护本国企业正当合法权益。中方努力维持朝鲜半岛局势对话缓和势头，坚定支持建立中东无大规模杀伤性武器区、东南亚无核武器区。中国高度重视和平利用核能在绿色、可持续发展中的作用，坚定支持相关国际合作，致力于通过国际原子能机构及其他多双边机制，向国际社会特别是发展中国家提供更多公共产品，服务于共同发展。

1 月 30 日，作为五核国合作机制协调员，中方在北京成功主办五核国年度正式会议，主题为“加强五核国协作，维护《不扩散核武器条约》机制”。会议围绕战略稳定和多边军控领域重大问题进行深入交流，发出了五核国致力于维护《不扩散核武器条约》机制的明确政治信号。中方将继续推动五核国在战略安全领域凝聚共识，以大国协调代替大国竞争，以合作共赢代替零和博弈，为促进世界和平、稳定和发展作出积极贡献。

最后，我谨在此重申，中国代表团将与各国代表团充分合作，推动本次会议取得积极成果，为 2020 年召开《不扩散核武器条约》审议大会奠定良好基础。

谢谢主席先生。

中国代表团在《不扩散核武器条约》第十次审议大会第三次筹备会关于核裁军问题发言

（2019 年 5 月 2 日）

主席先生：

全面禁止和彻底销毁核武器，最终建立无核武器世界，符合全人类的共同利益，是世界各国的共同夙愿。

当前国际安全环境发生深刻复杂变化，现有国际军控与防扩散机制受到严重冲击。冷战思维重新成为个别大国审视国际安全环境、制定战略安全政策的依据。世界面临单边与多边、对抗与对话、封闭与开放、零和与共赢的重要抉择。国际社会对国际安全环境恶化普遍担忧。

中方认为，越是这样的时候，越需要强调推进核裁军持续取得进展对改善国际安全环境的促进作用，越需要各国共同倡导多边主义，反对和摒弃冷战思维，维护包括《不扩散核武器条约》（NPT）在内的多边机制权威性和有效性。多年来，美俄双边核裁军条约促进了国际和平与安全。当前核武器国家共同维护《不扩散核武器条约》权威和以规则为基础的国际秩序，继续认真执行已加入的多双边军控条约，将推动国际安全环境持续改善。

主席先生，

基于上述认识，中方主张：

首先，以共商共建人类命运共同体的历史责任感，构建相互尊重、公平正义、合作共赢的新型国际关系，秉持共同、综合、合作、可持续的安全观，充分尊重各国正当合理安全关切，努力塑造和平稳定的国际安全环境。

第二，采取公正合理、逐步削减、向下平衡的核裁军步骤，相关措施应符合“维护全球战略稳定”与“各国安全不受减损”原则。根据联大决议等联合国文件规定，拥有最大核武库的国家对核裁军负有特殊、优先责任，现有的削减核武器条约应得到切实遵守，在此基础上应继续以可核查、不可逆及具有法律约束力的方式，进一步大幅度实质性削减其核武库。这将为其他核武器国家加入多边核裁军谈判创造条件。

第三，降低核武器在国家安全政策中的作用，放弃以首先使用核武器为基础的核威慑政策。所有核武器国家均应承诺无条件不首先使用核武器，并就此缔结国际法律文书。禁止生化武器的历史进程表明，禁止首先使用是当前最现实可行，也最有价值的核裁军措施。

第四，所有核武器国家都应致力于认真履行《不扩散核武器条约》第六条，恪守历届《不扩散核武器条约》审议大会成果共识，公开承诺不寻求永远拥有核武器。有关核武器国家应废除核保护伞及核共享的政策和做法，将其部署在国外的核武器全部撤回本国。建立无核武器区是实现无核武器世界的重要步骤，核武器国家应更加积极地支持无核武器国家在自行协商、自愿协议的基础上建立无核武器区。

第五，核裁军、核不扩散及和平利用核能作为《不扩散核武器条约》的三大支柱，三者相辅相成，不可偏废。各方应全面、平衡推进三大支柱，摒弃双重标准和实用主义，维护和加强《不扩散核武器条约》的权威性、普遍性和有效性。

主席先生，

作为核武器国家，中国从不回避自己的责任，认真履行核裁军义务，恪守历届《不扩散核武器条约》审议大会成果共识，以实际行动为推进国际核裁军进程作出了重要贡献。

——中国坚持走和平发展道路，始终坚持自卫防御的核战略，一贯奉行公开、透明、负责任的核政策。

——中国从未在国外部署核武器，过去没有，今后也不会参加任何形式的核军备竞赛，始终将核力量维持在国家安全需要的最低水平。

——中国承诺在任何时候、任何情况下都不首先使用核武器、无条件不对无核武器国家和无核武器区使用或威胁使用核武器。这是最大的透明，最始终如一的承诺。

——中国支持《全面禁止核试验条约》尽早生效，恪守“暂停试”承诺，正稳步推进国内履约筹备工作。中方境内禁核试监测台站批量通过核证验收，体现了中国对条约的坚定支持。

——中国支持裁谈会在达成全面、平衡工作计划的基础上，根据“香农报告”及其所载授权，尽早启动“禁产条约”谈判。联合国“禁产条约”高级别专家筹备组已完成使命，中国支持裁谈会成立附属机构继续相关讨论。

——中国支持各方在现有机制框架内，就国际安全环境、全球战略稳定、减少核战争风险等问题进行坦诚、务实和有意义的对话。

——中国重视与无核武器国家间的建设性对话，充分理解无核武器国家加快推进核裁军的良好愿望，愿与无核武器国家就维护和加强现有裁军机制、循序渐进实现无核武器世界最终目标保持沟通接触。

主席先生，

今年 1 月 30 日，中国在北京举行五核国正式会议，五核国就核政策与核战略、核裁军、核不扩散等问题进行深入、坦诚交流，并承诺共担国际和平与安全责任，共同维护《不扩散核武器条约》机制，继续利用五核国合作平台保持对话协调。作为五核国进程协调员，中国在日内瓦裁谈会一期会上通报了北京会议有关情况。这在裁谈会历史上是首次。此外，前不久，五核国与“不扩散与裁军倡议”（NPDI）国家举行了新一轮对话会。

由中国牵头的五核国核术语工作组今年2月在北京举行第二阶段工作首次会议，取得积极进展。五核国将在2015年《不扩散核武器条约》审议大会期间提交的核术语表基础上，致力于向明年审议大会提交新的成果。五核国相关讨论的意义不仅在于达成核术语表本身，更在于增进共识和互信，减少误解和误判，因此也是一项重要的核透明举措。

中国已向本次筹备会提交《不扩散核武器条约》履约国家报告，全面介绍履约成就，这是中国为推动条约审议进程取得成果采取的一项实际举措，体现了中国对条约的坚定政治支持。

总之，中国将继续发挥积极和建设性作用，为促进国际社会团结合作、共同推进核裁军事业、增进国际安全与稳定作出新的贡献。中国代表团已提交关于核裁军问题的工作文件，希望能在筹备会报告中得到充分反映。

谢谢主席先生。

中国代表团在《不扩散核武器条约》第十次审议大会第三次筹备会关于无核安保问题的发言

（2019 年 5 月 3 日）

主席先生：

无核武器国家安全保证问题是核不扩散与核裁军领域的重要问题。当前，个别国家提高核武器在国家安全政策中的作用，降低核武器使用门槛，增加了核战争风险。妥善解决无核安保问题具有重要的现实意义，有助于降低核武器使用风险，推进核裁军进程，也有助于减少无核武器国家谋求核武器的动因，维护和加强国际核不扩散机制。

无核武器国家承担着不发展、不获取核武器的义务，要求不受核武器威胁，并把这种安全保证以具有法律约束力的形式确定下来，是完全正当、合理的。无核安保不是核武器国家给予无核武器国家的单方面恩惠，而是防止核武器扩散、维护以《不扩散核武器条约》为基石的国际核不扩散体系的重要举措。

主席先生，

解决无核安保问题的根本途径，是核武器国家全面禁止和彻底销毁核武器。在最终实现这一目标前，核武器国家应明确承诺在任何时候、任何情况下不首先使用核武器，无条件不对无核武器国家和无核武器区使用或威胁使用核武器，并尽快就此缔结国际法律文书。当前形势下，这既是解决无核安保问题的最有效途径，也是最现实可行的核裁军措施。

此外，为解决无核武器国家安全关切，核武器国家还应降低核武器在国家安全政策中的作用，放弃以首先使用核武器为基础的核威慑政策，不把任何国家列为核打击目标，不把自身控制的核武器瞄准任何国家。

主席先生，

中国一贯承诺在任何时候、任何情况下都不首先使用核武器，无条件不对无核武器国家和无核武器区使用或威胁使用核武器。多年来，中国一直呼吁其他核武器国家像中国一样做出类似承诺，并就此缔结国际法律文书。中国 1994 年 1 月就向其他四个核武器国家提交了“互不首先使用核武器条约”草案，并积极谋求与其他核武器国家在双边或多边基础上承诺互不首先使用核武器。

中方支持日内瓦裁军谈判会议尽早就达成一项无核安保问题国际法律文书开展实质性工作。同时，对其他任何有助于推进无核安保问题取得进展的建议或举措，中国均持开放态度，愿予积极考虑。

主席先生，

获得无条件、具有法律约束力的安全保证是无核武器国家普遍愿望，中方期待这一愿望早日实现，也愿与国际社会一道，继续为此做出不懈努力。中国代表团已提交关于无核安保问题的工作文件，希望能在筹备会报告中得到充分反映。

谢谢主席先生。

中国代表团在《不扩散核武器条约》第十次审议大会第三次筹备会关于核不扩散问题的发言

（2019年5月3日）

主席先生：

加强国际核不扩散体系，消除核武器扩散风险，是维护《不扩散核武器条约》的应有之义，有利于促进国际和地区的和平与稳定，符合国际社会共同利益。当前国际安全形势正经历深刻复杂变化，解决核不扩散问题面临新的机遇和挑战，国际社会应从以下几方面加强努力。

第一，秉持人类命运共同体理念，打造有利的安全环境。各国应坚持标本兼治、综合治理核不扩散问题，秉持共同、综合、合作和可持续的安全观，构建公道正义、普遍安全的国际和地区环境，消除核武器扩散根源。

第二，坚持多边主义，通过政治和外交手段解决扩散问题。应在现有国际法框架内开展对话合作，切实履行业已达成的多边协议，维护联合国权威，坚决反对动辄退群毁约，实施单边制裁和“长臂管辖”，甚至威胁诉诸武力。

第三，坚持原则，维护国际核不扩散体系权威。要全面、忠实、平衡履行《条约》各项义务，摒弃双重标准和实用主义，不以国家间亲疏好恶来制定防扩散标准。在国际安全不稳定不确定因素增多的形势下，守住这条底线尤为重要。尚未加入《条约》的国家应尽快以无核武器国家身份加入，并将全部核设施置于国际原子能机构保障监督之下。要继续促进机构全面保障监督协定和附加议定书的普遍性。

第四，公正、平衡处理核不扩散与和平利用核能关系。防止核武器扩散、推进和平利用核能，两者相辅相成，相互促进。任何防止核扩散的措施都不应妨碍各国和平利用核能的合法权利；同时，各国也应严格履行《条约》义务和规定，不以和平利用核能为借口从事扩散活动。应重视个别国家核材料供需严重失衡问题，采取有效措施予以纠正。

主席先生，

中国已向本次筹备会提交《不扩散核武器条约》履约国家报告，全面介绍履约成就，这是中国为推动条约审议进程取得成果采取的一项实际举措，体现了中国对条约的坚定政治支持。

中方致力于加强以《条约》为基石的国际核不扩散体系的权威性、普遍性和有效性，坚决反对任何形式的核武器扩散，认真、全面履行自身承担的防扩散国际义务，切实执行安理会相关防扩散决议。近年来，中方从机制建设、立法执法、能力建设等方面，不断加强和完善本国核不扩散体系，确保防扩散政策有效实施。

作为安理会常任理事国和负责任的大国，中方始终积极参与防扩散国际合作，为推动政治外交解决地区核扩散热点问题作出不懈努力。

在伊核问题上，继续执行全面协议是解决伊核问题的唯一现实、有效途径，对维护国际核不扩散体系及中东和平稳定至关重要。全面协议是联合国安理会核可的多边协议，所有各方都有义务认真执行。中方赞赏并期待伊方继续认真执行全面协议，同时呼吁国际社会共同巩固维护全面协议的政治势头，保障伊方享受全面协议经济红利。我们也敦促美方切实履行自身义务，停止“极限施压”、单边制裁和“长臂管辖”等非建设性做法，以负责任态度回应国际社会关切。

在朝鲜半岛核问题上，朝鲜半岛形势延续对话缓和势头，符合国际社会共同利益。国际社会应当鼓励朝美双方保持耐心，沿着推进半岛无核化、建立半岛和平机制的正确方向继续前行。半岛核问题延宕几十年，解决起来不可能一蹴而就。有关各方要共同制定实现半岛无核化和建立和平机制的总体路线图，在此基础上按照分阶段、同步走思路，明确每个阶段相互联系、相互促进的具体措施，在各方同意的监督机制下，由易到难，循序推进。中国在半岛问题上始终坚持无核化目标，坚持对话协商解决问题，坚持维护半岛和平稳定。中方将与各方一道，朝着既定目标继续作出积极努力。

中国代表团已提交关于核不扩散问题的工作文件，希望能在筹备会报告中得到充分反映。

谢谢主席先生。

中国代表团在《不扩散核武器条约》第十次审议大会第三次筹备会关于无核武器区及中东核问题的发言

（2019 年 5 月 6 日）

主席先生：

建立无核武器区是实现无核武器世界目标的关键步骤，对实现核裁军和核不扩散目标、促进国际和地区的和平与安全具有重要意义。国际社会应继续尊重并支持无核武器国家根据本地区实际情况，在自行协商和自愿协议基础上建立无核武器区。核武器国家应尊重无核武器区法律地位，签署、批准有关无核武器区条约议定书，并落实相关安全保证。同时，核武器国家还应切实承担起特殊责任，承诺无条件不对无核武器国家和无核武器区使用或威胁使用核武器，并就此缔结国际法律文书。

主席先生，

中国一贯致力于推进核领域全球治理，支持建立无核武器区国际努力。中国是唯一明确承诺无条件不对无核武器国家和无核武器区使用或威胁使用核武器的核武器国家。中国签署和批准了所有开放供签署的无核武器区条约议定书，并严格履行相关义务。

中国已与东盟解决《东南亚无核武器区条约》议定书所有遗留问题。五核国与东盟也已就议定书草案达成一致。在今年 1 月五核国北京会议上，中方积极推动五核国达成共识，由中方牵头与东盟国家沟通，在不影响以往共识前提下，争取重启五核国与东盟磋商进程，早日签署议定书。中方将继续就此与各方沟通协调。

中方也将继续恪守相关义务和承诺，维护中亚无核武器区及蒙古无核武器地位。

主席先生，

中国坚定支持建立中东无大规模杀伤性武器区，充分理解阿拉伯国家合理诉求和关切，对第73届联大“召开建立中东无大规模杀伤性武器区会议”决定投了赞成票。中国呼吁有关各方加大外交协调，配合联合国秘书处相关努力，推动会议顺利召开，争取就建立中东无大规模杀伤性武器区相关安排取得进展，共同维护中东和平稳定。《不扩散核武器条约》存约国尤需为此作出努力。

同时，以色列应尽快以无核武器国家身份加入《不扩散核武器条约》。中国呼吁中东地区有关国家尽快签署和批准国际原子能机构全面保障监督协定。国际社会还应继续鼓励相关国家签署和批准全面保障监督协定附加议定书。

中国代表团已提交关于无核武器区问题和中东核问题的工作文件，希望能在筹备会报告中得到充分反映。

谢谢主席先生。

中国代表团在《不扩散核武器条约》第十次审议大会第三次筹备会关于和平利用核能问题的发言

（2019 年 5 月 7 日）

主席先生：

和平利用核能是《不扩散核武器条约》（下称《条约》）赋予各缔约国不可剥夺的权利，切实加强和平利用核能合作，有助于全面实现《条约》各项目标，推动核裁军和核不扩散进程。和平利用核能是国际社会应对气候变化挑战、拓展全球经济发展动能、实现联合国 2030 可持续发展目标的重要手段，也是《条约》在新时代维护和平、服务发展的应有之义。《条约》缔约国理应持续享受和平利用核能红利，应将这一领域合作打造成审议进程最引人注目的亮点。

当然，由于核技术具有特殊两用性，开展核能合作必须严格遵守双边协议和有关国际义务，防范核扩散风险。同时，中方认为，防扩散与和平利用核能应该相辅相成，防扩散不应损害各方和平利用核能权利。我们更反对有关国家将和平利用核能问题政治化，甚至将其作为打击竞争对手的工具，干扰和限制正常的国际合作。

促进和平利用核能及其国际合作，是国际原子能机构《规约》确定的重要目标之一。中国赞赏机构在此方面发挥中心作用，通过技术合作和其他援助形式，为成员国提供了大量帮助。中方呼吁机构成员国足额和及时缴纳技术合作基金，保障机构和平利用核能活动资源。我们并鼓励成员国尤其是发达国家继续加强对发展中国家和平利用核能的援助。

主席先生，

中国已向本次筹备会提交《不扩散核武器条约》履约国家报告，全面介绍履约成就，这是中国为推动条约审议进程取得成果采取的一项实际举措，体现了中国对条约的坚定政治支持。

长期以来，中国积极推动和平利用核能事业，并深入参与相关国际合作，积累了宝贵的经验，取得了不俗的成绩。经过60多年的努力，中国已发展形成了符合自身国情的核工业体系。中国积极推进核电发展，中国大陆在运行核电机组45台，在建核电机组11台。中国重视核能技术创新。自主三代核电技术的“华龙一号”已在国内外开工建设，进展顺利。快堆工程、高温气冷堆示范工程有序推进，聚变工程试验堆研发取得积极进展。

中国积极参与和平利用核能国际合作，已与30多个国家签订政府间和平利用核能合作协定，积极支持促进核技术发展及和平利用核能的多边合作，致力于向其他核能新兴国家提供力所能及的帮助。中国大力支持机构和平利用核能技术合作。2017年中国向机构技术合作基金捐款达640多万欧元，居成员国第三位。2017年8月和2018年12月，中国在国际原子能机构框架内与有关国家合作，分别完成加纳微堆低浓化和尼日利亚微堆低浓化改造工作，为有关国家更好地开展和平利用核能活动作出了贡献。中方愿在已有成功模式基础上，协助其他国家开展微堆低浓化改造工作。

主席先生，

核安全、核安保是保障全球和平利用核能事业健康可持续发展的重要因素。中国始终高度重视核安全与核安保工作，通过完善法律体系，加强能力建设，切实履行了国家责任，确保核设施安全可靠运行，保持着良好的核安全记录。《核安全法》于2018年正式实施，《原子能法》和《核安保条例》等法规立法进程稳步推进，这些法律法规将进一步完善核领域法规体系，确保中国核能事业安全发展。中国积极参与核安全与核安保国际合作。去年 10 月，中国与“打击核恐怖主义全球倡议”联合在北京举办“重大公共活动反核恐与核应急研讨会”，通过交流互鉴强化能力建设。中国将继续依托国家核安全示范中心、核与辐射安全中心、中国海关辐射探测培训中心等平台，开展核安全与核安保相关国际合作，欢迎有意愿的国家积极参与。

在当前全球核能复苏过程中，各国应确保核安全，提升公众对核能发展的信心。我们相信，通过各国共同努力，深化合作，持续创新，在保障核安全前提下，和平利用核能事业将对实现 2030 可持续发展目标、应对全球气候变化、改善生态环境、促进人类社会发展发挥更大的作用。

中国代表团已提交关于和平利用核能问题的工作文件，希望其内容能筹备会报告中得到充分反映。

谢谢主席先生。

三、第 74 届联大发言及立场文件

中国与联合国

——第 74 届联合国大会中方立场文件

（2019 年 9 月 18 日）

今年是中华人民共和国成立 70 周年。70 年来，中国人民团结奋斗、砥砺前行，取得了举世瞩目的巨大成就。中国外交攻坚克难、开拓进取，走过了波澜壮阔的历史征程。特别是近年来，在习近平外交思想的指引下，中国以更加积极有为的姿态参与国际事务，为世界的和平与发展作出更大贡献，承担更多责任，展现了作为联合国安理会常任理事国和世界主要经济体的应有担当。

中国始终不渝走和平发展道路、奉行互利共赢的开放战略，坚持正确义利观，树立共同、综合、合作、可持续的新安全观，谋求开放创新、包容互惠的发展前景，促进和而不同、兼收并蓄的文明交流，构筑尊崇自然、绿色发展的生态体系，始终做世界和平的建设者、全球发展的贡献者、国际秩序的维护者。

中国是多边主义的坚定支持者和践行者。面对新形势、新挑战，中国高举多边主义的旗帜，积极参与全球治理体系改革和建设，坚定维护以联合国为核心的国际体系，坚定维护以国际法为基础的国际秩序，坚定维护以世贸组织为核心的多边贸易体制，坚决反对单边主义、保护主义和霸凌行径。

联合国是最具普遍性、代表性和权威性的政府间国际组织，是多边主义的旗帜。联合国宪章奠定了现代国际秩序基石，确立了当代国际关系基本准则。中国是联合国创始会员国，是第一个在联合国宪章上签字的国家。中国始终支持联合国发挥积极作用，维护联合国权威和地位。当前，中国同联合国合作不断加强和深化，正在进入新的时代。

一、推动构建人类命运共同体。习近平主席 2015 年出席联合国成立 70 周年系列峰会，2017 年访问联合国日内瓦总部并发表重要讲话，站在人类发展进程的高度，全面深入阐述构建新型国际关系、构建人类命运共同体重要思想，呼吁各国同心协力建设持久和平、普遍安全、共同繁荣、开放包容、清洁美丽的世界。

构建人类命运共同体，顺应历史潮流，回应时代要求，反映了人类社会共同价值追求，汇聚了世界各国人民对美好生活向往的最大公约数，受到国际社会的高度评价和热烈响应，产生了广泛而深远的国际影响。这一理念是当代中国外交重大创新成果，是中国对世界的重要思想和理论贡献，已经成为中国特色大国外交的旗帜。

习近平主席还提出全球治理观、正确义利观、新发展观、新安全观、文明观、核安全观等一系列新理念新主张，为推进全球治理体系改革和建设贡献了中国智慧。

二、维护国际和地区和平安全。作为安理会常任理事国，中国始终站在和平与正义的一边，站在维护联合国宪章宗旨和原则的一边。

中国积极参与朝鲜半岛核、伊朗核、阿富汗、缅甸、中东、叙利亚、南苏丹等重大地区热点问题的解决，不断探索和实践具有中国特色的解决国际和地区热点问题之道，始终坚持和平性、正当性和建设性。

和平性就是坚持政治解决方向，主张通过对话谈判解决矛盾分歧，坚决反对在国际事务中动辄或威胁使用武力；正当性就是坚持不干涉内政原则，尊重当事国主权和意愿，坚决反对强加于人；建设性就是坚持客观公正立场，根据事情本身的是非曲直来斡旋调停。

在朝鲜半岛核问题上，中方一贯坚持实现半岛无核化，维护半岛和平稳定，通过对话协商解决问题。中方希望并支持朝美双方显示灵活，相向而行，按照分阶段、同步走原则，谈出成果，实现早期收获，推动半岛问题政治解决进程。

完整、有效执行伊朗核问题全面协议，既是安理会决议的要求，也是妥善解决问题的唯一途径。当前形势下，我们希望各方采取切实举措，尊重和维护伊方正当合法权益，实现全面协议权利与义务平衡。我们呼吁美国放弃极限施压，为通过平等对话解决伊核问题创造条件。

三、扩大参与联合国维和行动。自 1989 年以来，中国参与约 30 项维和行动，累计派出 4 万余人次维和人员。21 位中国军人和警察为联合国维和事业献出了宝贵生命。中国有 2500 多名维和人员正在 8 个任务区执行维和任务，在安理会常任理事国中位居首位。中国维和部队纪律严明，素质优良，受到联合国和驻在国高度评价。

中国全面落实习近平主席 2015 年在联合国维和峰会上宣布的重要举措，组建了总规模 8000 人的维和待命部队以及常备成建制维和警队，在非洲部署了首支直升机分队，为各国培训维和人员，开展扫雷援助项目，支持非洲常备军和危机应对快速反应部队建设。

中方积极参与维和政策审议和制定，坚持维和行动三原则，支持古特雷斯秘书长提出的“为维和而行动”倡议，推动改革和完善维和行动，履行好“蓝盔”的神圣职责。

四、推进国际军控与防扩散进程。中国一直是国际军控条约体系的参与者和建设者，迄今已加入二十余项国际军控条约。中国奉行防御性国防政策，从不参加也坚决反对任何形式的军备竞赛，核力量始终维持在国家安全需要的最低水平，在任何时候和任何情况下都始终恪守不首先使用核武器、无条件不对无核武器国家使用或威胁使用核武器的承诺。中国在核战略方面显示了最大限度透明，在核力量发展上保持了极大克制，对国际核裁军事业作出重大贡献。

中国坚决反对大规模杀伤性武器及其运载工具的扩散，一贯忠实、严格履行防扩散国际义务，建立了完善的国内防扩散出口管制法律及执法体系，支持联合国和安理会在防扩散领域发挥关键作用，积极推动全面落实安理会第 1540 号决议。

美国退出《中导条约》等国际条约和机制，将对全球战略稳定、欧洲和亚太地区安全及国际军控防扩散体系产生深远消极影响。拥有最大核武库的国家，应切实履行核裁军特殊、优先责任，推动《美俄关于进一步削减和限制进攻性战略武器措施的条约》延期，进一步大幅削减核武库。

中国支持并积极参与国际常规武器军控进程，致力于妥善解决常规武器领域人道主义关切，积极开展国际人道主义扫雷援助，迄今已向四十余个国家提供扫雷培训。

中国致力于和平利用外空和防止外空军备竞赛，深入参与联合国和平利用外层空间委员会的工作，主张公平合理的外空规则，推动实现和平探索和利用外空的命运共同体未来愿景。

中方支持在联合国框架下制定各方普遍接受的网络空间行为准则，深入参与联合国信息安全政府专家组会议，为达成共识作出积极贡献。

五、引领国际发展合作。中国把落实 2030 年可持续发展议程作为重点任务，率先发布落实议程的国别方案和进展报告，在多个领域实现早期收获。中国将自身发展利益同各国人民的共同利益相结合，积极参与全球发展合作，在力所能及的范围内承担更多国际责任。

70年来，中国7亿多贫困人口成功脱贫，占全球减贫人口70%以上，并向全球近170个国家和国际组织提供4000多亿元人民币援助，派遣60多万援助人员，为国际减贫事业和各国共同发展作出巨大贡献。中方愿同国际社会分享精准扶贫、精准脱贫等发展经验，并继续在南南合作框架下，为其他发展中国家落实2030年议程提供力所能及的帮助。

中方高度重视联合国可持续发展目标峰会、发展筹资高级别对话会、小岛屿发展中国家《萨摩亚路径》落实中期审议高级别会议等会议，期待上述会议进一步凝聚国际社会共识，充分考虑发展中国家国情和实际需要，聚焦减贫、基础设施、粮食安全、能力建设等发展中国家重点关注的领域，推动构建开放型世界经济。发达国家应按时足额履行官方发展援助承诺，为发展中国家实现可持续发展提供实际支持。

六、积极应对全球气候变化。中方提出公平、共同但有区别的责任、各自能力等重要原则，为维护发展中国家共同利益、构建全球气候治理体系框架奠定重要基础。中国是《联合国气候变化框架公约》首批缔约国，并为达成《京都议定书》《巴黎协定》作出重要贡献。《巴黎协定》达成后，中方积极推动《巴黎协定》的签署、生效和实施。在2018年联合国气候变化卡托维兹会议上，中国积极推动各方展现建设性和灵活性，就焦点问题提出“中国方案”，为如期达成《巴黎协定》实施细则发挥了关键作用。

中方赞赏和支持古特雷斯秘书长倡议举办联合国气候行动峰会。作为峰会“基于自然的解决方案”领域共同牵头国，中方与各方共同努力，推动气候行动峰会取得积极成果，为加强应对气候变化国际合作、落实《巴黎协定》注入强劲动力。

七、推动高质量共建“一带一路”。2013年，习近平主席提出共建丝绸之路经济带和二十一世纪海上丝绸之路（“一带一路”）重大倡议，为完善全球经济治理、促进全球共同发展、推动构建人类命运共同体贡献了中国智慧与中国方案。

6年来，共建“一带一路”始终倡导“和平合作、开放包容、互学互鉴、互利共赢”的丝路精神，秉持共商共建共享的合作理念，坚持开放、绿色、廉洁理念，致力于实现高标准、惠民生、可持续目标，积极构建全球互联互通伙伴关系。

截至2019年9月，136个国家和30个国际组织同中方签署了“一带一路”合作文件，“一带一路”已成为全球最大规模的国际合作平台和广受欢迎的公共产品。

中国两次举办“一带一路”国际合作高峰论坛，聚焦发展政策对接、基础设施建设、促进可持续发展等国际社会普遍关注的议题，分别发布了279项和283项务实合作成果清单。第二届高峰论坛首次举办企业家大会，为国际工商界人士对接洽谈搭建平台，签署总额640多亿美元的项目合作协议。中国还同各方在金融、港口、税收、能源、环保等领域发起成立了20多个“一带一路”多边对话合作平台，推动共建“一带一路”沿着高质量发展方向不断前进。事实证明，“一带一路”已成为各国携手合作、共同发展的机遇之路、繁荣之路。

八、深入参与全球人权治理。中国一向高度重视人权问题，主张将人权普遍性与特殊性相结合，坚持民主和民生相促进、和平与发展相协调，坚持在发展进程中促进和保护人权，成功走出了一条符合国情的中国特色人权发展道路。中国在保护和促进人权方面的努力，始终得到绝大多数中国人民的一致拥护和肯定。“以国情为基础、以人民为中心、以发展为要务、以法律为准绳、以开放为动力”的中国特色人权观，也在国际上日益引起广大发展中国家强烈共鸣和广泛认同。

中国明确提出“生存权发展权是首要的基本人权”的理念，推动联合国人权理事会通过“发展对享有所有人权贡献”“在人权领域促进合作共赢”等决议，多次代表140余国就“落实发展权”“合作促人权”等作共同发言，为重要人权文件的起草、修改和完善作出重要贡献。中国已与20多个国家建立人权对话或磋商机制，致力于在平等和相互尊重基础上就人权议题开展建设性对话和合作。

九、推进社会人文交流合作。中国积极参与联合国在教科文、妇女、青年、难民、卫生、海事、民航、电信、网络等各个社会领域工作，开展了层次丰富、形式多样的合作。

2014年3月，习近平主席访问教科文组织总部并发表重要演讲，深刻阐述了交流互鉴的文明观，得到国际社会广泛赞赏。2015年9月，习近平主席在联合国总部主持全球妇女峰会，提出了促进妇女全面发展的“中国答案”，宣布了支持全球妇女事业发展的新举措，在国际社会产生强烈反响和共鸣。2017年1月，习近平主席访问世界卫生组织总部，深化了中国同世界卫生组织合作。

残疾人是人类大家庭的平等成员。中国积极致力于促进和保障残疾人权利，推动残疾人领域国际合作，是制定《残疾人权利公约》的倡导者和参与者。中国积极倡议将残疾人事务纳入联合国2030年可持续发展议程，共同推动残疾人成为各国经济社会发展的参与者、贡献者和享有者。

十、支持打造强有力的联合国。中国支持古特雷斯秘书长在和平安全、经济发展、内部管理三大领域对联合国系统进行改革的努力。我们主张，改革要坚持会员国主导原则，重视发展中国家关切，提高联合国运行效率，加强监督和问责。稳定、可预测的财政是联合国运转的基础，我们主张维护支付能力原则，敦促各方及时、足额缴纳联合国会费和维和摊款。自2019年起，中国成为联合国会费和维和摊款第二大出资国，将继续履行好应尽的财政义务。

2015年习近平主席宣布设立中国—联合国和平与发展基金，体现了对多边主义和联合国的坚定支持。4年来，基金已执行近百个项目，已成为中国与联合国合作的新平台。

中国在联合国坚决捍卫国家主权、安全、发展利益，坚决维护一个中国原则，绝不允许外部势力干涉中国内政。任何人都不要幻想让中国吞下损害自身利益的苦果。

作为最大的发展中国家、安理会常任理事国和联合国第二大会费国，中国将继续在联合国事务中发挥积极和建设性作用，为人类发展进步作出更大贡献。无论国际风云如何变幻，中国支持多边主义的决心不会改变，支持联合国在国际事务中发挥应有作用的信念不会改变，维护世界和平、促进共同发展的初心不会改变。我们愿同各国人民一道，为构建人类命运共同体而不懈努力。

中国代表团团长、中国外交部军控司司长傅聪在第74届联大一委一般性辩论中的发言

（2019年10月11日）

主席先生：

请允许我代表中国代表团对阁下当选本届联大一委主席表示祝贺，相信你丰富的外交经验和卓越才能，将引导本次会议取得成功。中国代表团愿与你及各国代表团通力合作。

主席先生，

首先，我想借此机会对美国代表昨天的发言作一个简单的回应。中方对美方充满意识形态偏见和时代错乱感的发言深感震惊，对其对中国的无端指责表示坚决拒绝。公道自在人心，对美国在国际事务中的倒行逆施，国际社会有目共睹。美方的无端指责既抹杀不了中国对国际安全与裁军事业的积极贡献，也掩盖不了美方毁约退群和单边霸凌行径对国际和平安全造成的严重破坏。

主席先生，

世界正面临百年未有之大变局，国际安全形势严峻复杂，国际军控与裁军进程处于关键的十字路口，面临一系列重大挑战。

一是美国竭力谋求单方面安全优势，不断降低核武器使用门槛，并将外空、网络作为新的战场，严重破坏全球战略稳定，核战争风险上升。

二是退出主义大行其道，美国撕毁《中导条约》，美俄新《削减进攻

性战略武器条约》前景不明，国际安全面临前所未有的不确定性。

三是美国背信弃义和极限施压使伊朗核问题不断升级，中东紧张局势处于危险边缘。

四是科技发展“双刃剑”效应日趋显现，高新科技军事应用正对全球安全产生深刻冲击，并引发道德和法律关切。

主席先生，

2017 年 1 月，中国国家主席习近平在日内瓦万国宫发表重要演讲，系统阐述了人类命运共同体理念，倡导各国树立共同、综合、合作、可持续的安全观。习主席的倡议与古特雷斯秘书长提出的裁军议程的理念高度契合，为解决当今世界的安全与发展难题指明了方向。在此，我愿进一步阐述中方立场和主张：

一是坚决捍卫多边主义，维护和发展多边军控体系。

当前形势下，各国应坚定维护《不扩散核武器条约》的权威性和有效性，平衡推进核裁军、核不扩散与和平利用核能三大支柱，推动《不扩散核武器条约》第十次审议大会取得积极成果。中国支持于今年 11 月在纽约召开“建立中东无大规模杀伤性武器区国际会议”。同时，应进一步加强《禁止化学武器公约》履约机制，减少禁化武组织的政治化倾向。中方强烈敦促美国切实履行条约义务，尽早销毁其化武库存。

中国一直是国际军控进程的积极支持者、参与者，迄今已加入二十余项主要的多边军控国际文书，为《全面禁止核试验条约》和《禁止化学武器公约》等国际军控条约的达成作出了重要贡献。近日，中国国务委员兼外长王毅在联大宣布，中国已启动加入《武器贸易条约》的国内法律程序，充分体现了中国支持多边主义、积极参与全球武器贸易治理、践行构建人类命运共同体理念的决心和诚意。

中国一贯坚定履行国际防扩散义务，建立了完善的防扩散出口控制机制，积极推动联合国安理会1540号决议全面落实。防扩散不应成为阻碍科技和平利用的工具，中国坚决反对美国出于大国竞争目的搞的所谓高科技出口控制“审慎联盟”。

二是维护全球战略稳定，循序渐进推进核裁军进程。

全面禁止并彻底销毁核武器是国际社会的共同愿景。为实现这一愿景，各国必须始终坚持“维护战略平衡与稳定”“各国安全不受减损”等基本原则，循序渐进推进国际核裁军进程。中国对美国退出《中导条约》深感遗憾，对美国企图在亚太地区部署中程导弹表示坚决反对，美国此举真实目的是谋求单方面军事和战略优势，将冲击国际核裁军努力，威胁有关地区和平与安全。

当前形势下，各国应摒弃冷战思维，增进互信与协作，共同维护战略平衡与稳定，减少核战争风险。所有核武器国家应重申“核战争打不赢，也打不得”这一重要理念，承诺不首先使用核武器，切实降低核武器在国家安全政策中的作用，并为无核武器国家提供有效安全保证。作为世界上拥有最大和最先进核武库的国家，美国应切实履行其核裁军特殊优先责任，回应俄罗斯有关延长新《削减进攻性战略武器条约》的呼吁，并进一步削减其庞大的核武库，为其他核武器国家加入多边核裁军谈判创造条件。在将其核武库降低到中国的水平之前，美国有关中国军力的任何指责都是虚伪和苍白无力的。

今年6月，中国发布的《新时代的中国国防》白皮书重申，中国始终不渝奉行独立自主的和平外交政策和防御性国防政策，从不参加任何形式的军备竞赛，核力量始终维持在国家安全需要的最低水平，在任何时候和任何情况下都不首先使用核武器。中国也是唯一一个明确承诺无条件不对无核武器国家使用或威胁使用核武器的核武器国家。中国在核战略方面显示了最大限度透明，在核力量发展上保持了极大克制，这本身就是对核裁军事业的重大贡献。

三是坚持通过政治外交手段解决扩散问题。

防扩散问题的根源十分复杂，只有通过对话、合作才能妥善解决。采取单边主义和极限施压手段，试图迫使对方全盘接受自己的要求，却完全无视对方合理诉求的做法，只能使问题更加复杂难解，不符合任何国家的利益。

伊核全面协议是联合国安理会决议核可的多边协议，也是解决伊核问题唯一现实有效途径。各国应尊重以国际法为基础的国际秩序，共同维护全面协议，不能使这一历史性外交成果付诸东流。中国将与各方一道，坚持政治外交解决伊核问题的大方向，坚决反对美国单边制裁和“长臂管辖”，推动伊核问题尽快回归全面协议轨道。我们也鼓励海湾地区国家搭建对话协商平台，敦促域外国家为促进地区安全发挥积极作用。

当前朝鲜半岛形势处于关键期，中方呼吁朝美双方加强对话，相互显示灵活，按照“双轨并进”思路和“分阶段、同步走”原则，推动半岛问题政治解决进程。作为半岛近邻，中国始终致力于劝和促谈，愿同有关各方加强协调，为早日实现半岛无核化和长治久安发挥建设性作用。

中方主张，对叙利亚指称使用化武事件调查必须全面、客观、公正，得出经得起历史和事实检验的结论，维护《禁止化学武器公约》权威，促进叙长治久安和地区和平稳定。

四是切实推进战略新疆域治理，促进和平发展。

中国一贯坚决反对外空武器化和外空军备竞赛，对美国企图独霸外空表示严重关切，呼吁裁谈会以中俄“外空条约”草案为基础，尽早谈判缔结有法律约束力的国际文书。

中国欢迎联合国信息安全政府专家组和开放式工作组启动工作，主张各国应遵守以《联合国宪章》为基础的国际法和国际关系基本准则，切实尊重各国在网络空间的主权，不利用网络通信技术实施有悖于国际和平与安全的活动，不利用网络干涉他国内政。中国坚决反对美国滥用“国家安全”理由阻挠正常信息通信技术发展与合作。

中国支持在《特定常规武器公约》框架下继续就“致命性自主武器系统”问题开展深入讨论，期待政府专家组在迄今已达成的指导原则基础上取得新进展。

主席先生，

今年是中华人民共和国成立 70 周年，明年是联合国成立 75 周年，中国和世界的发展都站在了新的起点上。中国将继续坚定走和平发展道路，努力推动国际军控进程健康发展，以负责任姿态参与全球安全治理，为维护国际和地区和平与安全、构建人类命运共同体作出新的贡献。

谢谢主席先生。

中国裁军大使李松在第74届联大一委关于核裁军问题的专题发言

（2019年10月22日）

主席先生：

我对美国大使在今天上午发言中对中国的无端指责表示强烈反对，坚决拒绝。我将在今天会议结束前的答辩环节作出回应。当前，全球战略安全环境经历复杂深刻变化，国际核裁军进程受到严重冲击，始作俑者正是美国。美国重拾冷战思维，奉行更具进攻性的核战略，破坏国际核军控条约体系，降低核武器使用门槛，导致核战争风险上升，损害全球战略平衡与稳定。

尽管面临上述消极事态发展，中方坚持主张，国际社会应致力于共同构建人类命运共同体，以实际行动改善国际安全环境，推动核裁军进程，减少核战争风险。

第一，要秉持共同、综合、合作、可持续的安全观。各国应摒弃冷战思维、零和博弈，充分尊重彼此正当合理的安全关切，消除核武器存在和扩散根源。中国积极致力于推动核武器国家加强核政策与核战略交流，客观看待彼此战略意图，增进战略互信。

第二，要降低核武器在国家安全政策中的作用。中国主张，核武器国家应重申“核战争打不赢、也打不得”，与中国共同承诺不首先使用核武器、无条件不对无核武器国家和无核武器区使用或威胁使用核武器。同时，放弃扩大核威慑范围、为他国量身订制核打击方案等做法。

第三，要坚持循序渐进核裁军，采取公正合理、逐步削减、向下平衡的核裁军步骤。我愿特别指出，美国作为拥有最大核武库的国家，应按照联大决议等联合国文件的要求，切实履行核裁军特殊、优先责任，维护并延续美俄双边核裁军条约，进一步大幅度实质削减核武库，为多边核裁军进程创造条件。

第四，要坚持维护战略平衡与稳定，确保各国安全不受减损，这是核裁军应遵循的基本原则。美国部署全球反导系统，追求外空绝对优势，将削弱其他国家核威慑有效性，破坏战略平衡与稳定，危害核裁军努力。我们敦促美方放弃此种做法。

主席先生，

中国主张最终全面禁止并彻底销毁核武器。中国的核政策与核战略是明确、一贯和高度负责的，保持了最大程度的透明，近期发表的《新时代中国的国防》对此予以重申。

中国坚持走和平发展道路，始终坚持自卫防御的核战略。中国承诺任何时候、任何情况下都不首先使用核武器，无条件不对无核武器国家和无核武器区使用或威胁使用核武器。中国是核武器国家中唯一作出并始终恪守上述承诺的国家。中国从未在国外部署核武器，也从不参加任何形式的核军备竞赛，始终将核力量维持在国家安全需要的最低水平，从不用自卫性质的有限核力量威胁任何国家。中国将继续积极推动和参加国际军控和防扩散进程。上述政策举措本身就是对国际和平与安全的重要积极贡献。

中国高度重视并积极参与《不扩散核武器条约》（NPT）十审会筹备进程，致力于加强条约权威性、普遍性和有效性。中方认为，十审会应成为回顾《不扩散核武器条约》半个世纪以来取得的成就、展望该条约未来 50 年发展的重要大会。中方愿与各成员国一道，共同致力于《不扩散核武器条约》为维护世界和平、促进可持续发展作出新的贡献。中国向《不扩散核武器条约》十审三筹提交了履约国家报告，还将向明年审议大会提交更新版报告。中国担任五核国机制协调员期间，积极推动五核国维护《不扩散核武器条约》机制。今年 1 月，五核国在北京成功举行正式会议，同意将核政策与核战略作为常设议题，并就加强《不扩散核武器条约》机制达成广泛共识。

中国支持《全面禁止核试验条约》的宗旨和目标，始终恪守“暂停试”承诺，致力于推动条约早日生效。今年，中方境内多座核证台站与条约组织临时技秘处签署“核证后活动”合同，并启动实时数据传输，为履约筹备工作作出积极贡献。

中国一贯对“禁产条约”持积极态度，主张裁谈会是条约谈判的唯一恰当场所，应根据香农报告所载授权，在达成全面平衡工作计划的基础上启动相关谈判。中方支持裁谈会成立附属机构继续开展禁产相关技术性讨论。

最后我愿重申，中国愿同国际社会一道，继续为最终实现无核武器世界的目标不懈努力。

谢谢主席先生。

中国裁军大使李松在第 74 届联大一委关于核裁军问题的答辩发言

（2019 年 10 月 22 日）

主席先生：

美国大使在上午的发言中，再次将意识形态与裁军问题挂钩，并声称美实行自我约束，而中国等国放手发展军备威胁其他国家安全，这完全是颠倒黑白之词。美国在本届联大一委期间一系列充满时代错乱感的言论，也注定得不到广大联合国成员国的支持。

近年来，美国固守冷战思维，在亚太和世界其他地区兴风作浪，奉行更具进攻性的核战略，以其他国家为借口摆脱自身国际条约束缚，放手发展部署核军备，降低核武器使用门槛，大力推进全球反导系统和称霸外空战略，严重破坏全球战略平衡与稳定。本届一委期间，我没有听到有哪个国家认同、呼应美国提出的“民主与裁军关系论”这种充满意识形态偏见的奇谈怪论。多数国家直言不讳地对《中导条约》被废除、美国退出《伊核问题全面协议》，以及降低核武器使用门槛等对国际军控、裁军和防扩散进程产生严重影响的倒行逆施行为表示强烈遗憾和严重关切。许多国家强烈敦促新《削减进攻性战略武器条约》延期，希望看到美俄双边核裁军进程得以维护、持续和发展。这才是国际社会的人心所向。许多国家呼吁核武器国家重申“核战争打不赢，也打不得”，中国也在五核国内部积极主张这样做。然而，反而是美国特朗普政府的官员，好像迄今没有人愿意站出来明确重申这句里根总统 30 多年前的名言。美国欠世界一个交代。

至于美方对中方的指控，我愿强调：

第一，中国的核武库与美俄根本不在一个量级，在将自身核武库降低到中国的水平之前，美国对中国军力说三道四都是虚伪和苍白无力的。

第二，中国基于自卫防御国防政策，在本国境内部署有关导弹装备，完全用于捍卫中国的主权、安全和领土完整，不会对任何无意侵犯中国主权、安全和领土完整的国家构成任何威胁。

第三，中国不是美国，中国也不会成为美国，中国不会奉行美国的核战略。我奉劝美方不要以己之心，度人之腹，为自己树立、制造或虚构敌人，并且以此为借口继续推进维持全球霸权和绝对安全的战略和规划。冷战早已成为历史，如果有人企图将其成为新的国际安全现实，必将遭到国际社会的普遍抵制和坚决反对。

我愿重申，中国是维护世界和平、促进国际安全、推进国际军控、裁军和防扩散进程的重要积极力量。中国将继续致力于和平发展，积极践行多边主义，为国际军控与裁军进程注入动力，为促进人类和平与安全的崇高事业作出贡献。

谢谢主席先生。

中国代表团在第74届联大一委关于生化武器问题的专题发言

（2019年10月23日）

主席先生：

中方一贯认为，全面禁止并彻底销毁化学武器和生物武器，促进化学和生物科技造福人类，符合国际社会共同利益。中国坚定支持《禁止化学武器公约》和《禁止生物武器公约》的宗旨和目标，支持不断增强两个公约的普遍性、权威性和有效性，为维护国际和地区和平、安全与发展作出新的贡献。

主席先生，

禁化武组织的工作至关重要，但近年来该组织一些动向令人担忧。我们呼吁有关国家本着负责任和建设性态度，严格以《禁止化学武器公约》规定为准绳，秉持客观、公正和专业精神，寻求协商一致解决重大问题。要切实避免动辄付诸表决，或出于政治目的针对特定国家等做法。

处理叙化武问题归根结底要有利于推进叙政治进程，服务叙及中东地区和平稳定。中方反对去年通过的化武追责决定，同时认为，当务之急是规范“调查鉴定组”工作，确保相关决定的执行回归公约框架，特别是启动调查应由执理会决定，相关调查应符合公约规定、仅限于查明事实，相关报告应提交执理会审议，并由执理会决定下步行动。

在妥善处理化武热点问题的同时，要重视并确保公约得到全面、平衡、有效落实，特别是要切实推进遗弃化武及库存化武销毁进程。今年 9 月，中日双方共同邀请禁化武组织执理会代表团成功访问中国哈尔巴岭日遗化武销毁设施。我们希望日方继续切实履行义务，进一步加大投入，按期彻底销毁日遗化武，并妥善处理受日遗化武污染土壤等突出问题。也希望各方继续加强对日遗化武销毁的审议和监督，确保日遗化武销毁核查等资源投入。

在各方努力下，化武裁军取得重要进展，但仍未画上句号，仍是公约的核心宗旨和目标。中方对叙利亚、俄罗斯、利比亚、伊拉克相继完成化武销毁表示欢迎。对个别国家没有按照公约规定的最终销毁时限在 2012 年 4 月前完成化武销毁表示严重关切。中方敦促美国作为唯一的化武拥有国，切实履行公约义务，按照缔约国大会关于化武销毁逾期的决定，在规定时限内尽早完成销毁。

中国一贯认真履行公约义务。中国的工业设施数量和接受视察次数均居缔约国之首，中国的会费比额已大幅攀升至所有缔约国第二位。明年中方将同禁化武组织一道，在华举办亚太地区履约高级别会议，推动提升地区及全球履约水平，欢迎各方积极参加。

主席先生，

当前生物安全在全球安全治理中的地位日益凸显。国际社会应携手推进《禁止生物武器公约》相关进程，深化生物安全国际合作，努力构建全球生物安全命运共同体。

中国一贯严格执行《禁止生物武器公约》，深入参与公约相关进程。中方支持谈判达成包含核查机制、具有法律约束力的议定书，切实提高公约有效性。中方积极倡导在公约框架下制定自愿性质的“生物科学家行为准则范本”，有效应对生物科技发展带来的新挑战。中方还倡导建立“生物防扩散出口管制与国际合作机制”，以平衡处理防扩散及国际合作的关系。希望各方积极支持。

当前中方正稳步推进生物安全立法进程，进一步完善生物安全顶层设计。本周一，中国生物安全法草案已提请全国人大常委会审议。中方高度重视生物安全国际合作，将继续致力于为国际社会提供更多生物安全公共产品。今年 7 月，中方在日内瓦举办公约专家会议边会，推动加强生物安全实验室能力建设，促进生物科技合作交流。今年 11 月，中方还将再次举办生物安全实验室管理与技术国际培训班，为发展中国家培养传染病防控研究人才。

中方坚决反对某个国家发布所谓遵约报告，对其他国家执行《禁止生物武器公约》等说三道四。我们敦促该国首先认真反思自身履行义务和兑现承诺情况，切实回应国际社会关切。

主席先生，

中方呼吁各方本着建设性态度，共同推动今年联大一委协商一致通过“执行《禁止化学武器公约》”决议草案，希望中方上述立场和关切在草案中得到妥善反映。同时，中方将继续支持联大一委通过“执行《禁止生物武器公约》”及“维护《1925 年日内瓦议定书》权威性的措施”决议草案。

主席先生，

中国与联合国刚刚联合举办了第三期“亚太地区防扩散国家联络点培训班”。来自亚太国家，以及国际原子能机构、禁化武组织、核供应国集团、导弹及其技术控制制度等国际组织与机制的代表参加培训。

中方郑重强调，大规模杀伤性武器及其运载工具扩散是全球性挑战，实现防扩散目标离不开多边主义，离不开联合国的引领，也离不开各国共同努力。应完善国际防扩散体系，寻求建立开放、包容的全球性防扩散出口管制机制，在实现防扩散目标的同时，确保各国充分享受科技和平利用的红利。

谢谢主席先生。

中国代表团在第 74 届联大四委关于“协助地雷行动”问题的发言

（2019 年 10 月 23 日）

主席先生：

近年来，在国际社会共同努力下，国际地雷行动取得积极进展，部分国家和地区雷患困扰有所缓解。中国代表团愿借此机会对联合国在该领域所做的大量工作表示高度赞赏。

中国政府主张，国际地雷行动应体现以下三个原则：一是充分考虑雷患国国情和要求，因地制宜开展扫雷援助与合作。二是加强雷患国自身能力建设，努力使其实现从依靠外援向以自身能力为主的转变，实现地雷行动可持续发展。三是注重提高扫雷援助与合作实际效果，不断开创地雷行动国际合作新方式。

中国是《特定常规武器公约》所附经修订的《地雷议定书》缔约国，忠实履行议定书规定的各项义务，积极参加相关专家组工作，并按时提交年度履约报告。

主席先生，

中国曾饱受雷患困扰，对有关雷患国的遭遇感同身受。中国政府积极致力于国际人道主义扫雷援助，帮助有关国家摆脱雷患困扰。自 1998 年以来，中国政府建立了长期、机制化的国际扫雷援助规划，通过捐款、援助扫雷器材、举办扫雷技术培训班、实地指导扫雷等方式，向 40 余个亚非拉国家提供了人道主义扫雷援助，受国际社会广泛好评。

2015年9月，中国国家主席习近平出席联大维和峰会时宣布，中国今后5年将开展10个扫雷援助项目。目前我们已提前超额实现上述承诺。2019年，中国政府在华为柬埔寨和老挝各举办一期国际人道主义扫雷培训班，共为两国培训了70名专业扫雷人员。中方还向柬、老援助了扫雷器材和人道主义物资。今后，中国愿继续与国际社会一道，共同为解决地雷等未爆弹药引发的人道主义问题作出贡献。

谢谢主席先生。

中国代表团在第74届联大一委关于常规武器问题的专题发言

（2019年10月25日）

主席先生：

常规武器滥用与非法贩运，严重影响地区局势稳定，持续造成人道主义问题，备受国际社会关注。在此背景下，常规武器问题在国际军控议程中日益突出。联合国秘书长在新裁军议程中谓之为“拯救生命的裁军”，这恰当反映了联合国框架内推动加强常规武器军控的重要意义。

中国政府一贯坚定支持并积极参与国际常规武器军控进程，致力于妥善解决常规武器领域人道主义问题。中国主张在平衡处理各国正当安全需要和人道主义关切的基础上，不断加强和完善常规军控领域的国际法律机制，维护国际持久和平与普遍安全。为此，中国积极参与联合国框架内常规武器领域各项议程，为推动相关多边军控进程不断作出积极贡献。

主席先生，

作为中国在军控领域一项重要积极行动，我们正积极推进加入《武器贸易条约》的进程。中国国务委员兼外长王毅不久前在联大正式宣布，中方已启动入约相关国内法律程序。这充分体现了中国对《武器贸易条约》宗旨和原则的支持，是中方在国际安全领域践行构建人类命运共同体理念、坚定支持多边主义的重要体现。我们愿与条约缔约国加强合作，共同打击常规武器非法贸易，维护国际和地区和平与稳定，妥善解决常规武器泛滥及非法转让造成的人道主义问题。

主席先生，

中方重视常规军备透明问题，致力于增进与各国军事和安全互信。中方高度重视联合国常规武器登记册，多年来坚持提交年度报告，并积极参与登记册政府专家组工作，为登记册运作和发展提出了不少有益建议。中方高兴地看到，今年登记册政府专家组再次协商一致通过报告，就促进提高登记册普遍性和有效性达成了许多共识。中方对专家组主席发挥的积极作用表示高度赞赏，也对专家组成员展现出的建设性合作和专业精神表示赞赏。

作为联合国另一项重要透明机制，“军费开支报告制度”在增进各国互信方面也发挥着积极作用。中方连续多年提交军费开支年度报告，并积极参加相关专家组会议。中方将继续支持该报告制度顺利运行并充分发挥其作用。

主席先生，

《特定常规武器公约》（CCW）在常规武器军控领域发挥着重要基石作用。作为公约及其5个附加议定书的“完全成员国”，中方一贯支持公约各项工作，忠实履行公约及其议定书义务，积极参与国际交流与合作。中国以建设性姿态参加了公约及其附加议定书历届缔约国会议，将继续积极参加今年缔约国会议并作出建设性贡献。

主席先生，

中方高度重视“致命性自主武器系统”（LAWS）引发的人道、法律、伦理关切，支持在《特定常规武器公约》框架下，继续就此进行深入探讨。中方认为，“致命性自主武器系统”属于未来武器概念，目前尚不存在，但为了防止机器自主杀人，有必要针对“全自主”致命性武器系统制定具有法律约束力的国际文书。各方应首先就“致命性自主武器系统”定义特征、范围等问题达成一致。今年“致命性自主武器系统”政府专家组协商一致达成了一条新的“指导原则”，同时延长了专家组授权，中方对此表示赞赏，并赞赏专家组主席（北马其顿共和国公参JIVAN先生）为此发挥的积极作用。这充分表明公约是讨论该问题的合适场所。中方愿继续与各方加强交流，积极探索妥善解决该问题的有效途径。

主席先生，

中方支持在《特定常规武器公约》框架下就非国家行为者滥用“简易爆炸装置”（IED）研究制定合理可行的解决办法。中方与比利时作为联合国“简易爆炸装置”处置标准工作组共同主席，研究制定了一套“简易爆炸装置”处置标准，旨在清除维和行动的障碍、减少人道主义伤亡，特别是为深受其害的国家提供借鉴，提高其处置能力。中方愿与国际社会一道，通过经验交流和技术合作等方式，继续为妥善解决“简易爆炸装置”问题发挥建设性作用。

主席先生，

轻小武器非法转让和滥用助长恐怖主义和极端势力活动，加剧了地区动荡和安全风险。各国应认真落实联合国轻小武器《行动纲领》和《识别与追查国际文书》等各项义务，不断加强相关能力建设，持续推进打击轻小武器非法贸易的多边进程。同时，积极开展国际合作，共同维护国际和地区稳定。中国政府一贯对包括轻小武器在内的军品出口采取高度慎重负责的态度，根据国内有关法律和承担的国际义务实行严格管理。

主席先生，

中方积极致力于国际人道主义扫雷援助事业。中国政府已通过捐款、援助器材、举办培训项目、实地指导等方式，向40余国提供了总额超过1亿元人民币的人道主义扫雷援助，培训800余名专业扫雷技术人员。2015年9月，中国国家主席习近平在联大维和峰会宣布，中方将于今后5年举办 10 个扫雷援助项目，迄今已提前超额完成。2019 年，中方划拨人道主义扫雷援助专项经费共计 950 万元人民币，为柬埔寨、老挝举办扫雷培训班并向其提供人道主义物资援助。中方将继续在力所能及的范围内，积极开展人道主义扫雷国际合作，协助遭受雷患的国家早日清除雷患，重建家园。

主席先生，

中方愿继续同各方加强合作与交流，携手推动常规武器军控领域各项工作取得新的进展与突破，为解决常规武器滥用引发的人道主义问题、维护国际和地区的和平与稳定作出积极贡献。

谢谢主席先生。

中国裁军大使李松在第74届联大一委关于外空问题的专题发言

（2019年10月29日）

主席先生：

中国代表团赞同不结盟、阿拉伯联盟、东盟、非盟、独联体以及刚才许多国家代表团的发言，大家共同呼吁防止外空武器化和军备竞赛，反映了国际社会压倒性的强大呼声。

外空是全人类共同财产。随着外空开发、空间科技进步及其广泛运用，外空与人类命运共同体的关系必将越来越紧密，关乎每一个国家切身利益。近40年来，联大每年以压倒性多数就防止外空军备竞赛通过决议，日内瓦裁军谈判会议一直在就外空问题开展工作，在裁谈会谈判达成新的外空军控条约是国际社会长期共识。维护外空安全必须以防止外空武器化和军备竞赛为前提。失去这个前提，外空永无宁日。在新的国际安全形势下，国际社会更需认真吸取历史教训，坚决摒弃冷战思维，坚决反对外空武器化，避免外空陷入军备竞赛。

联大通过的外空各项决议均主张弘扬多边主义，支持联合国发挥主渠道作用。中国和俄罗斯在裁谈会共同提出“外空条约”草案，旗帜鲜明地提出禁止在外空部署武器，禁止对外空物体使用或威胁使用武力。这是中俄在当前历史条件下提出的切实可行的选项，旨在及时通过国际条约的形式防止外空武器化和军备竞赛。我们欢迎各方积极提出意见建议，共同对草案加以完善，使其成为裁谈会谈判基础。我们也愿重视并认真研究其他成员国任何有助于推动裁谈会条约谈判的倡议和主张。但有一点必须明确，那就是任何倡议都不能背弃防止外空军备竞赛这个总目标，不能偏离致力于谈判缔约的大方向。

适当、可行的透明与建立信任措施有助于增进互信、减少误判、规范外空行为，但不能取代外空军控条约。中方支持各方在自愿基础上积极研究和落实联合国外空透明与建立信任措施政府专家组 2013 年报告成果。

主席先生，

中国一贯主张和平利用外空，坚决反对外空武器化和军备竞赛。中国没有称霸外空的军事战略或规划，过去、现在和将来都不参加任何外空军备竞赛。关于美国代表在发言中对中方的无理指责，中方坚决反对，我将在答辩环节作出回应。中方愿与各方共同努力，积极在外空领域践行构建人类命运共同体理念，为维护外空持久和平与共同安全作出贡献。

谢谢主席先生。

中国裁军大使李松在第 74 届联大一委关于外空问题的答辩发言

（2019 年 10 月 29 日）

在今天的发言中，美国和其他个别国家代表攻击中国的空间活动，并对中方有关外空军控政策提出质疑。中国代表团不接受上述指责。

如果说，外空军事化和军备竞赛已经或正在成为现实，美国难辞其咎。作为空间科技最发达、空间军事活动最活跃、具有全面空间军事化战略的超级大国，美国空间战略的实质是称霸外空。去年 12 月，美国领导人在肯尼迪空间中心直言不讳地声称，在特朗普总统领导下，美国正在采取步骤确保美在太空和地面一样占据国家安全上的统治地位。

美国称霸外空战略一直在推动其外空军事化进程，“星球大战”不断迈向现实。特朗普政府首次出台国家太空战略，决定组建太空军和太空司令部，加速开展一系列空间战推演和相关武器试验。试问美方，如果是另一个大国像美国这样虎视眈眈企图称霸外空，美国该怎么办？还会像现在这样千方百计阻挠裁谈会谈判防止外空军备竞赛国际条约吗？还会不惜独家阻挡联合国政府专家组通过相关报告吗？

我愿借此机会重申，中国不是美国，从来无意像美国那样称霸外空。中国无意与美国或其他任何国家一争高下，无论是在地面还是在外空。中国坚定不移致力于和平发展，坚持奉行防御性国防政策，不会在地面或外空参加任何形式的军备竞赛。中国所有空间活动均符合国际法和国际承诺，不针对任何特定国家。任何无意侵犯中国正当安全利益的国家，都不会感受到中国的威胁。

关于所谓中国发展反卫星能力问题，我愿提醒大家注意，中俄在“外空条约”草案中明确主张禁止对外空物体使用或威胁使用武力。这项条约义务足以解决反卫星武器问题。我想问问美国代表，数十年来，美国做过多少次具有反卫星武器性质和潜力的试验？美方愿不愿意通过国际军控条约的形式，承担不向外空物体使用武力的国际法律义务？

关于有些人提出，中俄外空条约草案缺乏核查条款，我愿澄清，中俄主张，由于外空核查技术尚不成熟，可将核查问题留待将来通过附加议定书的形式解决。这在军控条约中并非没有先例。比如在《禁止生物武器公约》核查问题上，美国和其他一些西方国家就持相似的主张。

主席先生，

美国要的外空安全，只是美国的外空安全。国际社会的根本目标应该是维护人类在外空的共同安全。我相信，国际社会不愿看到一个“美国统治，其他国家守规矩”的外空。外空的规矩必须由国际社会共同制定、共同遵守。外空安全只能建立在防止外空武器化和军备竞赛基础上。中方呼吁美方放弃称霸外空的战略和相关军控政策，与国际社会广大成员一道，认真致力于防止外空武器化和军备竞赛，还外空和平与安宁，不要让“星球大战”永远成为威胁地球安全的阴霾。

谢谢主席先生。

中国代表团在第74届联大一委关于裁军机制问题的专题发言

（2019年10月31日）

主席先生：

自第一届裁军特别联大以来，联大一委、裁谈会、裁审会等多边裁军机制在维护国际安全、推动军控与裁军进程方面发挥了不可替代的作用。当前，国际安全形势发生复杂深刻变化，个别国家大力推行单边主义，大肆破坏现行国际军控条约体系，企图把国际军控与裁军拉回到冷战时代。传统多边裁军机制的权威性面临严峻挑战，它们的有效性也受到削弱。

中方认为，联合国框架下的这些多边裁军机制，是联合国成员国坚持多边主义的重要体现，是各国平等讨论国际安全问题、推动国际军控进程、开展全球安全治理的重要平台。尤其是在当前复杂多变的国际安全形势下，这些机制的作用必须得到加强。

第一，应切实维护多边裁军机制的权威性。《禁止化学武器公约》《全面禁止核试验条约》等重要军控条约的达成，充分证明多边裁军机制本身的有效性和可行性。当前各方围绕军控与裁军优先议题的分歧导致的僵局不能归咎于机制本身及其议事规则。“另起炉灶”也不是出路。各方只有在相互尊重的基础上，通过平等协商弥合分歧，凝聚共识，才能真正为裁谈会、裁审会等裁军机制注入活力，推动国际军控与裁军进程取得进展。

第二，应坚决反对将多边裁军机制政治化。近年来，在一些多边裁军机制和条约组织中政治化倾向尤其突出。个别大国出于政治目的，借裁军平台干涉他国内政、指责抹黑其他国家的行为屡见不鲜。这严重干扰机制本身的工作，造成成员国的分裂。我们对此坚决反对。

第三，应推动裁军机制与时俱进。当前，传统安全与非传统安全问题相互交织，军控的内涵与外延不断延伸，新兴科技发展给国际安全带来的风险和挑战不断发酵。新形势下，多边裁军机制既要积极就传统议题开展工作，同时要与时俱进，在充分讨论基础上，积极就新的安全议题开展工作，妥善应对各类新的安全挑战。

中方将继续与各方一道，坚定致力于多边主义，积极支持并参与多边裁军机制工作，为维护多边裁军机制，不断推进国际军控和裁军进程而共同努力。

谢谢主席先生。

吴海涛大使在第 74 届联大“国际原子能机构的报告”议题下的发言

（2019 年 11 月 11 日）

主席先生：

中国代表团欢迎国际原子能机构代理总干事费鲁塔就机构工作所作的报告。中方对机构总干事天野之弥去世表示哀悼。

过去一年来，机构按照《规约》赋予的职责，在推动和平利用核能发展、扩大核技术应用、提升全球核安全与核能安全水平、维护国际核不扩散体系等方面开展了大量工作。机构相关工作有助于落实《巴黎协定》和“联合国 2030 可持续发展目标”，有助于维护国际和平与安全，中方对此表示赞赏。

主席先生，

当前，全球核能事业稳步发展，核科技应用日益广泛，在促进经济社会发展、保障能源安全、应对气候变化等方面作用愈加凸显。同时，国际安全形势复杂深刻演变，核不扩散与核安全领域挑战不断上升，核恐怖主义威胁不容忽视，机构任重道远。2020 年是《不扩散核武器条约》生效 50 周年，将迎来条约第十次审议大会。加强机构上述领域工作，也是条约在新时代维护和平、服务发展的应有之义。中方希望机构重点做好以下工作。

一是大力推动核能的和平利用。机构应根据世界核能发展形势及成员国需求，加大资源投入，继续为成员国开发利用核能和扩大核技术运用提供有力支持。加大对发展中国家在技术和资金等方面的支持和援助，积极推动相关国际合作，促进核能发展成果普惠共享。

二是加强机构保障监督体系建设。在确保客观公正前提下，继续推动全面监督协定和附加议定书的普遍适用，持续提升保障监督的有效性和效率，充分利用成员国的资源实现保障目标。希望机构秘书处继续就“国家级保障监督”与成员国保持充分沟通。

三是促进核能健康安全发展。继续积极推进机构核安全标准与核安保导则制订，加强同行评审服务，协助成员国开展能力建设并促进经验交流共享，努力构建高水平的全球核安全和核安保体系。

四是助力热点核问题的政治外交解决进程。中方赞赏机构为执行伊核问题全面协议所作贡献，支持机构继续秉持客观公正立场，履行好监督核查职责。中方支持机构在有关方达成政治方案基础上按照授权在对朝保障监督方面发挥作用，为实现朝鲜半岛无核化和长治久安作出应有贡献。

主席先生，

中方始终遵循“理性、协调、并进”的核安全观，坚持“安全第一”的方针，积极推进核能安全高效发展。我们始终大力推动核技术广泛应用，积极参与和平利用核能国际合作，致力于向其他核能新兴国家提供力所能及的帮助。我们坚定支持机构履行保障监督职能，维护国际核不扩散体系。中方愿继续深化与机构全方位合作，为促进国际安全与发展事业作出新的贡献。

谢谢主席先生。

四、热点军控问题

中国新任裁军大使李松
在裁谈会 2019 年一期会全会上的发言

（2019 年 1 月 21 日）

主席先生：

我很荣幸以中国第 11 任裁军大使的身份在裁谈会作首次发言。首先，请允许我对你就任裁谈会主席表示祝贺，也感谢你和各位同事对我到任表达的欢迎。

22 年前，我曾经作为中国代表团一名年轻的成员，在这庄严的理事厅参加了《全面禁止核试验条约》谈判。当时，在冷战结束、两极格局终结的历史背景下，和平、发展、合作成为国际社会普遍呼声，全球化为各国发展带来重要机遇。这也为核武器国家和无核武器国家共同推进国际军控、裁军和防扩散进程创造了重要条件。然而，我和各国同事们当初都不会想到，裁谈会此后长达 20 余年难以开展实质性工作。

历史不会将此归咎于裁谈会本身，同时历史也见证了国际格局的深刻演变。20 多年来，国际形势和大国关系都发生重要变化，人类社会日益成为休戚与共的命运共同体。新兴市场国家和发展中国家群体性崛起，呼唤新的全球治理理念、建立更加公正合理的国际秩序，成为维护多边主义、应对全球挑战的重要力量。正如联合国秘书长古特雷斯先生所言，当今世界正是最需要多边主义的时刻。联合国会员国携起手来，共同致力于维护全球战略稳定，推进国际军控与裁军进程，加强防扩散国际机制的权威性和有效性，显得愈发重要和紧迫。

改革开放40年来，中国综合国力持续增长，国际影响力不断提升，更加全面地参与以联合国为核心的国际体系。两年前，习近平主席莅临万国宫发表重要演讲，专门谈到日内瓦对中国参与国际多边事务的特殊记忆和情感。他强调，中国将始终不渝走和平发展道路，永不称霸，永不扩张，永不谋求势力范围。历史已经并将继续证明这一点。

主席先生，

多边军控、裁军和防扩散从来不是在真空中发展，裁谈会也不能在封闭的理事厅开展工作。裁谈会作为多边军控与裁军领域最具权威性和专业性的机制，亟须不忘初心、与时俱进，以更加开放包容的胸襟和更加灵活务实的姿态，结合当今国际政治安全现实，创造性地开展工作，焕发新的活力，肩负起新时代赋予的历史使命。为此，我和中国代表团愿以积极、建设性和专业性的态度支持各位轮值主席工作，与各国同事加强沟通协调，共同致力于“激活”裁谈会。作为一名“老兵”和“新人”，我有以下几点初步思考。

第一，我们应向国际社会特别是联合国所有会员国进一步开放。裁谈会讨论的议题涉及国际社会所有成员的安全利益，各方都有理所当然的知情权和发言权。在国际社会大力倡导多边主义的今天，裁谈会有必要在扩员问题上作出新的政治决断，进一步增强其权威性和有效性。同时，裁谈会也可通过更加灵活的形式与联合国各会员国政府加强互动，集思广益，调动国际社会各方巩固、推动和参与多边军控、裁军和防扩散进程的积极性。

第二，我们应向新议程和新议题开放。第一届裁军特别联大《最后文件》赋予裁谈会庄严使命，提出裁军领域的优先事项和措施，这是裁谈会的“初心”，我们不能忘、不能丢。我们要积极稳妥地推进裁谈会长期工作，包括坚持把裁谈会作为谈判“禁产条约”的唯一适当场所，推动谈判缔结无核安保和防止外空军备竞赛的国际法律文书。我们也有必要以更加宽广的视野审视维护战略平衡与稳定问题，使裁谈会围绕上述重大传统议题的工作与新的国际安全现实及其发展前景更有机地结合起来。与此同时，国际形势变化之快超出想象，特别是网络、人工智能等新兴科技发展给国际安全带来的巨大潜在风险和挑战仍在发酵，裁谈会在这些新领域探讨预防性军控外交思路和举措责无旁贷，迫在眉睫。

第三，我们有必要以更具开放性的姿态改进裁谈会工作方法。谈判有约束力的国际法律文书是裁谈会的主业，这一职责和地位不容改变。然而，在各国安全诉求愈发多元、对优先谈判领域长期存在较大分歧的情况下，谈判法律文书不应成为裁谈会的唯一使命。在裁谈会就一些紧迫安全议题谈判探讨制定一些行为准则等，既有助于打破裁谈会僵局，也可使在座同人在日内瓦的工作和生活更加忙碌而有意义。主意定了，办法不愁。如果各方同意开展多种形式的磋商和讨论，以及专家级交流，中国代表团愿积极支持和参加，并可邀请国内相关领域的优秀专家为裁谈会的讨论作出贡献。这些工作也是一种“预谈判”，可为未来启动相关领域的正式谈判打下扎实基础，创造有利条件。

主席先生，

中方支持裁谈会尽快达成全面平衡的工作计划。在各方积极努力下，去年裁谈会设立五个附属机构，就核心议题展开讨论，是裁谈会工作在正确方向上的积极进展。这一势头值得我们珍视、维护，并继续促进。我今天谈到的想法只是一些个人感悟，还不够成熟。我期待在未来的工作中与各位同事进一步深入探讨，共同推动裁谈会再创辉煌，推动国际军控、裁军和防扩散进程取得新进展，为维护世界和平与安全、促进多边主义与国际合作作出新贡献。

谢谢主席先生。

吴海涛大使在安理会
审议1540委员会工作公开会上的发言

（2019年3月19日）

主席女士：

中方感谢委员会主席加尼大使的通报。近期，委员会在推动第1540号决议执行、加强能力建设和技术援助等方面做了大量卓有成效工作，顺利通过今年的工作计划，确定了全年会议的初步安排，并已着眼于决议2021年全面审议启动初步筹备。中方对主席先生及其团队所作努力表示赞赏。

近年来，在各方长期共同努力下，国际防扩散共识不断加深，机制逐步完善，合作更趋深入。与此同时，全球安全形势依然复杂严峻。随着全球化发展和技术进步，非国家行为体，特别是恐怖分子获得大规模杀伤性武器及相关材料和技术的风险仍然存在。

主席女士，

新形势下，国际社会应继续深化合作，进一步加强防扩散领域全球治理。

第一，要坚持多边主义，营造有利安全环境。各方应秉持共同、综合、合作和可持续的安全观，构建公道正义、共建共享的安全格局，营造普遍安全的国际和地区环境。应照顾各国在安全领域合理关切，寻求共同安全，消除恐怖主义和极端主义滋生的土壤和扩散动因，从根本上消除扩散威胁。

第二，要维护国际规则，巩固国际防扩散体系。国际社会建立了以

《联合国宪章》为准则，以《不扩散核武器条约》《禁止生物武器条约》《禁止化学武器条约》及安理会第 1540 号等相关决议为法律基础，以相关防扩散机制为补充的国际防扩散体系。各方应切实维护国际防扩散体系的权威性、普遍性和有效性，切实避免非国家行为体，特别是恐怖分子获取大规模杀伤性武器及相关材料、技术。

第三，要强化国家责任，推进务实合作。防扩散的首要责任应由各国政府承担。应尊重和支持各国根据本国国情制定防扩散政策，健全防扩散法律法规体系。各方应在平等和相互尊重基础上深化防扩散务实合作，重点满足发展中国家在防扩散领域的国际援助需求，帮助发展中国家加强能力建设。

第四，要恪守决议授权，加强安理会第 1540 号决议的全面有效执行。委员会应坚持协商一致原则，确保成员国在防扩散工作中的主导地位，平衡推进各项工作，切实提高各国执行决议能力。同时加强规划，有序推进决议 2021 年全面审议相关工作。

主席女士，

中国坚决反对大规模杀伤性武器及其运载工具的扩散，一贯严格履行防扩散国际义务，致力于防扩散热点问题政治解决，并为此作出积极贡献。中方愿进一步深化同委员会的合作，将继续与各方一道，为完善国际防扩散体系，加强防扩散全球治理，共同建设持久和平、普遍安全的世界作出积极贡献。

谢谢主席女士。

中国裁军大使李松在裁谈会非正式会议上关于核战略与核军控等问题的发言

（2019 年 5 月 14 日）

主席先生：

根据成员国的意见，你将今天关于“核威慑”的讨论安排成非正式会议，中国代表团对此表示肯定。因为“核威慑”并非裁谈会的正式议题。在你 3 月 26 日主持的裁谈会全会上，我就在发言中明确表示，美方以裁谈会轮值主席身份组织各方围绕美方提出的“为核裁军创造环境”问题展开专题讨论，这一讨论本应在裁谈会议程中的“核裁军”项下进行。我愿强调，今天在这里讨论“核威慑”问题，也理应在裁谈会“核裁军”或“防止核战争”议题下进行。中国代表团愿本着这样的认识，介绍中方有关立场和主张。

建立在首先使用核武器基础上的核威慑政策，其本身就是对国际和平与安全的最大威胁之一。将核威慑矛头指向无核武器国家，是霸权主义和强权政治的突出体现。核武器与核威慑在第二次世界大战末期相伴而生，人类社会从此被核战争阴霾笼罩，冷战期间尤甚。冷战结束后，国际安全环境大为缓和，但冷战思维的幽灵不散，至今仍是个别大国国家安全战略的重要基因。有关国家奉行单边主义，渲染大国竞争和地缘博弈，谋求绝对军事优势，不断恶化国际安全环境。全球战略稳定受到新的冲击，基于长期国际共识的核裁军进程严重受挫，包括裁谈会广大成员国在内的国际社会对此深感忧虑。

美国前总统里根在冷战后期有一句名言“核战争打不赢，也打不得”。今年以来，包括联合国秘书长古特雷斯在内的许多国家和人士都在引用这句话。这绝非偶然，体现了国际社会的呼声。诚然，这句冷战期间出自美国总统之口的名言，在35年后的今天，理应继续成为国际社会特别是核武器国家的共同信念和郑重承诺。

主席先生，

中国坚定奉行自卫防御的核战略，以保证国家免受外来核攻击为基本使命。中国核战略之所以在核武器国家中独树一帜，是因为中国发展核武器是在极为特殊的冷战时期被迫作出的历史性选择，旨在应对核威胁、打破核垄断、防止核战争。中国发展核武器从来不是为了威胁别国。在中国拥有核武器的第一天起就明确承诺在任何时候、任何情况下都不首先使用核武器，并承诺无条件不对无核武器国家和无核武器区使用或威胁使用核武器。

基于上述防御性核战略，中国确定了与之相应的核武器作用、核武器使用、核力量规模、核武器戒备状态和核军控等政策。基于上述防御性核战略，中国发展核力量一直非常克制，始终维持在维护国家安全需要的最低水平，从不与其他核武器国家比投入、比数量、比规模。中国不参加任何形式的核军备竞赛，不为别国提供核保护伞，不在别国部署核武器。中国的核武器都是战略性的，在核武器使用方面采取极端谨慎的态度。中国的核政策是高度负责的。拥有核武器几十年来，无论是在冷战时期面临核威胁与核讹诈的时候，还是冷战后国际安全环境发生巨大变化的情况下，中国始终恪守“不首先使用”和“无核安保”承诺，不附加任何条件，今后也不会改变。

主席先生，

核战争没有最后的胜利者，只会给人类带来巨大的，甚至是毁灭性的灾难。中国主张，核武器国家应摒弃冷战思维和零和观念，放弃以先发制人为核心的核威慑政策，遏制核军备竞赛冲动，降低核武器在国家安全政策中的作用。核武器国家之间相互承诺任何时候、任何情况下都不首先使用核武器，必将大大降低核武器威胁、减少核战争危险。正基于此，中国早在1994年1月就向其他四个核武器国家提交了“互不首先使用核武条约”草案，并积极谋求与其他核武器国家在双边或多边基础上承诺互不首先使用核武器。与此同时，核武器国家应向无核武器国家提供无条件的“不使用或威胁使用核武器”安全保证。这对进一步降低核武器威胁、减少核战争风险、防止核武器扩散具有不可替代的重要意义。

核武器国家还有必要共同维护国际和地区的战略平衡与稳定。一是倡导共同安全，明确战略稳定目标；二是持续增进互信，筑牢战略稳定根基；三是信守规则，维护战略稳定框架；四是沟通交流，凝聚战略稳定共识。

刚才有人在发言中提到，中国不愿参加关于战略稳定的对话，这不是事实。事实上，中国积极致力于推动五核国加强核战略与核政策对话。这是五核国北京会议达成的最重要共识之一。2月初，我在裁谈会全会上向大家详细通报了北京会议的情况。在这次会议上，中方作为五核国合作机制协调员，积极推动各方客观看待彼此战略意图，尊重彼此安全关切，妥善管控分歧，防止战略误判引发意外和危机，避免大国竞争成为自我实现的预言。中方主张，五核国应从战略力量、政策取向、战略互信等角度，循序渐进地讨论战略稳定内涵和要素，逐渐凝聚共识，扩大利益汇合点。

主席先生，

核武器应最终被全面禁止和彻底销毁。核裁军须遵循“维护全球战略稳定”和“各国安全不受减损”等原则，以循序渐进的方式加以推进。关于今天有人在发言中提到的所谓“中国加入美俄核裁军进程”问题，中国外长和外交部发言人近日已作出明确表态。中国始终不渝走和平发展道路，奉行防御性国防政策。中国的国防投入合理适度，核力量始终维持在国家安全需要的最低水平，与美俄相比不在一个数量级，情况完全不同。中国反对任何国家在军控问题上拿中国说事，无意也没有必要加入美俄两国的核裁军谈判。

刚才大家都听到俄罗斯代表的长篇发言，这再次表明美国与俄罗斯继续通过协商解决分歧的必要性。我们鼓励美俄保持认真对话与谈判，致力于保留《中导条约》，推动《进一步削减进攻性战略武器条约》延期。美俄作为拥有最大核武库的国家，应按照国际社会长期共识，切实履行核裁军特殊、优先责任，继续以可核查、不可逆方式进一步大幅实质性削减核武库，为其他核武器国家加入多边核裁军进程创造条件和环境。

就中方而言，中国将恪守在《不扩散核武器条约》审议进程中关于履行条约“核裁军条款”（第六条）的承诺，继续本着负责任和建设性态度，与国际社会一道，共同促进世界和平稳定，致力于“无核武器世界”这一远大目标。

谢谢主席先生。

中国裁军大使李松在裁谈会关于“核透明”问题的发言

（2019 年 5 月 22 日）

主席先生：

今天你主持会议讨论的题目是“透明”问题，我也愿在此和大家分享中国代表团的看法。今天的讨论仍应在裁谈会相关议题下进行。

“军备透明”作为军控和裁军领域的重要理念，在冷战结束后被联合国大会认可并加以推广。当时的历史背景是，以北约和华约两大集团军事对峙为基本特征的国际安全环境从根本上得到缓和，广大联合国会员国热切希望超级大国摒弃冷战思维，采取切实措施增进战略互信，推动双边核裁军，促进国际和地区的和平、安全与稳定。

透明本身不是目的，而是增进信任、避免误判、缓解紧张的一种手段。由于各国国情、政策、实力千差万别，显然不存在放之四海而皆准的“透明”标准和要求。透明是否有助于增进各国安全？什么样的透明才真正有助于增进安全？不同国家有不同的视角、体会和主张。各国具备足够的互信基础，尊重彼此的安全关切，致力于共同安全，是实现透明的必要前提。没有这个前提，无视这个前提，透明就是虚伪的、毫无意义的透明，就会成为恃强凌弱的工具。

主席先生，

透明从来都不会在真空中孤立存在，与国际安全环境和各国安全政策密切相关。当前，国际安全环境出现冷战结束以来又一次重大变化，不稳定不确定因素增多，单边主义和霸凌行径成为霸权主义新的表现形式。冷战思维回归，成为个别大国国家安全战略和相关政策的根本遵循。这个国家把本国绝对战略优势和安全利益凌驾于国际诚信与规则之上，不断破坏和退出国际条约和机制，强化自身战略攻防力量建设，加剧紧张局势，挑起军备竞赛，破坏战略稳定。裁谈会在这样的环境下讨论透明问题，好像会场外什么事都没有发生一样，极具讽刺意味。

当今国际安全环境的一个突出特点是不安全感的蔓延，特别是美国总是在强调，其他国家使其感到不安全。这个现象很奇怪。我衷心希望美国的政策制定者和有识之士能够换一个角度看待本国所处的安全环境问题。你把多少国家视为敌手，你就是在为自己制造几个敌人，尽管有关国家很可能无意与你为敌。这令人想起塞万提斯笔下的堂·吉诃德，全副武装、跃跃欲试地要与风车作战。基于这种心态制定的国家安全战略，其本身就对国际和平与安全构成潜在威胁。

主席先生，

上周，我在这里全面介绍了中国的核战略以及在核军控等问题上的立场和主张。我之所以这样做，是由于一个时期以来，美国反复指责中国正当合理的国防建设，宣称要推动中国加入美俄军控协议。就在我发言的第二天，美国政府的高官再次公开表示，中国在核力量现代化规模等问题上缺乏透明，使美方对中方核力量发展的意图产生疑问。我不得不说，这是典型的以己之心，度人之腹。我愿借此机会声明，中国不是美国，中国也不会成为美国，中国奉行的不是美国的核战略及核政策。美国对中国的上述指责毫无根据，而是以其他国家为借口逃避自身所理应继续担负的国际责任。搞中美俄三边军控谈判的前提和基础根本不存在，中方绝不会参加。

中方一贯认为，意图和政策的透明是最具现实意义的透明。中国的核战略与核政策在所有核武器国家之中是最为透明的。正如我在上周发言中所重点阐释的，中国坚定走和平发展道路，奉行自卫防御的核战略；中国无条件承诺不首先使用核武器，不对无核武器国家和无核武器区使用或威胁使用核武器。中国从来没有任何见不得人的战略意图，任何国家都不会受到中国核武器的威胁。

主席先生，

中方主张，核透明必须遵循“各国安全不受减损”这一重要原则，充分考虑各国面临的安全环境，由各国根据国情自愿实施。各国应充分考虑彼此在核战略和核力量方面的不同，接受在透明度和侧重点上存在差异。中方会继续本着上述原则，在核透明方面采取必要举措，包括积极推动并参与五核国围绕战略安全、各自核政策与核战略的对话，推动各方客观看待彼此战略意图，防止误解误判，增进战略互信，维护共同安全。当前国际安全形势下，五核国尤其有必要积极倡导以大国协调代替大国竞争，以合作共赢代替零和博弈，为促进世界和平与稳定作出应有贡献。希望有关国家与中方相向而行。

在前不久举行的《不扩散核武器条约》第十次审议大会第三次筹备会上，中国再次提交履约国家报告，其中全面介绍了中方对包括核透明在内的相关政策、主张和具体举措。该报告以及我上周、本周在裁谈会发言的全文，都会在中国驻日内瓦代表团网站上发布。欢迎各方查阅了解。

谢谢主席先生。

中国裁军大使李松
在日内瓦外空安全研讨会上的发言

（2019 年 5 月 28 日）

尊敬的联合国裁研所主任达万博士，

尊敬的战略研究基金会主任帕斯科博士，

各位同事，女士们、先生们：

首先，我谨对召开本次会议表示祝贺，向主办方和其他捐助方表示感谢，对参会官员和专家表示欢迎。这是我就任中国裁军大使以来，首次参加该研讨会，很高兴与在座各位就外空安全这一重要问题深入探讨。

中国政府从 2005 年起为研讨会提供资助。作为一名曾长期从事外空军控工作的外交官，我欣慰地看到，经过十多年的发展，这一研讨会已成为外空安全领域重要的会议之一，为各国、各界代表从不同角度探讨外空问题搭建了良好平台。在当前外空安全问题日益突出的背景下，此次研讨会意义更加重大。

各位同事，

裁谈会审议防止外空军备竞赛议题始于 20 世纪 80 年代，授权来自 1978 年第一届裁军特别联大《最后文件》以及 1981 年“全面彻底裁军”联大决议。而国际社会关于防止外空成为冲突疆域的理念形成得则更早。1958 年，第一颗人造卫星发射成功的第二年，联合国“和平利用外空问题”决议就提出，希望避免“当前国家敌对状态”延伸至外空。这表明国际社会在外空时代伊始，就已未雨绸缪，致力于防止外空像陆地、海洋、天空等疆域那样成为新的战场。

30 多年来，裁谈会就防止外空军备竞赛议题开展了大量工作，并于 1985 年至 1994 年连续 10 年成立特委会，就该议题所涉各方面问题深入讨论。2008 年，中俄在各国多年讨论基础上，向裁谈会正式提交“防止在外空放置武器、对外空物体使用或威胁使用武力条约”（PPWT）草案，并于 2014 年作出更新，得到绝大多数国家支持。但遗憾的是，由于少数国家的反对，裁谈会始终未能就条约草案开展实质性工作。

考虑到防止外空军备竞赛的重要性和紧迫性，2017 年中国和俄罗斯等 30 余国向联大提交决议，建议成立政府专家组讨论法律文书要素问题。近期结束的专家组会上，各方经过艰苦努力，形成了平衡、客观的报告草案，本可以成为协商一致基础。但令人失望的是，由于一个国家的阻挡，专家组未能通过报告。巴西大使作为专家组主席，稍后还会详细介绍专家组工作情况。在此，我要对他的专业精神和付出的重大努力表示赞赏。尽管结局不完满，但过程同样重要。此次专家组是数十年来外空军控讨论最深入、实质的一次，为裁谈会继续推动防止外空军备竞赛国际法律文书谈判奠定了重要基础。

各位同事，

当前，全球战略安全格局正在经历前所未有的深刻调整，外空作为战略安全新疆域的特点更加突出。通过我多年的观察，防止外空军备竞赛绝不是“狼来了”的空喊，外空武器化的现实威胁已迫在眉睫。外空军控已经成为国际社会面临的紧迫任务。多年来，包括裁谈会在内的国际社会围绕外空军控作了大量努力，取得了很多共识。但令人遗憾的是，外空军控仍未取得实质性进展。为继续推动裁谈会在该问题上发挥引领作用，我们有必要厘清几个根本性问题。

第一，外空是否面临军备竞赛和武器化威胁？

有观点认为，外空尚不存在军备竞赛和武器化威胁。但客观现实是怎样呢？近年来，一个超级大国在主导外空战略驱动下，明确把外空定位为作战疆域，大力推进外空军力建设，构建外空军事同盟体系，还计划将反导武器引入外空。一些国家也纷纷跟进大力发展外空军力。外空军备竞赛和武器化的风险日益趋近现实。如果我们面对此种现实，仍然坚持认为不存在威胁，那只能是“选择性失明”或没有政治意愿了。因此，我们必须面对现实，防患于未然，增强外空军控的紧迫感，避免走核武器先发展、再裁减的老路。

第二，现有法律文书是否足以防止外空军备竞赛？

这个问题是近期结束的联合国政府专家组讨论的重点之一。一些国家认为现有国际法律文书足以防止外空军备竞赛。但绝大多数国家认为，现有外空相关国际法律文书，包括 1963 年《部分禁止核试验条约》、1967 年《外空条约》、1979 年《月球协定》等虽然在确保外空和平性质方面发挥了重要作用，但并不禁止非大规模杀伤性武器进入外空，也不能防止对外空物体使用或威胁使用武力，在维护外空安全方面存在漏洞。客观地看，最近的一份外空国际法律文书达成距今已有 40 年，外空领域也没有专门的军控法律文书。这与该疆域与日俱增的战略安全地位、日新月异的技术发展以及外空武器化的新趋势相比，确实非常滞后，需要我们共同努力，改变这一状况。

第三，透明与建立信任措施是否足以取代法律文书谈判？

当前关于外空安全全球治理的争论，似乎正在演变为法律文书和透明措施间的道路之争。中方大力推动法律文书谈判，但并不反对透明与建立信任措施。事实上，中方一直是联合国有关进程的倡导者和推动者。我们认为，透明措施作为增信释疑、防范冲突的手段，对维护外空安全、实现防止外空军备竞赛目标具有积极作用。法律文书和透明措施应并行不悖，相互促进、互为补充。但我们反对片面强调透明措施、否认法律文书的必要性和可行性。中国有句古话，叫“法者，治之端也”。没有法律文书为基础，透明措施以其自愿性和灵活性，难以从根本上维护外空和平。历史实践表明，没有任何一个领域的军控裁军，可以通过透明与建立信任措施来完成。

各位同事，

外空与核、导等战略能力密切相关，是全球战略平衡与稳定的重要组成部分。防止外空军备竞赛与其他三个核议题并列为裁谈会四大核心议题，国际社会应予以同等重视。裁谈会作为多边军控与裁军领域最具权威性和专业性的机制，理应担起应有的责任，在推动防止外空军备竞赛方面发挥作用。为此，我愿对裁谈会下步工作提出几点初步建议。

第一，要进一步明确谈判外空军控法律文书的目标。联合国自 20 世纪 80 年代起，每年均通过决议，强调防止外空军备竞赛法律文书谈判是裁谈会的优先任务。从今年 2 月联合国政府专家组开放式会议情况看，这一点仍是广大国际社会的共同呼声。裁谈会作为唯一多边裁军谈判机构，应义不容辞担负起国际社会赋予的责任，早日启动条约谈判进程，努力争取尽快达成条约，以填补外空军控法律文书空白。

第二，在达成全面平衡工作计划启动谈判之前，可以就法律文书要素展开技术性讨论。此次政府专家组虽未能协商一致通过报告，但各方就未来外空军控条约的要素进行了广泛讨论，提出了一系列需继续研讨的技术问题，如天对天、天对地、地对天的攻击技术、军民两用技术，以及定义、核查等大量问题。裁谈会下步应充分利用此次政府专家组工作成果，就法律文书的范围、义务、核查、定义及透明措施等问题举行技术讨论，为未来启动条约谈判奠定基础。

第三，加强与联合国有关外空问题多边机制的联系。外空技术两用性突出，随着外空应用深入发展，外空军事意义上的安全（ security）与和平利用意义上的安全（safety）界限日趋模糊。近年来，裁审会、外空委，以及联大一委、四委等机构根据各自职责，就外空安全问题开展了大量工作，各平台间跨界融合的趋势日益明显。在此背景下，裁谈会有必要进一步开放，强化与联合国各机构的联系，同时还要重视与外空业界和学术机构沟通，通过定期邀请这些机构到会发言等方式，扩大视野，深化认识，为裁谈会外空议题工作注入活力。

各位同事，

去年裁谈会成立附属机构，就所有核心议题展开讨论并达成报告，这不仅是对裁谈会工作方法的创新，也有助于推进实质性工作。今年裁谈会虽未能再次成立附属机构，但并不意味着不能开展实质讨论。希望裁谈会轮值主席合理安排接下来的时间，结合防止外空军备竞赛议题最新进展，积极进取、开拓思路，争取在去年的基础上，推动外空军控进程取得新进展，为维护外空和平与安全作出积极贡献！

谢谢大家。

裁谈会应担当起防止外空军备竞赛的历史重任

——李松大使在裁谈会关于“防止外空军备竞赛”的发言

（2019 年 6 月 14 日）

主席先生，各位同事：

中国代表团感谢主席先生组织这次会议，引导各方围绕“防止外空军备竞赛”议题进行深入讨论。这次会议不仅有利于推进裁谈会实质性工作，也有利于各方进一步深化认识，拓展思路，共同探寻防止外空军备竞赛的出路和方向。

自从人类进入外空，就致力于维护外空的和平与安宁。从 1958 年联大通过的《和平利用外空问题》决议，到 1967 年《外空条约》，特别是 1978 年第一届裁军特别联大《最后文件》和 1981 年“全面彻底裁军”联大决议，国际社会明确将防止外空军备竞赛确立为维护国际和平与安全、确保外空长治久安的重要目标之一，其在全球安全治理领域中的地位不亚于全面禁止和彻底销毁核武器。

裁谈会从 20 世纪 70 年代起被赋予审议防止外空军备竞赛议题的重要使命，并连续 10 年成立特委会开展工作。1981 年至今，联大每年以压倒性多数通过决议，强调防止外空军备竞赛的重要性和紧迫性，要求裁谈会就此谈判达成国际法律文书。由于有关条约谈判长期难以启动，一些国家提出，外空武器化业已难以避免，再谈防止外空军备竞赛已经过时；与其花费精力谈判法律条约，不如更加关注外空安全问题，将国际努力重点放在制定外空行为规范、实行外空透明和建立信任措施等。这种观点非常危险。说到底，我们要防止外空像陆地、海洋和天空那样成为新的战场，而不是仅仅制定“外空交通规则”。否则，这些“交通规则”终有一天会成为外空作战守则。历史实践表明，任何一个领域的军控裁军都不可能仅仅通过透明和建立信任措施来完成。正如无核武器国家不会因为致力于加强核安全而放弃“无核武器世界”最终目标，国际社会绝大多数成员也不会因为加强外空安全而同意放弃防止外空武器化和军备竞赛。这是人类确保外空安全的“初心”，从而构成一种道义威慑力量。

主席先生，

当前，全球战略安全格局正在经历深刻调整，外空作为战略安全新疆域的特点更加突出。一个超级大国在主导外空战略驱动下，一方面长期抵制以防止外空竞赛为核心目标的外空军控条约，另一方面明确把外空定位为作战疆域，大力推进外空军力建设，构建外空军事同盟体系，还计划将反导武器引入外空。特别是在有关国家企图摆脱双边核军控条约束缚，放手发展战略攻防力量的新形势下，由于外空武器的战略意义，以及有关国家军备发展规划之间的重要关联性，外空武器化和军备竞赛的现实威胁更显得迫在眉睫。

中国长期致力于推动防止外空军备竞赛多边进程，与俄罗斯等国一道，就推动裁谈会启动外空法律文书谈判作出不懈努力。中俄 2014 年向裁谈会提交更新版的“防止在外空放置武器、对外空物体使用或威胁使用武力条约”（PPWT）草案，迄今仍是唯一可供作为谈判基础的文本。中俄草案立足于国际政治安全和外空技术发展现实，提出国际社会现阶段以具有法律约束力的形式防止外空武器化和军备竞赛的可行途径，即：禁止在外空部署武器、禁止对外空物体使用或威胁使用武力；核查问题留待今后以附加议定书的形式解决，透明和建立信任措施可作为履约补充自愿实施。我愿重申，这是一项开放的条约文本，我们无意将其强加于人；欢迎各方围绕其内容进行深入探讨，加以完善。这有利于裁谈会就谈判外空领域新的国际法律文书进行实质性准备。

今年联合国“防止外空军备竞赛”政府专家组的工作，也是各方在外空军控领域作出的重要努力。专家组会议期间，各方就法律文书要素问题进行了深入讨论。参加这项工作的中国同事告诉我，这可以说是数十年来外空军控讨论最深入、实质的讨论。尽管由于一国独家阻挡，专家组未能通过提交联大的实质性报告，但许多国家认为，这个功亏一篑的专家组工作，仍应得到充分肯定，是裁谈会继续推动国际法律文书谈判相关工作的重要基础。让我们对专家组主席帕特里奥塔（Patriota）大使和各位成员的工作表示高度赞赏。

主席先生，

不久前，在联合国裁研所举办的 2019 年外空安全研讨会上，各方围绕外空安全相关问题再次进行广泛、深入的沟通，许多与会人士强调防止外空军备竞赛的现实意义和紧迫性。坦率地说，在一个主要大国愈发无视多边机制和国际条约的价值和意义，同时执意推行其进攻性外空军事战略的大背景下，中俄 PPWT 草案成为一项正式国际条约的前景并不乐观。但悲观解决不了任何问题。越是在国际安全环境恶化的艰难时刻，我们越应不忘初心，脚踏实地，推动裁谈会担当起历史重任，通过裁谈会成员国的共同努力和国际道义的力量，牵制个别国家的外空霸权冲动，坚定不移地致力于防止外空武器化和外空军备竞赛。在此，中国代表团愿对裁谈会下步工作提出几点建议：

第一，继续将谈判达成防止外空武器化和军备竞赛的国际法律文书作为裁谈会就外空议题开展工作的明确目标。裁谈会作为唯一权威性多边裁军谈判机构，对此当仁不让，义不容辞，作用无可替代。

第二，在外空条约谈判正式启动之前，裁谈会可在各成员国围绕外空议题作出的既有贡献基础上，充分利用联合国政府专家组工作成果，就外空国际法律文书的范围、义务、核查、定义及透明措施等问题开展广泛技术性讨论，为未来启动条约谈判进行充分准备。

第三，裁谈会有必要进一步开放，加强与裁审会、外空委，以及联大一委、四委等机构的联系，同时还要重视与外空业界和学术机构沟通，通过定期邀请有关各方到裁谈会发言等方式，扩大视野，深化认识，为裁谈会外空议题的实质性工作注入新的活力。

各位同事，裁谈会的重任，就是我们的使命。让我们共同努力，使“星球大战”远离人类面临的安全现实，永远成为好莱坞的科幻题材。

谢谢主席先生。

中国裁军大使李松在裁谈会介绍《中俄关于加强当代全球战略稳定的联合声明》的发言

（2019 年 6 月 14 日）

主席先生：

6 月 5 日，中国国家主席习近平与俄罗斯联邦总统普京共同签署并发表了《中华人民共和国和俄罗斯联邦关于加强当代全球战略稳定的联合声明》。这是继 2016 年之后，中俄两国元首再次就全球战略稳定问题发表共同立场，具有十分重要的现实意义和深远的战略意义。

当前，国际局势中不确定、不稳定因素持续增多。个别大国的单边主义、霸凌主义行径，造成一系列后果。国际战略稳定受到冲击，多边体系遭受侵蚀，地区热点问题持续升温，新安全挑战层出不穷。面对前所未有的挑战，中俄两国领导人共同发表声明，为中俄在新的历史时期进一步加强战略协作指明了方向，也给充满不确定性的世界增添了信心。

中俄展示了维护全球战略稳定的负责任态度。过去几十年来形成的俄美双边裁军条约体系是全球安全体系的重要组成部分。面对新的形势，中俄两国在声明中强调，核武器国家应摈弃冷战思维和零和博弈，停止毫无限制地发展全球反导系统，减少核武器在国家安全政策中的作用，切实降低核战争威胁。双方重申，核裁军领域的国际法律文书和国际共识应该得到遵守，条约当事方应努力恢复《中导条约》活力，延长新 START 条约。中俄致力于维护全球战略稳定的鲜明态度，有利于推动大国增进战略互信，履行国际安全义务。

中俄展示了对多边主义的有力支持。在全球化时代，没有哪个国家能够独自应对各种全球性挑战，也没有哪个国家能够在自我封闭的环境下实现绝对安全。中俄用实际行动体现了对多边主义的支持。两国在声明中表示，支持联合国及多边裁军机制在国际军控进程中发挥核心作用，维护和加强《不扩散核武器条约》《全面禁止核试验条约》《禁止生物武器公约》等多边军控条约，巩固国际军控防扩散体系。当前形势下，中俄坚定捍卫多边主义，有利于遏制单边主义的蔓延势头，有利于维护《联合国宪章》宗旨和原则，有利于通过国际合作保障每一个国家的正当安全利益。

中俄展示了推动地区热点问题政治解决的坚定决心。当前，国际和地区安全热点问题呈升温态势，牵动国际和地区和平与安全。中俄始终是推动政治解决地区热点问题的重要力量。双方在声明中重申维护安理会决议和《联合国宪章》，反对单边制裁与长臂管辖，呼吁各方继续全面履行伊核全面协议，在《禁止化学武器公约》框架下妥善解决叙利亚化武争议。中俄坚定推动地区热点问题的政治外交解决进程，有利于维护国际公平正义，有利于倡导以合作代替对抗，以协商代替胁迫，有利于维护联合国和安理会的权威，促进国际和地区和平稳定。

中俄展示了应对新型安全挑战的积极意愿。伴随时代进步，科技创新突飞猛进，有力促进了各国经济社会发展。但是，科技发展也是一把双刃剑。外空、网络、人工智能等新兴科技的军事应用，正对国际安全产生重大影响，需要妥善应对。中俄在声明中主张加强预防性外交，就防止外空武器化和军备竞赛谈判缔结有法律约束力的国际文书，主张以联合国为平台，研究科技发展成果对国际安全可能造成的影响及其法制化规范，确保各方平等参与。中俄倡导合作应对新型安全挑战，有利于推动新科技的和平利用，有利于加强安全新疆域的国际合作和国际治理。

主席先生，

国际安全和全球战略稳定形势正处于关键的十字路口。中俄两国在维护世界和平安全、促进共同发展方面发挥“稳定锚”作用，既符合两国共同利益，也是国际社会共同期待。我愿借此机会强调，中俄领导人发表上述共同声明，并非针对某个特定国家，而是针对冷战思维、单边主义以及置国际道义、战略稳定和现行国际机制于不顾的心态、政策和行径。中俄致力于维护的不仅是两国共同利益，更是全球战略稳定、国际和平与安全，以及国际社会的共同利益。从这个意义上讲，我们视所有国家为平等合作伙伴。毋庸讳言，我们也理应成为共同致力于维护多边主义的伙伴。

中国代表团将与俄罗斯代表团和其他裁谈会成员国代表团一道，以积极、建设性和负责任的态度，共同致力于推动裁谈会工作，尽早制订全面、平衡的工作计划以及就各项突出、紧迫议题开展实质性工作的具体安排。我本人和我的团队愿与俄罗斯、美国、英国、法国同事及其团队一起，继续积极致力于加强五核国合作机制，为维护全球战略稳定、促进国际和平与安全作出不懈努力。

谢谢主席先生。

吴海涛大使在安理会伊朗核问题公开会上的发言

（2019年6月26日）

主席先生：

我感谢迪卡洛副秘书长、阿尔梅达大使和佩克斯汀大使所作通报，对有关各方所做工作表示赞赏。

伊朗核问题全面协议是业经安理会核可的多边协议，具有国际法效力，是多边主义重要成果，对维护国际核不扩散体系、维护中东和平稳定至关重要。当前，全面协议执行正处于关键时期。有关各方都应从大局和长远出发，继续坚定维护和执行第2231号决议和全面协议，履行各自责任和义务。

国际原子能机构已连续15次确认伊朗履行了全面协议核领域义务，安理会与“采购渠道”协调运转正常。中方赞赏伊方为执行决议和全面协议所作努力，希望伊朗继续执行全面协议。中方希望其他各方切实履行所作承诺，尊重伊方合理要求，采取积极措施，维护全面协议权利与义务的平衡。中方对美国退出全面协议并对伊方实施单边制裁表示遗憾，呼吁各方致力于妥善解决同伊维持正常经贸合作面临的困难。

主席先生，

秘书长报告是决议和全面协议执行进程中的一个重要方面。报告呼吁各方共同维护全面协议、保护同伊自由开展合法贸易、支持“采购渠道”、维护地区稳定，中方对此表示肯定。同时，中方认为，报告应客观、平衡、全面反映决议执行情况，充分照顾伊方合理关切，秘书处应严格按授权和职能行事。

当前形势下，各方应慎重处理伊朗射导和空间发射问题，准确解读安理会相关决议，避免影响执行全面协议大局。中方注意到伊朗多次阐明其导弹计划的常规、自卫性质，鼓励伊方与各方开展平等对话，共同努力维护地区和平稳定。

中方赞赏决议执行机制协调员及其团队所作努力，注意到联合委员会近日就采购工作组工作情况向安理会提交的报告，将继续积极参与联合委员会和采购工作组工作。

主席先生，

近期，中东局势持续紧张升级，形势发展令人担忧。中方呼吁有关各方保持冷静克制，坚持通过对话协商解决争端，避免任何使局势升级的行动。确保伊朗核问题全面协议得到完整、有效执行，不仅是安理会决议的要求，也是缓解当前中东紧张局势、解决伊核问题的现实、有效途径。希望有关各方采取切实举措维护和执行全面协议，这符合国际社会共同利益。

中方始终主张通过政治外交手段解决伊核问题，致力于巩固国际核不扩散体系，维护国际和地区和平与稳定。近期，中方同有关各方密切协调合作，推动阿拉克重水堆改造项目取得新的重要进展。中方将继续秉持客观、公正和负责任态度，与国际社会一道，为维护和执行第 2231 号决议和全面协议作出不懈努力。

谢谢主席先生。

中国代表团在国际原子能机构特别理事会上的发言

（2019 年 7 月 11 日）

主席女士：

中方注意到总干事提交的“根据安理会第 2231 号决议在伊朗实施监督与核查”报告（GOV/INF/2019/8），赞赏机构本着客观、中立、专业态度开展对伊监督核查工作。

中方对伊减少履行全面协议承诺感到遗憾，同时也注意到伊方一再重申无意退出协议，强调所有减少履行承诺的措施都是可逆的，将在一定条件下恢复全面履行义务。

主席女士，

伊核问题出现危机的根源是美方对伊极限施压政策。2015 年达成的全面协议是多边主义的重要成果，也是美方推动达成的。伊方多年来一直认真履行协议承诺，国际原子能机构总干事季度报告连续 15 次予以确认。令人遗憾的是，美方 2018 年 5 月单方面退出协议，进而恢复对伊单边制裁和“长臂管辖”，不断损害伊方经济红利，不断为伊履行协议承诺制造障碍。联合国秘书长不久前提交第七份安理会第 2231 号决议执行报告，对美有关举措表示遗憾，强调其与安理会决议和全面协议目标相悖，可能阻碍决议与协议执行。伊方近来减少履行承诺是对美极限施压政策做出的反应。中方认为，这是当前伊核局势升级背后最根本的逻辑和首要原因。美方推动召开特别理事会审议伊履约问题，逻辑上站不住脚。中方同时认为，尽管面临巨大压力和困难，伊方迄今反应总体是克制的，没有造成实质性核扩散风险，没有违反伊方保障监督义务。

主席女士，

国际原子能机构理事会成员审议伊履行全面协议承诺问题，应立足上述基本事实，着重把握两个原则。

一是根据事情本身的是非曲直，客观、公正处理相关问题。中方支持在保持全面协议权利和义务平衡的前提下，鼓励伊方全面履行协议承诺，但反对理事会片面对伊方施压。有关方面应放弃对伊极限施压的错误做法，避免制造更大危机，加剧中东地区动荡，危机国际社会共同利益。

二是充分发挥全面协议联委会的作用，支持协议各方的外交努力。前不久举行的联委会会议上，各方均表示将继续推动完整、有效执行协议，强调联委会是解决协议执行问题的适当机制，同意通过联委会寻求解决浓缩铀库存等问题的务实方案。今天的特别理事会会议应有助于联委会的工作，而不是相反。同时，我们也期待机构继续秉持客观、公正和专业态度，履行监督核查授权。

主席女士，

确保全面协议得到完整、有效执行，既是安理会第 2231 号决议的要求，也是解决伊核问题、缓解紧张局势的唯一现实、有效途径。国际社会应从大局和长远出发，保持克制，坚持维护全面协议的基本方向，推动伊核局势朝着缓和的方向发展。协议各方应积极努力，寻求在联委会框架内解决相关问题，包括维护伊方根据全面协议应享有的经济红利，为伊方恢复全面履行核领域承诺创造条件。我们欢迎欧方对伊“贸易结算支持机制”投入运行，期待该机制尽快覆盖更多贸易领域，并向第三方开放。同时，单边主义和霸凌行径已成为日益恶化的“肿瘤”，正在全球范围制造更多问题和更大危机。国际社会必须坚持多边主义，恪守以国际法为基础的国际秩序，通过平等对话寻求伊核问题的政治外交解决。

中方始终坚定维护和支持全面协议，坚定履行自身承诺，同时坚定维护自身合法权益。中方支持各方本着建设性态度，继续通过联委会机制，加紧就协议执行具体问题寻求务实可行的解决方案。作为阿拉克重水堆改造工作组双组长之一，中方已推动项目取得重要进展，还将继续为此作出不懈努力。总之，我们愿同有关各方一道，继续毫不动摇地维护和执行全面协议。

谢谢主席女士。

外交部军控司司长傅聪
就《中导条约》等军控问题举行中外媒体吹风会

（2019 年 8 月 6 日）

2019 年 8 月 6 日，外交部军控司司长傅聪就《中导条约》等军控问题举行中外媒体吹风会并回答记者提问。傅聪司长强调以下三点。

第一，中方对美正式退出《中导条约》深表遗憾。此举是美奉行单边主义、推卸国际义务的又一表现，无疑对全球战略平衡与稳定、欧洲和平与安全及国际军控体系产生直接消极影响。美退约的真实目的是自我松绑、谋求单方面绝对军事优势，所谓“俄罗斯违约”“中国不受条约约束”都只是借口。

第二，中国对美国推动在亚太地区部署中导坚决反对。中国拥有的陆基中短程导弹全部部署在本国境内，完全出于防御目的，不威胁任何国家，特别是不会打到美国本土。而美国军事上偏重前沿部署，明显具有进攻性。如果美国执意在亚太地区部署，就是在中国“家门口”挑衅，中国绝不会坐视自身利益受损，将不得不采取必要的反制措施。中方希望美国在此方面保持克制，同时希望韩国、日本、澳大利亚等有关国家谨慎行事，不要允许美在其领土部署中导。

第三，中方不会参加美方所提的中美俄三边军控谈判。中国始终奉行防御性国防政策，对发展核武器始终采取极为克制的态度。中国从不参加任何形式的军备竞赛，核力量始终维持在国家安全需要的最低水平，并坚持不首先使用核武器政策。美国和俄罗斯作为世界上拥有最大核武库的国家，须承担特殊优先责任，为其他国家参与核裁军谈判创造条件。现阶段要求中国加入三边军控谈判不公平也不合理。中国不参加三边军控谈判并不意味着不参加国际核裁军努力。中方一直并将继续积极参与联合国、裁谈会、五核国等多边机制框架下的国际军控谈判和讨论。

傅聪司长并应询有针对性地回答了媒体提问。

中国裁军大使李松在裁谈会关于美国退出《中导条约》问题的发言

（2019 年 8 月 6 日）

主席先生：

中方对美方不顾国际社会反对，执意退出《中导条约》深感遗憾，并坚决反对。美方 8 月 2 日正式宣布退约以来，美国国防部高官已公开表示，美国将寻求恢复中导研发和部署。这充分表明，退出《中导条约》是美国无视自身国际承诺，奉行单边主义的又一消极举动，其真实目的是自我松绑，谋求单方面军事和战略优势。如果美方采取上述不负责任的单边举措，将严重影响全球战略平衡与稳定，加剧国际关系紧张，破坏大国战略互信，冲击国际核裁军和军控进程，威胁有关地区和平与安全。中方与国际社会广大成员一样，对上述消极事态发展深表关切。

中方注意到，美方在退出《中导条约》的同时，宣称美俄双边核裁军时代业已终结，并再次提出所谓中国与美、俄一道参加多边核军控谈判问题。在这个问题上，中方已多次表明立场。美方有关主张完全是在转移国际视线，中国无意也不会参加这样的核军控谈判。上周，我在向裁谈会成员国介绍《新时代的中国国防》白皮书时，再次阐述了中国的核战略与核政策。中国自卫防御的核战略完全透明，中国的核政策高度负责，中国的核武库规模极为有限，从不对国际和平与安全构成威胁。中国过去、现在和将来都不会与任何国家进行核军备竞赛。

我们呼吁国际社会对美国退出《中导条约》的严重后果保持清醒认识，防止美国以任何借口推脱自身在核裁军方面的特殊优先责任。我们敦促美方保持克制，不要采取损害别国安全利益的举动，履行一个大国应尽的国际责任，切实维护全球和地区和平与安全。这是国际社会的共同呼声。

我们支持并鼓励俄罗斯和美国围绕战略安全和双边核裁军问题保持对话，致力于《美俄新削减进攻性战略武器条约》延期。美俄之间关于核裁军条约履约问题的分歧，应该通过对话谈判寻求解决，不应该也不可能通过退约、毁约得到解决。美俄作为两个拥有最大核武库的国家，继续以可核查、不可逆、具有法律约束力的形式大幅度削减核武库，是维护全球战略稳定、维护国际和平与安全、维护国际军控与防扩散机制的重要保证，也将为推进多边核裁军进程创造必要条件。

谢谢主席先生。

中国裁军大使李松在裁谈会全会上关于外空问题的即席发言

（2019年8月14日）

〔按：在日内瓦裁军谈判会议8月14日全会关于“防止外空军备竞赛”的专题讨论中，美国裁军大使发言攻击抹黑中国军力发展及外空政策，反复指责中国发展、试验反卫星武器，并声称中俄外空条约草案刻意回避反卫星武器问题。联合国裁研所西方专家予以附和，贬毁中俄草案，称该草案缺乏有效核查措施，并片面宣扬西方外空主张。针对上述论调，李松大使做长篇即席发言予以驳斥。〕

主席先生：

首先，我对美国大使对中国国防政策和国防建设的无理指责表示坚决反对，我们绝不接受这样的指责。自今年1月重新回到裁谈会工作以来，我已多次全面阐述中国的国防政策和军控政策。我愿重申，中国一贯奉行防御性的国防政策，致力于和平利用外空，积极倡导和推动国际社会就防止外空武器化和外空军备竞赛问题立即开展工作，致力于达成防止外空武器化和外空军备竞赛的国际法律文书。中方上述政策、主张和举措充分表明，中国从来没有利用武力或武器系统谋求外空霸权的战略或规划。

中国和国际社会广大成员国之所以如此重视外空问题，长期不懈地坚持主张裁谈会谈判缔结防止外空武器化和外空军备竞赛的国际法律文书，一方面是因为外空技术迅猛发展，外空安全事关国际社会每一个成员的正当安全利益，以及各国更广泛的经济社会发展利益。另一方面，就是美国奉行谋求外空霸权战略。作为世界上军事实力最强的超级大国，美国怎么看待外空，想在外空干什么，有什么样的战略规划，在发展何种军事能力，特别是威胁其他国家空间资产的能力，最为引人注目。可以说，美国在外空的一举一动都具有全球性影响。我无须在此重复美国的外空战略，因为大家有很多资源、很多机会能够从这个国家反复申明的，特别是本届政府进一步强化的外空军事化战略中加以了解，其中包括建立外空部队和外空司令部，凡此种种的诸多举措。我想借此机会问一下我们这位联合国裁研所的专家，裁研所是否也在关注这方面的动向？作为专业性的外空专家，你们对美国的外空战略和外空武器计划的危害性如何解读？你们做不做这方面的研究?!

在不久前美国担任裁谈会主席主持的全会上，我曾在发言中指出，中国不是美国，中国也不会成为美国，中国更不会采取美国的核战略。这句话同样适用于外空问题。中国永远不会像美国那样，将外空视为自己的疆域，将所有其他国家的外空活动都视为对自己的威胁，或以此为借口推进本国外空霸权战略。我想问美国大使两个问题。首先，他刚才在指责中方时所提及的试验活动或所谓武器发展规划，美国是否做过？有没有这样的规划？长期以来，无论是冷战期间的军备竞赛还是冷战结束后的这些年，这样的活动或规划美国做过多少?! 其次，刚才我所描述的这样一个谋求外空霸权的、军事实力最强的、对外空安全构成最大威胁的国家，如果不是美国，而是另外一个国家，从多边军控的角度来讲，美国会提出什么样的答案加以应对?!

主席先生，

我想强调，中国之所以积极主张防止外空武器化和外空军备竞赛，并与俄罗斯共同在裁谈会提出相关条约草案，针对的就是谋求外空霸权的战略和规划。我们提出的联大决议草案每次都获得压倒性多数支持，这充分反映了国际社会的强烈关切和呼声。关于中俄提出的外空条约草案，中方作为共提国之一，当然知道它不是灵丹妙药，不可能一劳永逸地全面解决与外空相关的所有问题。我们理解每个国家都有不同的关切和思路，我只能说中俄所提案文有其自身的独特逻辑。我们欢迎裁谈会各方共同参与讨论并提出意见建议。美方曾经在裁谈会提出工作文件质疑中俄草案，中俄也以工作文件的形式全面回应了美方关切。我们将美方上述做法以及今天美国大使发言中对中俄草案的评论，视为美方有意愿参与对该草案的讨论。

关于中俄草案未涉及核查问题，草案中说得很清楚，这一问题可在将来通过附加议定书的形式加以解决。当年《禁止生物武器公约》达成时，也未能解决核查问题，缔约国迄今仍在就此进行不懈努力。因此，不能说没有核查条款就不是一个好条约。我们也曾多次讲过，中俄草案不是裁谈会关于外空问题实质性讨论的唯一基础，我们无意把草案强加于人。由于裁谈会政治因素及国际安全形势复杂性，特别是由于主要大国对中俄草案采取抵制态度，导致裁谈会迟迟难以就外空问题开展实质性工作。

我们高兴地看到，联合国“防止外空军备竞赛”政府专家组做出了卓有成效的努力。专家组今年举行为期两周的会议，是除裁谈会有关外空议题的专题讨论外，今年日内瓦在外空领域开展的另一项重要工作。中方派政府专家参加了会议。与会同事告诉我，这是多年来联合国就外空问题进行的最深入最实质的一次讨论。这个专家组本可通过最后报告，但由于一个国家独家反对功亏一篑，这个国家又是美国。在此我想问美国大使，美国独家阻挠这项如此重要的工作是出于什么考虑？我听说是因为美方关切未能得到妥善解决，那究竟是什么关切？美方是想增加什么内容，还是压根儿不想让这个报告通过？我愿强调，尽管联合国政府专家组报告未能获得一致通过，但它的价值是国际社会绝大多数成员所公认的，也得到裁谈会大多数成员的重视。

不久前，委内瑞拉任裁谈会轮值主席期间，专门邀请上述政府专家组主席、时任巴西裁军大使帕特里奥塔到裁谈会介绍专家组工作情况。帕特里奥塔大使的发言给大家留下了深刻印象。他曾多次表示，应裁谈会主席邀请、以联合国政府专家组主席身份向裁谈会通报有关工作情况并分享他的看法和考虑，是他作为裁军大使离任前最重要的一项活动，因为这是他完成政府专家组主席职责的重要部分。我本人和我的团队愿像帕特里奥塔大使一样，继续在裁谈会致力于外空问题的实质性工作。即使各方一时难以就启动条约谈判达成一致，但至少可以开展实质性工作，本着专业、实事求是的精神，充分尊重各成员国的立场、关切和主张，相信我们可以在联合国政府专家组工作基础上，围绕外空问题尽早开展实质工作，为将来启动谈判做准备。

主席先生，

中方主张，裁谈会在制订明年工作计划时，对外空问题予以足够重视。外空问题上，我们越是面临现实困难，推动国际军控条约的历程越是任重道远，越是遇到一些来自强大国家的阻力，我们越要坚持防止外空武器化和外空军备竞赛的目标，并且在裁谈会尽一切所能去实现。我相信，这是裁谈会大多数成员国的心愿和呼声。中国代表团将继续坚定不移地为此做出努力。

谢谢大家。

中国常驻联合国代表张军大使在安理会中导问题公开会上的发言

（2019年8月22日）

主席女士：

我认真听取了中满泉副秘书长所作通报。

1987年美苏达成的《中导条约》是军控与裁军领域的重要条约。条约明确将加强战略稳定作为目标，有效缓解了美苏在欧洲的中导军备竞赛，有利于增进大国战略互信，缓和国际关系，推进核裁军进程。

进入21世纪以来，维护《中导条约》有效性，不仅对美俄两国，也对国际和地区的和平与安全具有重要现实意义。美俄本应通过对话协商妥善处理关于履约问题的分歧，切实维护条约有效性。但美国单方面退约导致条约失效，将对全球战略平衡与稳定、欧洲和亚太地区安全及国际军控体系产生深远的消极影响，国际社会应对此保持清醒认识。在《中导条约》问题上，中方已多次表明立场，拿中国作为退约借口是不可接受的。中方拒绝美方的无理指责。

主席女士，

当今世界正经历百年未有之大变局，和平、发展、合作、共赢的时代潮流不可逆转，和平力量的上升远远超过战争因素的增长。同时，国际安全面临的不稳定性、不确定性更加突出。多边主义是应对共同挑战的有效途径，各国应坚定维护以国际法和《联合国宪章》宗旨原则为核心的国际秩序，秉持共同、综合、合作和可持续的新安全观，充分尊重各国正当合理安全关切，努力塑造和平稳定的国际安全环境，推动构建人类命运共同体。

《联合国宪章》赋予安理会维护国际和平与安全的重要职责，安理会成员应展现责任担当，各国均应避免采取损害别国安全利益的举动。美方在正式退出《中导条约》前即宣称计划加快中导研发和部署，并已于日前试射新型陆基巡航导弹。中方强烈敦促有关国家本着高度负责的态度，保持克制，切实维护现有军控体系，维护全球战略平衡与稳定，维护国际和地区和平与安宁。这是国际社会的共同呼声。

退出《中导条约》是美国奉行单边主义、推卸国际义务的又一消极举动，其真实目的是自我松绑、谋求单方面绝对军事优势。中国始终奉行防御性的国防政策，拥有的陆基中程导弹全部部署在本国境内，完全出于防御目的，不威胁任何国家。中方坚决反对美国在亚太地区部署陆基中导，要求美方在此方面保持理性和克制。

主席女士，

国际军控与裁军条约体系是全球战略平衡与稳定的基石，与国际和平安全息息相关。核裁军是《不扩散核武器条约》的三大支柱之一，是核领域全球治理的重要组成部分。各国应遵循“维护全球战略稳定”和“各国安全不受减损”等原则，循序渐进推进核裁军进程。拥有最大核武库的国家应切实履行核裁军特殊、优先责任。我们支持俄罗斯在此方面做出的政治外交努力，支持并鼓励俄罗斯和美国就战略安全和双边核裁军问题保持对话，致力于《美俄关于进一步削减和限制进攻性战略武器措施的条约》延期，并继续以可核查、不可逆、具有法律约束力的方式大幅削减核武库，为推进多边核裁军进程创造必要条件。

我要强调，任何军控谈判都应充分考虑各国整体军事实力，并遵循

"各国安全不受减损"这一国际军控基本原则。中方已多次就所谓"中美俄军控谈判"提议表明立场，现阶段中方无意也不会参加所谓"中美俄军控谈判"。

中国始终不渝奉行防御性国防政策，中国自卫防御的核战略完全透明，中国的核政策高度负责，中国的核武库规模极为有限，从不对国际和平与安全构成威胁。几十年来，中国一贯积极参与联合国、裁军谈判会议等多边机制框架下的军控磋商与谈判，反对军备竞赛，维护全球战略平衡和稳定。未来中方将继续坚定维护多边主义，积极参与多边军控进程，为维护国际和平与安全贡献力量。

谢谢主席女士。

中国裁军大使李松
在《武器贸易条约》第五次缔约国会议上的发言

（2019 年 8 月 26 日）

主席先生：

首先，我谨代表中国代表团视贺阁下担任主席，并感谢秘书处为此次大会做出的周到安排。中方再次作为观察员参加《武器贸易条约》缔约国大会，体现了我们对常规武器非法转让问题的高度重视，对该条约宗旨和原则的支持，以及与条约缔约国加强交流与合作的真诚意愿。

主席先生，

多年来，常规武器，特别是轻小武器非法贩运与滥用问题引发的地区局势不稳定、人道主义危机等问题，持续受到国际社会广泛关注。在此背景下，常规武器控制问题在国际军控议程中的重要性日益突出。联合国秘书长在其新裁军议程中将此称为“拯救生命的裁军”，这恰当地反映了在多边主义框架下，进一步加强常规武器军控的重要意义。

中方高兴地看到，条约生效近五年来，各缔约国认真履行条约义务，积极开展国际合作，为规范国际武器贸易行为、打击非法武器转让作出了重要贡献，在一定程度上缓解了武器泛滥引发的各方面问题。中方对此高度赞赏。

主席先生，

中方一向高度关注常规武器引发的人道主义问题，赞成国际社会采取必要措施，规范国际武器贸易行为，打击非法武器转让。本此精神，中国政府建立了完备的军品出口管制法律法规体系，对军品出口的管理水平已超过条约要求。第一，中国的军品出口严格遵循三项原则，即有助于接受国的正当防卫能力；不损害有关地区和世界的和平、安全与稳定；不干涉接受国内政。第二，中国先后颁布实施《枪支管理法》《军品出口管理条例》及《军品出口管理清单》等法律法规，对所有军品出口依法实施严格有效的管理。第三，中国只与主权国家开展军贸合作，并要求接受国政府提供军品的最终用户和最终用途证明，承诺未经中国政府许可不向第三方转让从中国进口的武器。第四，中国严格履行相关国际承诺，严格遵守联合国安理会有关武器禁运的决议规定，并积极支持和落实联合国轻小武器《行动纲领》《识别和追查文书》及《枪支议定书》。第五，中方重视提高常规武器转让的透明度，多年来坚持向联合国常规武器登记册提交武器转让情况报告，并积极参与该登记册政府专家组工作，为该机制的发展作出了重要贡献。

中国政府还积极参与常规武器领域相关国际交流与合作。我们长期开展打击轻小武器非法贸易国际合作与援助，通过多种方法分享中方相关政策和实践，并在上合组织、中非合作论坛等框架下向有关国家提供资金、技术和培训，推动各方共同为打击武器非法贸易作出贡献。

主席先生，

常规武器控制问题涉及面广，处理起来十分复杂，需要国际社会坚定致力于多边主义，充分考虑各国正当安全利益，妥善解决各国合法利益诉求，在严格遵守国际法和国际关系基本准则基础上，统筹解决常规武器各方面问题。

作为国际大家庭中负责任的一员，中方以积极、建设性态度参与了条约的谈判进程，为条约达成作出了重要贡献。中方目前虽不是条约缔约国，但作为观察员参与了条约历届缔约国大会，并一直在以自己的方式致力于增进条约的有效性和普遍性，包括认真研究入约问题。

中国政府愿与包括条约缔约国在内的各方加强交流与合作，共同致力于构建规范合理的武器贸易秩序，妥善解决武器非法转让问题，为维护国际和地区和平与稳定作出积极贡献。

谢谢主席先生。

中国代表团团长傅聪在第十一届促进《全面禁止核试验条约》生效大会上的发言

（2019 年 9 月 26 日）

主席先生：

首先，请允许我代表中国代表团，祝贺阿尔及利亚和德国当选本届大会共同主席。我也愿借此机会，对上届会议共同主席伊拉克和比利时表示感谢。我还要对临时技秘处执秘泽博和他的团队所做的大量工作表示赞赏。

主席先生，

《全面禁止核试验条约》（CTBT）达成 23 年以来，已成为国际核裁军与核不扩散体系的重要支柱，对于遏制核军备竞赛、维护世界和平与安全至关重要。中方高兴地注意到，一方面，自上届促进生效大会以来，条约普遍性不断提高，履约筹备工作取得长足进展，禁核试国际共识得以巩固和深化，为《全面禁止核试验条约》生效注入政治动力。

但另一方面，当前国际关系中单边主义和霸权行径甚嚣尘上，并严重冲击国际安全领域。个别大国重拾冷战思维，奉行更具攻击性的核战略，不断“毁约退群”，降低核武器使用门槛，积极推动核力量升级换代，不仅明确表示不会推动批准《全面禁止核试验条约》，甚至向他国转嫁责任，为自己松绑，声称如确有必要将恢复地下核试验。这些消极动向不仅使《全面禁止核试验条约》生效前景更加黯淡，也进一步损害了全球战略安全与稳定。

主席先生，

明年将迎来《不扩散核武器条约》（NPT）第十次审议大会，也是条约生效50周年，无限期延长25周年。《全面禁止核试验条约》与《不扩散核武器条约》关系密不可分，《不扩散核武器条约》无限期延长是谈判达成《全面禁止核试验条约》的重要前提。我们要共同倡导多边主义，为加强以《不扩散核武器条约》为基石的现有国际核裁军与核不扩散体系，推动《全面禁止核试验条约》生效做出不懈努力。中方对此有以下主张。

第一，营造普遍安全的国际环境，强化《全面禁止核试验条约》生效根基。各国在国际关系中要相互尊重、平等协商、坚决摒弃冷战思维和强权政治，坚持以对话协商解决分歧争端，消除核武器存在和扩散的根源，为《全面禁止核试验条约》尽早生效创造良好政治氛围。

第二，维护国际军控与防扩散体系，巩固《全面禁止核试验条约》生效的制度保障。各国要尊重并维护以国际法为基础的国际秩序，切实遵守并履行国际义务和承诺，反对双重标准，或将国内法凌驾于国际法之上，以切实维护现有国际军控体系的权威性和严肃性。

第三，支持《全面禁止核试验条约》宗旨和目标，为条约生效创造有利条件。各国应切实降低核武器在国家安全政策中的作用，恪守暂停核试验承诺，承诺不首先使用核武器，以及无条件不对无核国家使用或威胁使用核武器。

第四，推进条约履约筹备工作，奠定条约生效的能力基础。继续以全面、平衡的方式，推进国际数据中心、国际监测系统和现场视察机制三大支柱建设，为条约生效做好技术保障。

主席先生，

中国坚持走和平发展道路，从拥有核武器的第一天起，中国就郑重声明，在任何时候和任何情况下都不首先使用核武器，无条件不对无核武器国家和无核武器地区使用或威胁使用核武器。中国是最早签署《全面禁止核试验条约》的国家之一，也是核试验次数最少的核武器国家。从 1996 年宣布暂停核试验以来，中国政府始终恪守“暂停试”承诺，从未动摇过对条约的政治支持。中方积极参与促进条约生效的国际努力，支持历届联大与《全面禁止核试验条约》相关的决议。我愿重申，中国不会成为条约生效的阻碍。

近年来，经与临时技秘处共同努力，中国境内履约筹备工作取得重大进展。中方已有五个台站通过核证验收并启动实时数据传输，体现了中方对条约宗旨目标的坚定支持，为完善条约核查机制建设作出了重要贡献。中国深入参与条约组织筹委会各项工作，积极为筹委会“资助发展中国家专家参会”项目提供资助，并与临时技秘处在设备研发、举办研讨会等方面开展了良好合作。

当今世界面临百年未有之大变局。无论国际形势如何变幻，中国将致力于多边主义，促进国际和平与发展事业，与各方一道共同打造“人类命运共同体”。中方将继续积极参与禁核试国际合作，推动强化禁核试国际共识，为促进条约生效进程贡献力量，为实现全面禁止和彻底销毁核武器的崇高目标不懈努力。

谢谢主席先生。

外交部军控司司长傅聪
在第十六届北京军控研讨会上的讲话

（2019 年 10 月 16 日）

尊敬的各位来宾：

感谢主办方邀请我参加今天的研讨会。我主要谈谈对全球战略安全形势的看法，以及对如何维护全球战略稳定、减少核冲突风险的一些思考。

近年来，全球战略安全形势急剧恶化，单边主义和霸权行径甚嚣尘上，严重冲击以国际法为基础的国际秩序。美国重拾冷战思维，不断“毁约退群”，推卸国际责任，谋求压倒性军事优势。受此影响，当前国际战略安全形势呈现以下几个鲜明特点。

一是大国互信与合作面临危机。特朗普政府奉行“美国优先”政策，将中、俄定位为主要战略竞争者，大举加强战略能力建设。美方的《核态势审议报告》基调充满对抗性，甚至量身定制针对中、俄的核威慑战略。美国务院主管军控事务的高官在各种场合言必称中国，极尽抹黑之能事。这些做法破坏大国战略互信，增加战略安全领域的大国协调难度。

二是全球战略失衡严重受损。美提高核武器在国家安全战略中地位，奉行更具进攻性与实战性的核威慑战略；加快推进全球反导系统建设和部署，研发全球即时打击系统；加强网络军事力量建设，强化新兴科技在军事领域的应用。这些谋求全方位战略安全优势的行为，只会制造战略安全困境，最终也将反噬美自身。

三是国际规则和多边机制受到冲击。美退出伊朗核问题全面协议，损害国际核不扩散机制；抛弃《中导条约》，导致国际核裁军进程严重受挫；抛出“为核裁军创造环境倡议”，推卸自身核裁军责任，损害裁谈会等现有多边军控机制权威。美方上述行径，加剧了全球战略安全领域的失序、失衡。

四是国际安全治理赤字突出。当前，国际社会关于战略稳定的基本共识正在受到挑战。同时，随着时代进步和科技发展，外空、网络、人工智能等新兴科技冲击以核力量为基础的战略稳定。新疆域规则缺失，成为国际安全治理的新问题。

如果全球战略稳定进一步受到损害，核军备竞赛死灰复燃，核冲突风险上升将成为必然恶果。对于如何维护全球战略稳定、减少核风险，中方有以下几点建议。

一是降低核武器在国家安全政策中的作用。所有核武器国家均应重申“核战争打不赢、也打不得”。放弃先发制人核打击、扩大核威慑范围、研发低当量核武器、预警即发射、研发低当量核弹头等政策。明确承诺“不首先使用”核武器，将核力量维持在维护国家安全需要的最低水平。

二是核武器国家承诺向无核武器国家提供安全保障。这有助于减少核武器扩散的动因，也有助于减少核风险。国际社会尽早谈判缔结向无核武器国家无条件提供消极安全保证的国际法律文书。

三是战略能力建设和部署不得破坏战略稳定。核武器国家发展和部署全球反导系统，势必削弱其他国家核威慑和核反击能力，损害大国互信和全球战略稳定。美方在亚太地区部署中导，势将诱发大国对抗和军备竞赛风险。

四是坚持理性务实核裁军路线。核裁军进程应遵循“维护全球战略稳定”和“各国安全不受减损”等原则。美俄作为拥有最大核武库的国家应切实履行特殊、优先责任，确保新START条约延期，并进一步大幅实质削减核武器，为其他核武器国家加入多边核裁军谈判创造条件。

五是加强核政策与核战略对话。越是国际安全形势复杂，核武器国家越应加强核战略与核政策对话，客观看待彼此战略意图，切实理解和尊重彼此安全关切，防止战略误判引发意外和危机，避免大国竞争成为自我实现的预言。同时，核武器国家和无核武器国家应加强沟通对话，共同推动实现无核武器世界。

六是要巩固核不扩散问题政治外交解决方向。伊核全面协议是国际核不扩散机制的重要组成部分，理应得到完整、有效执行。朝鲜半岛无核化有助于促进地区和平稳定，有利于减少核风险，有关各方应维护半岛对话缓和势头。我们也要积极落实去年联大相关决定，推动建立中东无大规模杀伤性武器区取得进展。

七是妥善应对新型科技带来的挑战。外空、网络、人工智能等技术迅猛发展，对全球战略稳定带来深刻复杂影响。国际社会应推动战略安全新疆域建章立制，对新型技术在军事领域的应用予以必要规范，以新办法应对新挑战，以完善全球安全治理。

中国核战略与核政策一直保持高度稳定性、连贯性与一致性，在今年出台的《新时代的中国国防》白皮书有明确论述。中国始终恪守在任何时候和任何情况下不首先使用核武器的政策，明确承诺无条件不对无核武器国家和无核武器地区使用或威胁使用核武器。中国一直将自身核力量规模限制在维护国家安全所需的最低限度，过去没有、今后也不会参加核军备竞赛。中国从未在外国领土上部署核武器，也不向任何国家提供核保护伞。可以说，中国在核战略方面展示了最大限度透明，在核力量发展上保持了极大克制，在核武器使用方面采取极为慎重态度。这本身就是维护全球战略稳定、减少核风险的积极因素。

中方高度重视并积极参与五核国合作进程，大力推动该机制恢复生机活力并取得积极成果。中方于今年 1 月举办五核国北京会议，推动各方达成多项共识，包括将核政策与核战略作为五核国交流常设议题。这体现了大国协调合作应对国际安全挑战的积极态度，增强了国际社会对维护全球战略稳定的信心。中国将继续推动五核国在战略安全领域凝聚共识，以大国协调代替大国竞争，以合作共赢代替零和博弈，为促进世界和平与稳定作出贡献。

我想借此机会重点谈一谈美方退出《中导条约》和推动中美俄三边军控谈判问题。

中方对美国退出《中导条约》深表遗憾并坚决反对。此举将对全球战略平衡与稳定、亚太和欧洲地区和平与安全及国际军控体系直接产生消极影响。美退约后不到三周即进行了陆基中短程巡航导弹试验，充分表明了其退约真实意图是“自我松绑”，放手发展先进导弹，谋求单方面军事优势。

中方坚决反对美寻求在亚太地区部署陆基中导。中国拥有的陆基中短程导弹全部部署在本国境内，完全出于防御目的，不威胁任何国家，特别是不会打到美国本土。而美军事上偏重前沿部署，明显具有进攻性。如美执意在亚太部署，就是在中国“家门口”挑衅，中国绝不会坐视自身利益受损，将不得不采取必要的反制措施。中方希望美国及有关国家在此方面保持克制，谨慎行事，不要采取错误举动。

对美国提议的中美俄三边军控谈判，中方已多次明确表示反对。我想再次强调，中国与美俄的核武库不在一个量级，中国无意参加与美俄的核裁军谈判。美国和俄罗斯作为世界上拥有最大和最先进核武库的国家，须承担特殊优先责任，进一步大幅削减其核武器，为其他国家参加核裁军谈判创造条件，这是国际社会的普遍共识。中国不参加三边军控谈判并不意味着不参加国际核裁军努力。中方一直并将继续积极参与联合国、裁谈会、五核国等多边机制框架下的国际军控谈判和讨论。

最后我想强调，无论国际形势如何变幻，中国都将致力于和平发展，积极践行多边主义，努力维护全球战略稳定，为国际军控与裁军进程注入动力，为促进人类和平和安全的崇高事业作出贡献。

谢谢大家！

外交部军控司司长傅聪在莫斯科防扩散大会上关于“军控防扩散机制未来”的专题发言

（2019年11月8日）

尊敬的各位嘉宾，

女士们，先生们：

很高兴参加今天的研讨会。

当前，国际军控防扩散机制正处在危险的十字路口。一是全球战略稳定框架动摇。美俄双边核裁军条约体系几近崩塌，现有国际核军控机制面临挑战。二是大国竞争回归。美国谋求全方位战略优势，将意识形态引入国家军控防扩散努力，极大加剧了军备竞赛乃至核冲突的风险。三是单边主义盛行。美国退群毁约，挥舞单边制裁和长臂管辖大棒，严重冲击国际核裁军与核不扩散体系。四是新兴科技发展带来新挑战。战略新疆域规则缺失，成为国际安全治理中的突出问题。

国际军控防扩散机制的未来取决于我们是否能够妥善应对上述危险趋势所带来的挑战。就中国而言，我们有以下六点主张。

一是奉行共同安全理念。当前军控防扩散领域的主要矛盾是多边主义和单边主义的较量，而不是美方官员所说的民主国家与非民主国家之间的矛盾。中方倡导共同、综合、合作和可持续的安全观。各国应相互尊重，照顾彼此合理安全关切，营造普遍安全的国际和地区安全环境，消除军备竞赛和武器扩散根源。

二是维护全球战略稳定。核武器国家应重申“核战争打不赢，也打不得”，放弃先发制人核打击、扩大核威慑范围、预警即发射、研发低当量核弹头等政策和做法。美国应停止发展和部署全球反导系统。美俄新 START 条约应予延期。我们敦促两国在此基础上进一步削减其部署和库存的核武器，为其他核武器国家加入核裁军谈判创造条件。

三是加强核战略与政策对话。越是国际安全形势复杂，核武器国家越应加强核战略对话，防止战略误判引发意外和危机。同时，核武器国家和无核国家也应加强沟通对话，共同推进实现无核武器世界。应尽早谈判缔结向无核武器国家无条件提供消极安全保证的国际法律文书。这将对减少核风险产生重要积极影响。

四是推动地区核热点的政治外交解决。国际社会应共同反对制裁施压的单边和霸权行径，反对借防扩散谋取地缘政治私利。伊核协议业经安理会决议核可，理应得到完整有效执行。朝鲜半岛无核化有助于促进地区和平稳定，各方应采取切实措施，维护半岛对话缓和势头。我们也要积极推动建立中东无大规模杀伤性武器区取得进展。

五是维护多边军控机制的权威性。各国应维护以《不扩散核武器条约》为基石的国际核裁军与核不扩散体系，推动明年《不扩散核武器条约》审议大会取得成功。维护联合国、裁谈会等现有多边军控体制，抵制可能损害其权威的“小集团”和“小圈子”。维护《全面禁止核试验条约》《武器贸易条约》等国际军控条约，反对退约和违约行为。维护《禁止化学武器公约》权威，切实履行销毁库存和遗弃化武义务。摒弃双重标准，建立开放、包容的全球性防扩散出口控制机制。

六是规范新兴科技军事应用。外空、生物、网络、人工智能等技术迅猛发展，对全球安全及战略稳定带来深刻复杂影响。在尊重和保障各国和平利用新兴科技权利的同时，对其军事应用予以必要规范，是军控领域的一个重大课题。国际社会应坚决反对外空武器化，防止外空军备竞赛，推动在裁谈会尽早谈判缔结外空国际法律文书；加强《禁止生物武器公约》机制建设，尽快启动公约核查议定书谈判，并就生物科研等活动制定必要的行为准则；网络空间应用于促进国际和平、稳定与人类福祉，反对网络战和网络军备竞赛；不应滥用“国家安全”理由限制正常信息技术发展与合作；国际社会应充分认识和评估人工智能军事应用可能引发的安全风险及法律、伦理、道德等方面问题，采取预防性措施。

中国是国际秩序的维护者和建设者，而非美国污蔑的“修正主义国家”。我们对权力游戏不感兴趣，从未想过和任何国家争夺霸权，无意与任何国家搞军备竞赛。中国将继续坚持和平发展道路，坚定奉行自卫防御的核战略。同时，我们也将继续同国际社会绝大多数成员站在一起，坚定践行多边主义，维护和完善国际军控防扩散机制，维护全球战略稳定，维护国际和平与安全。

谢谢大家！

外交部军控司司长傅聪
在莫斯科防扩散大会关于伊核问题的专题发言

（2019 年 11 月 9 日）

各位嘉宾，

女士们，先生们：

几天前，伊朗方面宣布了第四阶段减少履行伊核全面协议义务的措施，包括限制国际原子能机构对伊监督核查。中方注意到不少国家都对此表达了关切，同时也提请各方正视两点基本事实。

第一，当前伊核紧张局势归根结底是美国极限施压所致。伊核问题本无事。美国恢复对伊单边制裁，并通过“长臂管辖”阻碍他国执行全面协议，导致伊方无法享有全面协议赋予的经济红利，被迫减少履行义务。这是伊核危机的逻辑所在。

第二，伊朗减少履约举措不具有实质性核扩散风险。伊朗仍在履行《不扩散核武器条约》，执行全面保障监督协定，并且一直强调只要其经济利益得到保障，可随时恢复履行全面协议。

当前，伊核形势正在朝着危险的方向发展。国际社会应共同努力，推动伊核问题的政治外交解决进程。

一是坚持维护多边主义的根本原则。全面协议由各方谈判达成，经安理会第 2231 号决议核可，是多边主义的重要成果。维护全面协议，就是维护多边主义，维护安理会权威，维护以国际法为基础的国际秩序。在 9 月伊核外长会上，协议各方重申了完整、有效执行全面协议的承诺。

二是坚持维护全面协议权利和义务的平衡。全面协议既有对伊核计划发展的限制，又有对伊经济红利的保障。美方退出协议和恢复制裁打破的平衡应该得到恢复。我们支持欧方推动“贸易结算支持机制”发挥实效，尽早覆盖能源等领域，并向非欧盟国家开放。我们也支持任何有利于维护全面协议的外交努力，包括法方的“信贷机制”方案。当务之急是推动美方解除或缓解对伊朗制裁，否则任何方案都难以落地。

三是坚持对话协商化解分歧。各方应避免相互指责，坚持在联委会框架内处理履行全面协议问题，不能诉诸争端解决机制，更不能提交安理会，以防局势轮番升级。有关国家对协议“日落条款”、地区安全等问题有不同程度关切，各方应在维护全面协议前提下，搭建新的平台，开展平等对话，寻求长期解决方案。

四是坚持促进地区和平的基本方向。海湾地区局势与伊核问题相互交织，对国际能源供应和全球安全稳定具有重要影响。中方支持海湾地区国家停止敌对言行，就区域安全问题开展对话。同时，我们呼吁域外国家为地区恢复和平安宁注入“正能量”，帮助所有地区国家共享安全，而不是在地区制造对立、煽动对抗。

中国是全面协议的谈判方和参与方，也是全面协议的坚定维护者和执行者。中方一直坚定维护与伊朗的正常经贸合作，甚至为此受到美方非法的单边制裁。阿拉克重水堆改造是全面协议的核心项目。中国作为改造工作组双组长之一，一直同英方双组长积极牵头推动改造进程。中国积极履行改造设计、首炉燃料、设备供应等阿堆改造主要职责，并取得有目共睹的进展。中方将继续根据全面协议及各方共识，推动改造取得更大进展，也希望各方积极参与，提供更大的支持和帮助。

总之，伊核问题的解决并非一朝一夕之功，需要智慧和耐心。但我们相信，只要各方保持团结，维护和执行好全面协议，就一定能推动伊核问题的政治外交解决。

谢谢大家！

中国代表团
在《特定常规武器公约》第21次缔约国会议上的发言

（2019年11月14日）

主席先生：

首先，请允许我代表中国代表团，祝贺你当选本次会议主席。中国代表团将与你和各国代表团充分合作，共同推动会议取得成功。

主席先生，

常规武器问题关乎国际和地区和平稳定及各国安全，在国际军控议程中日益突出。联合国秘书长在新裁军议程中谓之为“拯救生命的裁军”，凸显联合国框架内推动加强常规武器军控的重要意义。

作为常规军控领域的重要法律文件，《特定常规武器公约》（CCW）在解决常规武器滥用引发的人道主义问题方面，发挥着不可替代的作用。近年来，各国对该公约日益重视，其宗旨和原则得到越来越多国家的认同，公约和各议定书的普遍性续有增强，各国履约工作更加深入、务实，公约框架下国际合作稳步推进。

主席先生，

中国政府一贯坚定支持并积极参与国际常规武器军控进程，主张在平衡处理各国正当安全需要和人道主义关切的基础上，不断加强和完善常规军控领域的国际法律机制，维护国际持久和平与普遍安全。

作为公约及其五个附加议定书的“完全成员国”，中方一贯重视并支持公约各项工作。多年来，中方投入大量人力物力，忠实履行公约及其议定书义务，积极参与国际交流与合作，按时提交国家履约报告，以建设性姿态参加了公约及其附加议定书历届缔约国会议。中方一贯支持增进公约普遍性，每年向公约“支持机构”捐款，用于支持发展中国家参加公约相关会议和活动。

近年来，中国积极致力于国际人道主义扫雷援助事业。自 1998 年起，中国政府通过援助器材、提供培训、实地扫雷、援助受害者等方式向 40 多个国家提供了超过 1 亿元人民币的人道主义扫雷援助，培训 900 多名扫雷技术人员，清扫雷区 20 余万平方米。2015 年 9 月，中国国家主席习近平出席联合国维和峰会时宣布，中国今后 5 年将开展 10 个扫雷援助项目。目前我们已经提前超额实现了上述承诺。今年，中国在华为柬埔寨和老挝培训了共 70 名扫雷人员，并再次向上述两国援助了一批人道主义物资。

主席先生，

科技在造福人类的同时，其军事应用给人类安全乃至生存带来巨大的潜在风险与威胁。国际社会应在现有国际法基础上，本着普遍安全的理念，致力于预防性外交，遏制高科技领域的军备竞赛势头，维护国际和平与稳定。

中方高度重视“致命性自主武器系统（LAWS）”引发的人道、法律、伦理关切，支持在《特定常规武器公约》框架下继续就此进行深入探讨。中方认为，为防止机器“自主杀人”，引发人道灾难，有必要针对“全自主”致命性武器系统制定具有法律约束力的国际文书。为此，各方应首先就“致命性自主武器系统”定义特征、范围等问题达成一致，为谈判制定国际法律文书奠定基础。今年“致命性自主武器系统”政府专家组协商一致达成了一条新的“指导原则”，同时延长了专家组授权。中方对此表示赞赏，支持专家组继续为此发挥积极作用。中方愿继续与各方加强交流，积极探索妥善解决该问题的有效途径。

主席先生，

中方支持在《特定常规武器公约》框架下就非国家行为者滥用“简易爆炸装置（IED）”研究制定合理可行的解决办法。中方与比利时作为联合国“简易爆炸装置”处置标准工作组共同主席，研究制定了一套“简易爆炸装置”处置标准，旨在清除维和行动的障碍、减少人道主义伤亡，特别是为深受其害的国家提供借鉴，提高其处置能力。我们希望这一标准能为有关国家和国际组织提供技术借鉴，帮助其提高处置能力。中方愿与国际社会一道，通过经验交流和技术合作等方式，继续为妥善解决“简易爆炸装置”问题发挥建设性作用。

主席先生，

特定常规武器问题涉及面广，各国利益关切不尽一致，地区安全形势千差万别，处理起来并非易事。中方认为，各国应本着广泛参与、平等协商、求同存异的原则，积极稳妥处理各方面问题，充分考虑不同地区实际和各国国情，共同推进公约各项工作取得新进展。中方愿与国际社会携手努力，不断增强公约权威性和生命力，为解决常规武器滥用引发的人道主义问题作出积极贡献。

谢谢主席先生。

中华人民共和国工业和信息化部副部长王志军在《禁止化学武器公约》第24次缔约国大会一般性辩论中的发言

（2019年11月25日）

主席先生：

首先，请允许我代表中国代表团，对你当选《禁止化学武器公约》第24次缔约国大会主席表示祝贺。中国代表团将与你和各国代表团充分合作，推动大会取得积极成果。

主席先生，

本次会议是公约第四次审议大会后举行的首次缔约国大会。我们对公约四审会未能达成实质性成果深表遗憾，对禁化武组织政治化倾向加剧深感关切。在国际安全形势发生深刻复杂变化，化武裁军迄今未完全实现，指称使用化武事件频发，化学领域国际合作和科技交流亟待加强的背景下，作为公约缔约国，我们有责任、有义务加强沟通，戮力合作，切实维护和加强公约权威和有效性。

中国代表团赞同阿塞拜疆贾法·胡赛扎打阁下代表“不结盟运动”和中国所作发言。下面，请允许我进一步阐述中方立场。

平衡推进公约宗旨和目标，确保公约各项条款得到全面有效实施。化武裁军是公约核心目标，促进化学领域国际合作是公约重要宗旨。禁化武组织议程不应被个别争议问题劫持，尽快全面销毁库存化武和遗弃化武，切实推进化学领域国际合作和科技交流仍是本组织面临的紧迫任务。

中方敦促有关化武拥有国切实履行公约义务，按照缔约国大会关于化学销毁逾期的决定，在规定时限内今早完成销毁。

今年9月，禁化武组织执理会代表团访问了哈尔巴岭日遗化武销毁设施，中方相信此访有助于各方了解日遗化武销毁工作全貌，特别是销毁工作的重要性和紧迫性，有助于执理会、缔约国大会、审议大会继续审议和监督日遗化武销毁。就在上个月，中国黑龙江省鸡西市某居民区附近发现数百枚疑似日遗化武，这再次凸显日遗化武的现实危害和解决这一问题的紧迫性。中方敦促日方切实履行公约义务，遵守执理会决定，加大投入，确保按期完成销毁。我们也呼吁各方继续关注日遗化武埋藏信息缺失、污染土壤处理等问题，推动相关问题得到妥善解决。

严格依据公约规定开展工作，防止禁化武组织成为地缘政治工具。公约是缔约国处理化武相关问题的根本遵循，对调查化武使用和确保遵约规定了具体、严格的方法和程序。中方对一些国家推动以投票方式通过所谓“化武使用追责”的决定存有严重关切。当务之急是规范“调查鉴定组”工作，确保相关决定的执行回归公约框架。

中方注意到，各方对杜马等事件事实调查报告存在争议。技秘处应重视各方包括媒体报道的技秘处内部工作人员提出的疑点，对相关调查的工作方法、得出结论的程序做出必要澄清。只有各方基于事实，就报告开展充分质询和辩论，才能最大限度体现报告的公信力，维护禁化武组织权威。

坚持维护协商一致传统，努力通过对话协商解决分歧。协商一致原则是确保各方合理关切得到平衡处理的必要保障。“唯票数论”、动辄付诸投票表决的做法只会导致禁化武组织分裂，加剧成员国政治对抗。

目前，各方在化武使用追责问题上分歧依旧，并再次影响到禁化武组织工作方案和预算等涉及禁化武组织正常运行的问题。中方对执理会未经充分协调，再次以投票表决方式处理预算等问题表示关切。我们敦促缔约国相向而行，共同研究完善相关方案，确保禁化武组织正常运行。

坚持缔约国主导，稳妥推进公约转型。中方支持本组织顺应科技发展，对未来工作重点做出相应调整，这将是长期和渐进的过程。中方支持恢复现有协调机制的活力、以推进所有议题的倡议，主张应由缔约国主导相关进程。此外，中方支持进一步完善禁化武组织核查机制，但政策调整的相关讨论应按照缔约国主导、公开透明和协商一致原则开展工作。技秘处实行临时性措施，也应经过执理会或缔约国大会等决策机构授权。改进优化核查措施应以不增加工业界负担为原则。

主席先生，

中国政府坚定支持公约宗旨和目标，认真履行公约各项义务，致力于不断完善国内履约机制。

今年 1 月，经修订的《〈中华人民共和国监控化学品管理条例〉实施细则》开始施行，修订后的细则进一步加强和完善了国家履约措施，加大了对违规行为的处罚力度。今年 4 月，中方再次举行“4·29 禁化武组织日”年度宣传活动，加强面向国内社会公众的履约宣传，提升全民履约意识。

中方按时向禁化武组织提交各类国家宣布，宣布工业设施约占各缔约国宣布总数的 28%，宣布和应接受设施总数居世界首位。今年 1 月至 11 月，中国已接受工业视察 28 次，近 10 年来年均 28.6 次。自公约生效以来，累计接受公约第六条视察 460 次。此外，中方每年还接受 11 次日遗化武视察，累计 142 次。

中方积极支持禁化武组织工作，决定捐助 3 万美元用于支持禁化武组织化学实验室升级项目，期待该项目有助于加强发展中国家能力建设。中国积极开展化武领域的国际合作。今年 9 月，中方与禁化武组织在西安成功举办化学防护医疗培训班。中方还积极为禁化武组织研修项目提供培训企业。明年6月，中方计划在华与技秘处联合举办亚太地区履约高级别会议，聚焦加强化学领域国际合作面临的机遇和挑战，欢迎感兴趣的缔约国参加。

中国代表团要求将上述发言作为大会正式文件散发。

主席先生，

下面，我请中华人民共和国香港特别行政区工业贸易署助理署长李基舜先生发言，介绍香港特别行政区在履行公约方面的有关举措。

中国代表团
在《渥太华禁雷公约》第四次审议大会上的发言

（2019年11月25日）

主席先生：

首先，请允许我对你为本次会议成功举行所作的努力表示赞赏，对会议主办方周到的筹备工作和安排表示感谢。

主席先生、各位代表，

作为国际人道主义事业的一项重要成就，《渥太华禁雷公约》已经走过了20个年头。20年来，公约的实施取得了可喜的成就，杀伤人员地雷的使用、生产和贸易大为减少，扫雷行动和库存销毁不断取得进展，国际合作与援助不断加强，由杀伤人员地雷引发的人道主义问题不断减少，这是国际社会共同努力的结果。中国代表团对此感到由衷的高兴。我相信，本次会议必将进一步巩固国际社会在地雷问题上的共识，为下阶段行动确立新的努力方向，朝着最终实现“无雷世界”的目标迈出坚实一步。

主席先生、各位代表，

作为国际社会负责任的一员，中方一贯以建设性姿态参与国际常规军控进程，积极支持国际社会为解决地雷引发的人道主义问题所做努力。由于特定的国情和国防安全需要，中国尚无法加入公约，但中方高度赞赏公约体现的人道主义精神，认同公约的宗旨和目标。多年来，中国一直投票支持联大相关决议，以观察员国身份参与公约缔约国会议和审议大会，并与公约成员国保持密切的合作交流。

作为《特定常规武器公约》经修订的二号议定书缔约国，中国政府一直忠实履行议定书义务。多年来，中国对内不断加强管理，对外积极参与国际合作，为实现“无雷世界”的目标作出了贡献。

一是严格履行国际义务。中国对杀伤人员地雷的使用、转让和库存实施严格管理。过去的十余年里，中国没有新布设过杀伤人员地雷，恪守暂停出口不符合议定书规定的杀伤人员地雷的承诺，并对不符合议定书规定的杀伤人员地雷进行全面普查，销毁了数十万枚老、旧地雷。中国军队已将议定书内容编入军队训练与考核大纲，指导部队按议定书的要求开展相关科目训练。

二是坚定清除雷患。20 世纪 90 年代以来，中国多次在边境进行大规模扫雷行动。近 3 年来，中方在中越和中缅边境扫雷约 58 平方公里，封围雷场 25 平方公里，清除了地雷等爆炸物 17 万枚。中国政府还持续加大投入，并与民间团体密切合作，积极扶持已消除雷患的边境地区进行重建，为受害者提供资金、物资、医疗、教育和就业培训等多方面援助，帮助其重返社会。

三是不断提升扫雷能力建设。中国通过在军队举办培训班编译出版扫雷技术专业书籍等方式，持续提升军队扫雷能力。中方研发了一整套符合国际地雷行动标准和高费效比的扫雷装备和技术，无人探雷、激光排雷、清洁销毁等项目研发取得突破性进展，拥有了一系列安全、高效、成熟的探、扫雷装备。

四是积极开展人道主义扫雷国际合作。中国积极参与联合国维和行动，截至去年年底，中国维和部队清除 10342 枚地雷和各类未爆弹药。从 1998 年起，中国政府通过提供培训、器材、受害者援助、实地扫雷援助等方式向 40 多个亚非拉国家提供 1 亿多元人民币的援助，培训 900 余名专业扫雷员，清扫雷区 20 多万平方米。今年，中国在南京为柬埔寨和老挝提供了扫雷培训，并向上述两国援助了一批人道主义物资。

主席先生、各位代表，

尽管国际社会在解决地雷引发的人道主义问题方面取得了巨大进展，我们必须清醒地看到，地区动荡、恐怖主义、有组织犯罪等因素与地雷和爆炸物问题相互交织，实现“全球无雷”的目标仍然任重而道远。为此，中方主张，国际社会应秉持共同、综合、合作、可持续的安全理念，并坚持以下几点原则。

一是加强综合治理。各国应严格遵循联合国宪章的宗旨和原则，认真履行安理会第 2365 号决议，通过政治、外交手段解决争端，维护国际和地区的和平稳定，消除战乱、冲突、恐怖主义和有组织犯罪根源，切实帮助有关国家实现经济发展和社会稳定，从根本上消除各国生产和使用地雷等武器的动因，实现拯救生命和持久安全的崇高目标。

二是坚持共同治理。国际社会应在平衡考虑各国正当国防安全需要和人道主义关切基础上，秉持包容性和开放性原则，广泛动员各国政府、国际组织及民间社会加强协调，发挥各自优势，共同完善相关规则制定，共同参与地雷全球治理，共同解决地雷引发的人道主义关切。

三是深化国际合作。各国应积极参加多、双边领域以及区城、次区域等层面务实扫雷合作。发达国家应积极向雷患国提供援助，包括必要的资金支持、装备援助、人员培训以及受害者援助等

主席先生、各位代表，

作为国际社会负责任的一员，中方愿本着同心打造人类命运共同体的理念，继续向雷患国提供力所能及的帮助。中国政府也愿加强与“渥约”缔约国及相关国际组织合作，探寻合适的合作方式，为在全世界范围内减少地雷对平民的伤害、尽早实现“无雷世界”的目标，建设一个持久和平、普遍安全的世界作出应有的贡献。

中国裁军大使李松
在《禁止生物武器公约》2019年缔约国会议上的发言

（2019年12月3日）

主席先生：

首先，请允许我代表中国代表团，对你担任《禁止生物武器公约》2019年缔约国会议主席表示衷心祝贺。我相信，你丰富的经验和杰出的才能将引导会议取得积极成果，中国代表团将全力支持你的工作。

中方欢迎坦桑尼亚批准《公约》，成为第183个缔约国。我们高兴地看到《公约》普遍性不断提高，呼吁尚未加入的国家尽快加入。

主席先生，

随着生物技术的飞速发展和广泛应用，生物安全在全球安全治理中的地位愈加凸显。我们在享受生物技术所带来的发展红利的同时，也面临着生物技术误用和滥用、生物技术武器化、生物恐怖主义等严峻挑战。面对这场希望与危险并存的深刻变革，国际社会应当携手努力，共同加强《公约》的权威性和有效性，这也是缔约国会的应有之义。

2019年是本轮会间会进程的关键一年。在今年8月的专家会上，各国围绕科技发展、合作与援助、国家履约和《公约》机制等问题开展了深入讨论。一方面，许多经验和实践值得借鉴，许多举措和倡议值得推广。

但另一方面，我们不得不承认，会间会已进程过半，却成果寥寥。特别是在制定具有法律约束力的核查议定书等核心问题上，个别缔约国一味顾左右而言他，甚至一边独家阻拦议定书谈判，一边对其他国家履约情况指手画脚。我们希望各方以本次缔约国会为契机，充分展现诚意和灵活，努力寻求共识，推动会间会进程和 2021 年第九次审议大会取得积极成果，中方支持任何有助于上述进程的努力。

在近三年的会间会进程中，中方立足加强《公约》有效性和普遍性，提出了在《公约》框架下制定“生物科学家行为准则范本”和建立“生物防扩散出口管制与国际合作机制”两项倡议。我们相信，这两项自愿性倡议有助于加强对生物科研活动的指导与规范、保障生物防扩散和国际合作之间的平衡，符合国际社会共同利益，希望各方积极支持。中方愿继续充分听取各方建议，进一步完善相关倡议。中方也将本着开放、务实的态度，认真研究其他各方提出的倡议。

此外，为促进会间会进程，分享中国科学家的经验，在今年专家会期间，中国外交部与中国科学院共同举办了“加强生物安全实验室能力建设，促进生物科技合作交流”专题边会，希望相关交流对各方都有所裨益。

主席先生，

中国一贯坚定支持《公约》的宗旨和目标，严格遵守《公约》各项规定。为缓解《公约》面临的财务困境，在会费比额大幅上升、超出以往预算的情况下，中方依然提前、足额缴纳了 2020 年会费。中国不断推进治理体系和治理能力现代化，正稳步推进生物安全立法进程，在生物安全领域以良法保障善治，促进生物安全机制和能力建设，更好地履行包括《公约》在内的国际义务。目前，相关立法草案已提交全国人大常委会审议。

中国积极践行生物安全命运共同体理念，积极向国际社会提供公共产品，共享生物科技发展红利。为延续“南南合作”的良好传统，今年 11 月中国外交部和中国科学院在武汉病毒研究所合作举办了第三期“生物安全实验室管理与技术国际培训班”，为发展中国家培养传染病防控研究人才提供协助。中方愿继续同《公约》履约支持机构密切合作，促进全球和地区履约水平和能力建设。明年我们将就此在华举办高级别研讨会，欢迎各方积极参与。

主席先生，

中国有两句古话：和衷共济、勠力同心，中方愿同国际社会一道，不断提高《公约》的普遍性、有效性和权威性，深化生物安全国际合作，推动多边生物军控进程发展，构建全球生物安全命运共同体。

谢谢主席先生。

张军大使
在安理会讨论朝鲜半岛局势公开会上的发言

（2019 年 12 月 11 日）

主席女士：

自 2018 年年初以来，在有关各方共同努力下，朝鲜半岛形势发生积极变化，半岛问题重回对话协商解决的正确轨道。今年朝鲜和美国先后在河内、板门店举行领导人会晤，在斯德哥尔摩举行工作层磋商，这对加强双方相互理解具有积极意义。与此同时，朝鲜履行了其关于暂停核试验和洲际弹道导弹试射的承诺，并多次做出表态致力于实现半岛无核化。朝美作为半岛问题的主要当事方，应珍惜来之不易的半岛对话缓和局面，共同为实现半岛无核化和持久和平做出切实努力。

半岛形势近期出现曲折，朝美关系再度紧张，半岛形势来到又一个关键当口。中方注意到朝 12 月 7 日进行试验活动及有关公开表态。目前，朝方试验内容及细节仍不明确，安理会不应仓促做出结论。朝方已在无核化问题上采取了一系列积极举措，但其在安全与发展方面的合理关切与诉求没有得到相应重视和解决，这是导致当前对话僵局和形势趋紧的重要原因。

朝美双方特别是美方应把握住来之不易的机会之窗，正视和尊重彼此关切，真正展现灵活和诚意，落实新加坡联合声明共识，并按照分阶段、同步走原则，尽快打破僵局，恢复对话接触，防止对话进程“脱轨”或者“倒退”。

国际社会特别是半岛问题主要各方必须站在客观公正的立场上，着眼长远和大局，多做有利于局势缓和、有利于朝美对话协商、有利于半岛政治进程的事情，防止半岛重新陷入紧张对抗。

主席女士，

安理会涉朝决议应当得到全面、完整、准确执行。制裁只是手段，不是目的。执行制裁是安理会决议的要求，推动政治解决同样也是安理会决议的要求。当前，政治解决半岛问题的紧迫性进一步上升。并行推进半岛无核化和半岛和平机制建设，是政治解决半岛问题唯一现实可行的路径。

安理会的重要职责是维护半岛和平与稳定，推动半岛无核化进程，当前形势下的首要任务是维护政治解决半岛问题的国际共识和势头，支持和敦促美朝双方相向而行，全力避免半岛形势发生严重逆转。

安理会必须结合半岛局势进展，尽快采取行动启动涉朝决议可逆条款，对决议制裁措施特别是民生领域规定做出必要调整。这符合决议精神，有利于缓解朝人道和民生形势，有利于营造对话氛围，有利于鼓励朝方在无核化方向上迈出更大步伐，有利于为半岛问题的政治解决创造条件、注入动力。

主席女士，

中方始终坚持实现半岛无核化，坚持维护半岛和平稳定，坚持通过对话协商解决问题。中方本着负责任态度，与有关各方密切沟通协调，劝和促谈，发挥了建设性作用。在执行安理会涉朝决议问题上，中方始终认真履行自身国际义务，并为执行制裁承受了巨大损失和压力。中方主张安理会对朝制裁措施不应对人道援助活动产生负面影响。

中方呼吁安理会保持团结，承担起历史责任，发出支持政治解决的明确、一致声音。中方愿与有关各方一道，继续为实现半岛无核化、维护半岛持久和平稳定作出努力。

谢谢主席女士。

张军大使在安理会伊朗核问题公开会上的发言

（2019 年 12 月 19 日）

主席女士：

我感谢迪卡洛副秘书长、斯科格大使和佩克斯汀大使所作通报，对有关各方所做工作表示赞赏。

伊核问题全面协议是业经安理会核可的多边外交重要成果，是以国际法为基础的国际秩序的重要组成部分，对维护国际核不扩散体系及中东地区和平稳定至关重要。

伊核问题形势发展正处于关键阶段，全面协议面临严峻考验，对话谈判是解决伊核问题的真正出路。完整、有效执行全面协议是解决伊核问题、缓和当前局势的唯一正确有效途径。各方应共同努力恢复全面协议权利与义务的平衡。

中方对美方单方面退出全面协议、加大对伊单边制裁表示关切。古特雷斯秘书长在报告中也认为，美此举与全面协议和决议目标相悖，可能阻碍伊方履行全面协议和决议部分条款。秘书长意见值得安理会和各方高度重视。

中方注意到，伊朗在减少履约方面总体保持克制，强调其采取的所有措施均可逆，并继续接受国际原子能机构监督核查。全面协议各方应保持克制，坚持在联委会框架内加强协商，化解分歧，避免采取可能导致局势进一步复杂化的举措。

中方赞赏全面协议各方为维护协议展示的勇气和作出的努力，中方赞赏俄方继续推进福尔多核设施改造项目，欢迎欧方对伊“贸易结算支持机制”建设取得积极进展，支持法方继续开展外交斡旋。我们支持国际原子能机构继续秉持客观、公正立场对伊监督核查。

中方始终主张通过政治外交手段解决伊核问题，致力于巩固国际核不扩散体系，维护国际和地区和平与稳定。中方是全面协议的谈判方和参与方，也是全面协议的坚定维护者和执行者。中方将继续与各方一道，努力推动阿拉克重水堆改造项目取得新的进展。我们也将继续秉持客观、公正和负责任态度，为维护和执行全面协议和第 2231 号决议作出不懈努力。

主席女士，

中方赞赏秘书长报告呼吁维护全面协议、保护同伊开展合法贸易、支持“采购渠道”、维护地区稳定。同时，报告应客观、平衡、全面反映决议执行情况，确保信息准确，充分照顾伊方合理关切和合法权益。安理会第 2231 号决议执行机制不是制裁机制，机制协调员和秘书处应严格按授权和职能行事。

当前形势下，各方应慎重处理伊朗射导问题，准确解读安理会相关决议，避免影响执行全面协议大局。中方注意到伊方多次阐明其导弹计划的常规、自卫性质，希望各方重视伊方立场。

妥善处理伊核问题与维护中东地区和平稳定密切相关。近期，中东地区局势持续紧张，热点问题加速演变。中方呼吁有关各方保持冷静克制，坚持通过对话协商解决争端，避免采取导致地区紧张升级的行动，尊重各国主权和领土完整，不干涉别国内政。中方支持海湾国家就地区安全问题开展对话，支持地区国家为解决冲突所作的努力。

谢谢主席女士。

五、其他军控与裁军问题

外交部军控司司长傅聪
在五核国与学术机构对话会上的发言

（2019 年 1 月 31 日）

尊敬的各位五核国代表，

驻华外交官、学界同仁和记者朋友们：

首先，感谢中国军控与裁军协会举办本次活动，感谢大家的出席以及对昨天五核国北京会议的关注。请允许我向各位简要介绍会议情况。

五核国北京会议的主题是“加强五核国协作，维护《不扩散核武器条约》（NPT）机制”。会议期间，五核国就国际安全环境、核政策及相关战略问题深入交换看法，探讨如何加强《不扩散核武器条约》机制，并形成以下广泛共识。

一是共同努力增进互信。五核国均认识到维持良好大国关系对于解决全球战略性问题至关重要，表示愿共同维护国际和平与全球稳定。同意客观看待彼此战略意图，增进互信并维护共同安全，尽最大努力防止由于误解误判引发核风险。

二是协力维护《不扩散核武器条约》机制的完整性和有效性。五核国重申《不扩散核武器条约》是国际核不扩散机制的基石和国际安全架构的重要组成部分，致力于加强《不扩散核武器条约》体系。重申将根据以往达成的谅解提交国家履约报告。五核国承诺全面遵守《不扩散核武器条约》所有条款和促进《不扩散核武器条约》普遍性，强调各方应共同努力推动2020年《不扩散核武器条约》审议大会取得成功。五核国认为“禁止核武器条约”背离并损害《不扩散核武器条约》，重申了反对立场。

三是继续推进国际核裁军进程。五核国重申遵循“各国安全不受减损”原则，循序渐进实现无核武器世界。同意努力改善国际安全环境，推动核裁军取得更大进展。同时，我们强调维护现有国际军控体系，遵守所有国际军控协议。

四是妥善解决无核武器国家正当安全关切。五核国重申有关无核安保承诺，包括积极安保和消极安保。重申支持建立无核武器区，表示愿与《东南亚无核武器区条约》缔约国重启磋商，支持在所有地区国家自愿协议基础上建立中东无大规模杀伤性武器区。

五是对核武器及其运载工具扩散对国际和平与安全的挑战表达严重关切。同时，五核国承诺根据《联合国宪章》和安理会有关决议，尽最大努力寻求和平、外交解决方案。

六是重申致力于促进和平利用核能。五核国认识到和平利用核能国际合作的互利互惠性质及其对可持续发展的重要意义，愿继续促进相关国际合作。同时，强调应加强国际原子能机构保障监督体系，提高全球核安全与核安保水平，共同打击核恐怖主义。

最后是致力于五核国团结与合作，以及愿同无核武器国家开展建设性对话。各方同意今年4月在《不扩散核武器条约》十审三筹会议期间再次举办五核国代表团团长非正式磋商。支持中方牵头启动核术语工作组第二阶段工作。关于同无核武器国家开展对话，作为五核国进程协调员，中方将于下周裁谈会期间在日内瓦举行一场关于本次北京会议的吹风会，五核国计划在《不扩散核武器条约》十审三筹会议期间举办与“不扩散与裁军倡议”（NPDI）国家新一轮对话会。五核国还欢迎英方提议在 2020 年召开下一次五核国正式会议。

以上是昨天北京会议的主要情况。

我愿借此机会再谈以下看法。作为五核国合作进程协调员及本次会议东道国，中国高度重视五核国合作机制。在当前国际安全形势正经历复杂深刻变化、现有国际军控和防扩散机制遭受严重冲击的背景下，五核国此时利用这一平台共同就战略问题开展认真而专业的对话尤为重要。我们很高兴地看到，昨天举行的会议及会间双边会见实现了上述目标。我感谢其他四国为此做出的努力，真诚希望五核国在此次会议上展现的团结和专业精神同样能在其他领域得以弘扬。

谢谢大家！

中国代表团就《全面禁核试验条约》组织筹委会财务及人力资源等问题阐述看法

（2019年5月30日）

2019年5月27日至29日，《全面禁止核试验条约》组织筹委会行政与法律工作组（A组）第55次会议在维也纳举行。中国代表团出席上述会议，就筹委会预算草案、改进咨询组工作及人力资源管理等问题阐述立场及主张。

中方表示，在全球财政紧缩及复杂国际政经大环境下，技秘处通过改进资源分配方法，提高效率，确保优先项目需求等举措，坚持预算“实际零增长”，中方对此表示赞赏。中方一直主张，筹委会预算应本着公开、透明、包容的原则，根据实际需要并综合考虑各国财政状况等制定，既体现国际社会对条约履约筹备的支持，也反映签约国对筹委会工作的期待及合理关切，特别是发展中国家普遍关心的能力建设项目。鉴此，中方希望技秘处进一步说明筹委会项目与预算草案中2020年价格调整指数确定为1.97%的原因及计算方法，以及资金在项目间重新分配的理由，以便签约国决策。

中方强调，多年来，咨询组运转顺利，卓有成效，向A组及筹委会提供了很多有益建议。近期，各方围绕“咨询组运行”问题进行了讨论，中方赞赏A组主席摩洛哥大使就该问题举行的非正式磋商。中方认为，任何改进咨询组工作的措施，均应聚焦提高效率及工作的有效性，符合筹委会议事规则，避免夹杂其他政治因素，防止造成不良先例。签约国自主提名咨询组成员的主权权利必须得到尊重。中方希望，各方在充分讨论基础上，协商一致做出相关决定。中方将继续积极、深入、建设性参与后续讨论进程。

关于筹委会人力资源管理问题，中方指出，中国高度重视技秘处人力资源问题，赞赏技秘处为改进人力资源管理所做努力。《2018 年人力资源管理报告》出台较晚，希望技秘处及早散发相关报告，确保各国有足够时间研究和参与讨论。中方注意到，职员代表性不足问题在“东南亚、太平洋和远东地区组”及“77 国集团加中国”不同程度存在，希望技秘处高度重视，采取有效措施，提升职员构成的地域平衡。

中方最后表示，中方赞赏技秘处就筹委会加入“联合国职员联合退休基金”所作努力，希望技秘处继续采取措施减少潜在风险，并及时向筹委会通报后续进展。

中国副理事张建华
在国际原子能机构六月理事会上的发言

（2019 年 6 月 14 日）

尊敬的主席女士、天野之弥总干事：

这是我作为中国副理事在国际原子能机构理事会上的首次发言，请允许我借此机会向主席女士表达良好祝愿，中国代表团和我本人将积极支持和配合您的工作，预祝理事会取得圆满成功。

主席女士，

中国代表团赞成尊敬的埃及大使代表 77 国集团和中国就本议题所做发言。中方高兴地注意到，2018 年机构秘书处在天野之弥总干事的领导下，忠实履行《国际原子能机构规约》职责，帮助成员国为积极落实联合国 2030 年可持续发展目标、应对气候变化发挥了重要作用。

中方满意地注意到过去一年机构成功举办首届核科学技术部长级会议、核电计划人力资源发展国际会议、放射性物质安保国际会议等一系列国际会议；塞伯斯多夫核技术应用实验室改造项目、机构低浓铀银行项目、保障信息技术现代化项目等重大项目进展顺利。中方赞赏机构根据成员国发展需求和不同地区优先事项量身定制技合计划，不断完善核安全核安保标准体系，并应成员国要求开展各类咨询评估服务帮助成员国查找不足、总结经验、提升能力。

中方始终认为伊核问题全面协议意义重大、不可替代，高度评价伊朗严格执行全面协议并得到国际原子能机构多次确认。中方坚定支持稳步、全面落实全面协议，坚定履行自身承诺和义务，同时坚定维护自身合法权益。作为阿拉克重水堆改造工作组双组长之一，中方致力于根据全面协议规定推进改造项目并不断取得积极进展。中方将继续同各方一道，为维护和执行全面协议作出不懈努力。

主席女士，

中国政府一直将核能视为应对气候变化和实现可持续发展的必然选择，核能产业持续保持安全高效发展。目前，中国大陆商业运行核电机组已达到 45 台，年发电量位列全球第三；在建核电机组 11 台，规模居世界第一。近年来，更加先进安全的三代核电技术取得突破性进展，自主知识产权的"华龙一号"首堆于今年 4 月在福建福清核电站提前 50 天完成设备安装并进入冷试，国内外 5 台同型号机组的建设按计划稳步推进；利用法国技术的 EPR 和美国技术的 AP1000 三代核电全球首堆于去年相继实现并网发电。示范快堆和高温气冷堆示范工程等四代核电建设也进展顺利。中国核电发展秉承开放包容理念，愿与世界各国分享核电发展经验，共同创造清洁美丽的未来。

主席女士，

近年来，随着核能事业稳步发展，中国核技术应用产业进入快速发展阶段，取得令人瞩目的成绩。目前，中国已有 400 余家单位从事核科学和技术研发与生产，数千家单位参与应用，并形成了较完整的产业体系，年产值已突破 3000 亿元人民币，年增长率保持在 20%左右。核技术广泛应用于农业、工业、医疗、公众安全等领域，为社会经济发展以及人民生活福祉作出积极贡献。

主席女士，

中国核能发展一贯坚持"安全第一"，始终遵循"理性、协调、并进"

的核安全观。2018 年 1 月中国核安全领域顶层法律《中华人民共和国核安全法》正式施行，为安全利用核能，促进经济社会可持续发展提供了法律依据。2018 年，中国国家原子能机构成功举办“风暴-2018”核安保综合演练，切实提升中国核设施应对核安保突发事件的能力和水平。继成功完成加纳微堆低浓化改造之后，中方与机构、尼日利亚紧密合作，顺利完成尼方微堆低浓化改造和高浓铀返还。

位于北京的“核安保示范中心”是核安保国际合作的成功范例，2016 年投运以来已承办 100 余次国际和地区核安保研讨会和培训班，累计培训中外学员近 2000 人。目前，中方正与机构通力合作，努力将该示范中心打造成机构的“协作中心”，为全球特别是亚太地区核安保能力的提升作出贡献。中国已连续多年为机构核安保基金捐款，累计金额 200 多万美元，今年中国将继续向机构核安保基金捐款 40 万美元。

为进一步推进机构未来工作，中方愿提出以下几方面建议：

第一，核能对于应对气候变化，实现可持续发展具有重要意义，机构应根据世界核能发展形势及成员国需求积极调整工作重点，继续为成员国提供有力支持，促进核能安全、高效发展。

第二，核安全与核安保是关系到核能事业健康发展重要保障，机构应继续推进核安全标准与核安保导则制定，加强同行评审服务，协助成员国开展能力建设，努力构建高水平的全球核安全与核安保体系。

第三，核能健康可持续发展离不开世界各国的共同努力，机构各成员国应当在“平等协作，合作共赢，开放共享”的原则下，顺应经济全球化的潮流，促进交流与合作，共享核能发展成果，共同构建核能发展人类命运共同体。

主席女士，

“不拒众流，方为江海”。中国始终秉持“创新、协调、绿色、开放、共享”的发展理念，愿与机构和成员国一道进一步加强核领域全方位国际合作，分享中国在核电发展、核技术应用等领域的技术、经验和成果，为世界和平、发展、繁荣作出积极贡献。

在发表上述评论后，中国代表团注意到载于 GOV/2019/15 号的 2018 年年度报告。

谢谢主席女士。

中国代表团戴怀成参赞
就《全面禁止核试验条约》组织筹委会相关工作阐述立场

（2019 年 6 月 20 日）

6 月 17 日至 18 日，《全面禁止核试验条约》组织筹备委员会第 52 次会议在维也纳举行。中国代表团戴怀成参赞就筹委会相关工作阐述立场。

戴怀成表示，《全面禁止核试验条约》是国际核裁军与核不扩散体系的重要支柱，对维护世界和平与安全发挥着重要作用。中方高兴地看到，条约普遍性不断提高，履约筹备工作取得长足进展，推动条约早日生效的国际努力得到广泛支持。当前，国际安全领域的不确定和不稳定因素明显增多，加强对条约的政治支持具有重要意义。第十一届促进条约生效大会将于今年 9 月在纽约召开，中方赞赏阿尔及利亚和德国为筹备会议所作努力，期待大会进一步凝聚国际禁核试共识，为条约生效进程注入政治动力。

戴怀成表示，中方支持条约核查机制建设，乐见相关工作取得积极进展；同时，认为相关工作应严格遵守“测试与临时试运行”原则，平衡推进国际监测系统、国际数据中心和现场视察相关机制建设。中方注意到有关各方在“国际数据中心逐步启用计划”、放射性核素样品归档、惰性气体大气本底测量等问题上立场存在分歧，希望技秘处综合考虑各方合理关切，进一步优化工作方案。

戴怀成指出，中方注意到技秘处提出的 2020 年至 2021 年项目与预算草案，支持筹委会预算坚持“实际零增长”原则，赞赏技秘处在优化资金分配和提高使用效率方面所作努力；同时呼吁技秘处提高预算编制与执行的透明度，继续加大对有关能力建设项目的资金支持力度。

关于咨询组改革问题，戴怀成强调，改革应聚焦提高工作效率，任何改革措施都必须符合筹委会议事规则。在此方面，中方赞赏摩洛哥、日本大使所作努力，欢迎行政与法律工作组第 55 次会议通过的“咨询组成员提名程序决定草案”，认为其体现了尊重各国提名咨询组成员的主权权利、咨询组成员由筹委会做出任命等原则。

戴怀成最后表示，作为首批签署条约的国家之一，中国坚定支持条约宗旨与目标，始终恪守暂停核试验的承诺，积极参与促进条约生效的国际努力。近年来中方境内禁核试监测台站建设与核证验收取得重要进展，会费比额不断增长，这本身就是中国政府对履约筹备工作的重要贡献。中方将继续与各方一道，为推动条约早日生效作出努力，为推进条约履约筹备进程作出贡献。

王群大使
在“单边强制措施及其影响”国际研讨会上的发言

（2019 年 6 月 29 日）

尊敬的阿雷亚萨外长、阿拉格齐副外长，

女士们、先生们：

今天我很高兴重回科堡酒店出席“单边强制措施及其影响”国际研讨会。科堡见证了伊核全面协议的谈判和达成。伊核全面协议是通过外交谈判取得的重大成果。在当前单边主义和保护主义抬头，国际秩序和国际规则遭受严重冲击之际，选择在此召开今天的研讨会本身就具有重要的象征意义，表明国际社会希望借此彰显支持多边主义的鲜明态度，并发出反对单边主义和国际霸凌行径的有力声音。

1945 年 6 月 26 日，包括中国在内的 40 多国在美国旧金山市签署了《联合国宪章》，庄严承诺“力行容恕，彼此以善邻之道，和睦相处”，“以和平方法解决其国际争端，避免危及国际和平、安全及正义”。历经 74 年风云变幻，上述原则历久弥新，依然是各国发展友好关系的基本准则以及维护世界和平与稳定的重要基石。

令人遗憾的是，个别国家罔顾上述原则，动辄诉诸单边强制措施，滥用自身优势地位，对他国采取经济封锁、金融制裁等霸凌行径，甚至对第三国与有关国家开展正常往来进行威胁恫吓。近期以来，个别国家又频繁利用关税“大棒”向他国施压，甚至动用国家机器和行政措施不择手段打压别国的公司，值得各国高度警惕。

单边强制措施就其性质而言，既是单边行动又具有强迫性，明显违反《联合国宪章》和国际法准则。个别国家为达目的不择手段，讲不了国际法，就祭出国内法；用不上法律措施，就用行政措施，这是典型的强权政治和霸凌行径。具有讽刺意味的是，目前最经常使用单边强制措施的美国在其独立之初也曾长期受制于封锁、禁运和干预，也曾强烈反对单边强制措施。

实践已经一再证明，单边强制措施不仅无助于解决问题，反而具有多重危害：它无视国家主权平等，冲击国际秩序；它动摇国际法权威，削弱国际法治；它阻碍各国经贸往来，危及世界经济；它拖累当事国经济发展，侵害有关国家人权。同时，对于实施单边强制措施的国家来说，它也会给经济发展和人民福祉带来负面影响，最新研究表明，美国政府当前加征的各种关税，将使美国消费者每年多支出 690 亿美元。单边强制措施损人不利己，希望美国切实回到和平解决争端、实现互利共赢的道路上来。

单边强制措施就其目的而言，旨在谋求不平等优势，推行不合理主张，任何重视主权、平等和尊严的国家都会坚决予以回应。我们看到，古巴革命政府有力应对了美国近 60 年的制裁，并正与委内瑞拉携手应对新一轮制裁；俄罗斯不惧制裁，坚定推进国家发展，积极支持多边主义；欧盟明确反对美国制裁伊朗、古巴，并不断强化《阻断法案》，有力回击美国的“长臂管辖”。我们对这些正义举措表示赞赏和支持。

中华人民共和国在成立之初也曾遭遇经济封锁和禁运，现在也面临着经贸霸凌，我们对单边强制措施给各国人民带来的苦难感同身受，坚决反对任何形式、任何理由的单边强制措施。中国坚定支持多边主义，倡导国际法治。我们呼吁各国切实遵循《联合国宪章》宗旨和原则，在互相尊重主权平等基础上强化互利合作，推动完善各领域全球治理。我们也希望各国携手应对单边强制措施，发出明确反对信号，同时协同采取行动，团结一致，坚决对单边强制措施说“不”。

谢谢。

中国代表团团长徐宏大使
在禁化武组织第 91 届执理会上的发言

（2019 年 7 月 25 日）

主席先生：

首先，请允许我代表中国代表团祝贺你当选执理会主席并首次主持会议，中方相信以你的外交经验和技巧，一定能改善执理会工作和氛围，加强缔约国团结和协商一致精神，推动各项审议取得成功。这也是我作为中国常驻禁化武组织代表首次参加执理会会议，我和中国代表团愿与各方一道，积极支持你的工作，为会议取得成功作出贡献。

中方感谢总干事和几位副主席的报告，赞同委内瑞拉常驻代表海法-埃萨米大使代表不结盟运动和中国所做的发言。下面，我愿进一步阐述中方在以下几个问题上的立场和主张。

第一，中方支持不结盟国家提出的关于建立开放式工作组、平衡推进《禁化武公约》各主要条款实施的倡议。我们注意到多数国家对倡议持开放欢迎态度。中方认为，设立开放式工作组，能够为禁化武各个磋商机制带来新的活力，为执理会讨论注入正能量。我们希望执理会能就设立工作组达成一致，对于工作组讨论的问题清单、工作方法，包括如何处理与现有机制关系等问题，可作为工作组第一阶段的讨论内容。中方正在研究技秘处出台的任期政策方面的非文件，将积极参与讨论。

第二，中方注意到自年初以来，技秘处与叙利亚通过一系列结构性对话，在叙化武初始宣布澄清问题上取得了积极进展。我们希望各方能把握当前合作的良好势头，继续推进叙化武问题的解决。

中方注意到技秘处提交的调查鉴定组工作报告。中方认为，禁化武组织作为专业性国际组织，应严格依照公约开展工作和调查。使用化武追责问题已经造成各方严重对立。当务之急，是确保对指称使用化武事件的调查回归公约框架，做到程序合规，证据可靠，结论可信，切实维护公约权威和有效性。具体而言，执理会必须充分行使公约赋予的权力和职能，严格监督包括调查在内的技秘处各项活动；任何调查工作必须严格限定在公约范畴内，调查取证程序和工作方法必须严格遵循公约核查附件的规定。

近一段时间，各方围绕杜马事件事实调查报告提出了一些技术上的疑问，公开媒体也透露出技秘处内部的不同声音。中方认为，技秘处应重视各方提出的问题和疑点，对事实调查组的工作方法、得出结论的过程做出澄清。只有各方基于事实，就报告展开充分质询和辩论，才能最大限度体现报告的公信力，维护禁化武组织权威。

第三，随着库存化武销毁不断取得进展，日本遗弃在华化武销毁对实现公约宗旨和目标的重要性不断突出。中方不得不指出 7 日遗化武销毁虽取得一些进展，但其总体销毁进程严重滞后。日遗化武仍给中国人民生命财产和环境安全带来现实威胁。日遗化武销毁一日不能完成，“无化武世界”的目标就不能实现。中方强烈敦促日方切实履行公约规定的遗弃国义务，加大投入，根据执理会通过的决定和时间表尽早完成销毁。

根据执理会相关决定，中日双方正式邀请执理会代表团于 9 月 2 日至 7 日访问中国吉林省哈尔巴岭日遗化武销毁设施。中方欢迎各缔约国积极参与上述访问。我们期待，通过这一广泛参与的访问，各方能对日遗化武历史经纬和现状形成直观了解，更好地推动执理会、缔约国大会和审议大会履行审议和监督职能。

中国代表团要求将此发言作为会议正式文件散发，并刊载于禁化武组织内网。

谢谢主席。

中国代表团在国际原子能机构9月理事会上关于“核安全和辐射安全”议题的发言

（2019年9月11日）

尊敬的主席女士、尊敬的科内尔·费鲁塔代理总干事：

这是我作为中国理事、中国国家原子能机构主任首次在机构理事会上发言，也是我在本次理事会上的首次发言。请允许我在此对前任总干事天野之弥先生的去世表示哀悼。天野先生为人谦逊友善，在任期间恪尽职守，始终积极推进机构在促进核能和平利用和防止核武器扩散等领域工作，为“原子能用于和平与发展”作出了重要贡献；天野之弥先生始终以公正、客观的态度妥善处理伊核等敏感议题，获得成员国广泛认可和机构内部高度认同。中方高度评价天野先生所作积极贡献，也期待机构继续秉持他打造的这一公正、客观的精神。

主席女士，

中国代表团和我本人将积极支持和配合您的工作，我相信您丰富的外交经验和卓越才干将使本次理事会取得圆满成功。同时，我也借此机会，对费鲁塔先生担任代理总干事以来开展的大量工作及所作努力表示赞赏。

中国代表团认真研读了本议题下的核安全报告，赞成尊敬的埃及大使代表“77国集团”和中国就本议题所做发言。中方高兴地注意到，一年来，机构按照大会决议要求，不断吸取福岛核事故经验教训、贯彻《维也纳核安全宣言》精神，在核安全和辐射安全领域开展了大量工作，特别是在持续开展核安全标准、导则制修订，应成员国请求提供各类同行评审服务，协助成员国不断提升核安全水平、核应急准备与响应能力，推广核安全文化等方面成效显著。希望机构今后加强对成员国普遍关注的中小型反应堆等新堆型相关的技术交流，安全标准导则的制订，帮助成员国进一步建立完善国家核安全监管体系，增强公众对核能与核技术应用接受度。

主席女士，

核安全无国界，一旦发生核安全事故不仅会对当事国造成严重影响，还将对全球和平利用核能事业发展造成不可估量的后果。这是因为，当今核设施是集全球先进技术、高端制造于一身的复杂系统，其安全保障是建立在技术、设备、管理等诸多因素安全的基础之上，需要业主、供货方等各合作伙伴的通力协作。但我们要注意到，个别国家以违反其国内法为由，动辄对和平利用核能领域的相关国际合作活动威胁“断供”，甚至通过“长臂管辖”实施单边制裁。这种政策和做法将带来极大的核安全风险和隐患，影响全球核能健康、持续、安全发展。对此，我们坚决反对。

主席女士，

9月3日，中国政府发布首部《中国的核安全》白皮书，全面介绍了中国核安全事业的发展历程、核安全基本原则和政策、监管理念和实践经验，阐明了中国加强核安全国际合作、推进核安全命运共同体的决心和行动。中国始终把保障核安全作为重要的国家责任，融入核能开发利用全过程，始终以安全为前提发展核事业，不断推动核安全与时俱进、创新发展，保持了良好的安全记录。

主席女士，

过去一年，中国与机构在核安全和核应急领域开展了广泛合作。去年12月，根据双方签署的“实际安排”，中国与机构共同在华组织了基于“及早通报公约”和“紧急援助公约”的核应急演习，并利用机构的“事件和应急信息交流统一系统”进行信息交流，并根据中方提供的源项和气象数据进行了后果评价，取得了很好的效果。中国与机构合作的“辐射防护与核医学救治核应急能力中心”已在华设立，并将首次承办“亚太地区核应急管理培训班”。此外，中国去年向机构各类技术咨询会议派出了百余名专家，还多次在华承办培训班、研讨会，并承诺将承办机构2020年“核电站安全运行国际大会”，与各成员国一道分享知识、交流经验。

在发表上述评论后，中方满意地注意到载于GOV/2019/27号文件的《核安全和辐射安全》报告。

谢谢主席女士。

中国代表团在国际原子能机构9月理事会上关于“核安保”议题的发言

（2019年9月11日）

主席女士：

中国代表团赞成尊敬的埃及大使代表“77国集团”和中国就本议题所做的发言。

中方一贯支持机构在推动核安保国际合作、提升全球核安保水平方面发挥重要作用。满意地注意到，一年来机构积极实施“核安保计划”，在核安保标准导则制订、推动核安保国际法律文书普遍适用、开展核安保同行评议、帮助成员国加强国家监管，提升核安保能力等方面开展了大量工作，并不断取得成果。中方始终认为，必要的资源保障是机构开展核安保相关工作的前提条件。为帮助机构长期稳定的开展核安保工作，自核安保基金设立以来，中国政府已连续多年向机构核安保基金捐款，今年7月再次向核安保基金捐款40万美元，捐款总额已近300万美元。

主席女士，

核恐怖主义依然是当今国际社会普遍关注重点。中方感谢机构为2020年召开的“核安保：保持和加强努力”国际会议所作的大量筹备工作。作为“后峰会”时代核安保领域又一高级别盛会，中方相信其顺利召开将有利于凝聚共识、深化国际合作，推动各方切实履行承诺与责任，进一步减少民用核能活动中各类核材料所受到的恐怖威胁，共同筑牢全球核安保防线。中方对此高度重视，愿为大会的顺利召开作出积极贡献。

主席女士，

中国政府一贯高度重视核安保工作，注重强化国家责任、不断完善核安保法规体系、提高核安保水平。中国对核材料及放射源实施严格的许可证管理制度，出台了一系列相关核安保法规、标准，形成了行之有效的监管体系，确保核设施、核材料和其他放射性材料安全、可控。近年来，中国多次举行核安保综合演练，进一步提升国家和设施层面应对核恐怖主义威胁的能力。

中国积极开展核安保国际合作，严格履行核安保国际义务。中美合作的“核安保示范中心”是核安保国际合作的成功范例，自 2016 年投运以来已承办 100 余次核安保国际和地区培训班、研讨会，累计培训中外学员近 2000 人。为进一步发挥该示范中心作用、密切与机构合作，中国国家原子能机构将在本次理事会期间，与机构签署“核安保技术协作中心”协议，我们愿充分利用该协作中心平台，进一步深化核安保技术交流和合作，为亚太地区各国核安保能力提升作出更大贡献。

在微堆低浓化改造方面，中国与机构及有关国家合作，不断取得新的成果。在成功完成加纳微堆低浓化改造项目基础上，本着自愿和经济可行的原则，中国与机构、尼日利亚紧密合作，在极短的时间内完成了尼方微堆低浓化改造和高浓铀返还，为不断增强全球核安保能力作出了积极贡献。

主席女士，

实现普遍安全的世界，是国际社会的共同愿望。不断加强核安保符合各国共同利益，也是各国政府应当承担的责任。随着技术的发展，核安保领域也面临一些新的威胁和挑战，特别是无人机的威胁和网络安全正日益成为成员国关注的焦点。中方支持机构加强相关领域工作，制定网络安保、小型模块化反应堆安保的相关导则和技术文件，协助和指导成员国应对面临的挑战，确保核材料、核设施的安全。中方愿同国际社会一道，积极承担国家责任、履行国际义务，不断巩固和完善核安保国际法规框架体系，强化核安保能力建设，努力提升全球核安保水平，共同构建全球核安保体系，为建设持久和平、共同繁荣的和谐世界作出贡献。

在发表上述评论后，中国代表团注意到载于 GOV/2019/31 号文件的《2019 年核安保报告》。

谢谢主席女士。

中国代表团在国际原子能机构 9 月理事会上关于“加强机构有关核科学、技术和应用的活动”议题的发言

（2019 年 9 月 11 日）

主席先生：

中国代表团赞成尊敬的埃及大使代表“77 国集团”和中国就本议题所做发言。

主席先生，

中方认真研究了本议题下《加强国际原子能机构有关核科学、核技术应用》的报告。过去一年来，机构秉承“原子用于和平与发展”宗旨，积极落实“巴黎协定”和“联合国 2030 可持续发展目标”，为推动全球和平利用核能发展和扩大核技术应用开展了大量工作，取得令人满意的成绩。

在核能领域，机构通过举办技术性会议、发布《核能丛书》、提供培训和咨询服务等方式，积极支持成员国核能发展，在提高核能公众接受度、推进革新型、模块化中小堆研发、加强放射性废物处置和核设施退役等方面取得明显成效。

在核技术应用方面，首次召开“核科学和技术：应对当前和新兴发展挑战”部长级会议，通过技术合作计划支持成员国研究发展医用放射性同位素和放射性药物技术，加强与联合国粮农组织合作，支持非洲根除采采蝇和锥虫病项目，通过全球兽医诊断实验室网络，增强成员国快速应对动

物瘟疫等传染病的能力，赢得成员国普遍认可。特别是这次非洲猪瘟对部分成员国产生了巨大影响，感谢机构所作努力，并希望机构进一步加大力度，对成员国战胜非洲猪瘟提供更大支持。

主席先生，

发展核能是中国政府贯彻绿色发展理念，构建清洁低碳能源体系的重要举措。目前，中国核电持续保持安全高效发展，在运核电机组已达到 47 台，年发电量位列全球第三；在建核电机组 11 台，规模居世界第一。2018 年以来共有 9 台核电机组相继投入运行，其中利用法国技术的 EPR 和美国技术的 AP1000 三代核电全球首堆工程实现并网发电。我国自主设计的“华龙一号”示范工程以及海外项目建设进展顺利；示范快堆和高温气冷堆示范工程等先进核电堆型的建设顺利推进。

中方欢迎机构将于下月在维也纳召开“气候变化与核能作用”国际会议，并将派高级别代表团与会，相信本次会议能进一步凝聚共识，共促核能安全、高效、可持续发展。

主席先生，

近年来，世界各国核科技应用产业迅猛发展，融入大众生活各个方面，产生了巨大的经济效益和良好的社会效益。中方赞同首次“核科学技术部长级大会”《部长宣言》精神，认为，核科学技术在帮助各国实现可持续发展目标方面，将发挥越来越重要的作用。希望机构进一步加大工作力度，充分利用技术合作平台，帮助核农学、核医学等领域的先进核技术向有需要的成员国特别是广大发展中国家积极推广，为成员国社会经济发展作出更大贡献，中方也愿与各国分享核能和核技术发展经验。

中国国家原子能机构与教育部于 2017 年设立了“中国政府原子能奖学金”，计划五年内每年招录 40 名核科学和工程管理的硕士和博士留学生。截至目前，两批共计 73 名来自发展中国家和核能新兴国家的学员已顺利入学，中方欢迎更多国家推荐优秀人才来华学习。中国积极支持机构塞伯斯多夫核应用实验室改造扩建工程建设，将在捐款230万欧元和捐赠1台价值250万美元辐照设备基础上，继续捐款30万欧元，用于支持“气候智能型农业温室”建设，也希望该设施尽快投入运行，为提升广大发展中国家核技术应用水平作出更大贡献。此外，我们从多家媒体了解到“多利安”飓风最近袭击了美国东海，对人民生命财产造成了严重损害，我们对此表示深切同情。同时，美国代表团在昨日发言中提及美国核设施在此次飓风中经受住了考验，进一步增强了我们对于和平利用核能事业的信心。

在发表上述评论后，中国代表团注意到载于GOV/2019/29号文件的《加强国际原子能机构有关核科学、技术和应用活动》的报告。

谢谢主席先生。

中国代表团团长王磊参赞在联合国信息安全开放式工作组首次会一般性辩论中的发言

（2019 年 9 月 27 日）

主席先生，各位同事：

首先我想祝贺劳伯大使担任工作组主席。相信在主席先生的领导下，开放式工作组会取得积极成果，为构建网络空间全球秩序作出重要贡献。我愿借此机会，向主席先生和秘书处为会议举行付出的辛勤努力表示感谢。

各位同事，

我们生活在一个前所未有的数字时代。人工智能、物联网、区块链等新技术日新月异，使得数字经济成为发展的重要新动能。网络空间与现实世界深度融合，各国对网络依赖的广度、深度和复杂程度前所未有，网络空间全球治理涉及各国安全和长远发展。

与此同时，我们也面临各种新风险和挑战。网络攻击和网络犯罪大幅增长，网络恐怖主义成为全球公害，假新闻泛滥，关键信息基础设施存在较大风险隐患，国家和地区间数字鸿沟不断扩大。一些国家将网络空间作为新的战场，推行威慑进攻理念，将军事同盟引入网络空间，推动制定网络交战规则，推升国家间网络摩擦和冲突的风险，威胁国际和平与安全。个别国家将技术和网络安全问题政治化，严重危害全球发展与合作。

面对上述威胁和挑战，国际社会应遵循多边主义，通过互利共赢构建网络空间的人类命运共同体。

一是要秉持共享繁荣、共担责任的理念。各国在网络空间互联互通，利益交融，休戚与共。无论国家大小、发展先后或持何政治立场，都不能无视这一历史规律和潮流。各国只有合作共赢才能共享数字经济的发展机遇，有效应对网络领域各项风险和挑战。

二是坚持维护网络空间和平与稳定。网络已渗透到各国政治、经济、社会和民众生活的方方面面。国家特别是大国间网络冲突难以想象。网络战打不赢，也打不得，这应该成为国际社会共识。当前网络空间事端频发、溯源困难，通过武力、威慑、施压实现不了自身安全的发展，制裁也解决不了问题，反而会增加网络空间的不稳定性，导致战略误判和局势升级，减损国际互信。

三是要以平衡兼顾的方式应对各项挑战。网络问题涉及主权、安全、发展等各个领域。必须从全局和长远出发，平衡兼顾各领域政策目标，不能顾此失彼。特别是需要坚持安全与发展并重。数字经济时代，网络安全与经济发展互为基础、互相促进。要把握发展这把解决安全问题的总钥匙，致力于弥合数字鸿沟，更多照顾发展中国家需求，切实解决发展不平衡问题。同时，各国应致力于为信息通信技术的发展营造公平、公正、非歧视的环境，防止泛化滥用安全问题，甚至以此为由遏制打击其他国家正当的经济和科技发展。

四是要推动建立公正、合理的网络空间国际规则体系。制定各方普遍接受的国际规则，是维护网络空间和平与稳定的关键。联合国作为最具代表性和权威性的国际组织，理应在此方面发挥主导作用。今年联合国开启开放式工作组和政府专家组双进程，凸显加强相关国际讨论、凝聚共识的必要性和紧迫性。长远看，我们要在联合国框架下建立起一个开放、包容的常设进程，让所有国家参与到网络空间国际规则制定进程中来。

各位同事，

开放式工作组是联合国框架下首个所有成员国广泛参与的网络安全政府间进程，也是广大成员国特别是发展中国家首次在联合国就网络安全问题发表看法，意义重大。我愿就工作组工作谈几点原则看法和建议。

一是要把握正确方向。我们要突出求和平、促合作的主基调，向国际社会展现携手合作、谋求普遍安全、共同发展的积极意愿，深入研究如何切实预防网络空间冲突及军备竞赛，防止将网络空间变成新的战场。这对于维护网络安全多边进程，实现网络空间长治久安至关重要。

二是要坚持与时俱进。因应数字时代网络安全新形势新挑战，我们要就各方都关心的现实紧迫问题开展工作。一是丰富和拓展网络主权内涵并提出具体行为规范建议，夯实网络国际规则基础。二是探讨全球数据治理、互联网治理、供应链安全、新兴技术等方面的规范和措施，争取可视成果。三是共同推动国际网络安全合作与援助，弥合数字鸿沟。

三是要着眼长远。要对未来网络空间治理做出长远规划，深入探讨如何在联合国框架下建立有效的常设机制，实现可持续的国际进程，维护网络空间长治久安。

中方期待与各位同事一道，共同推动会议取得积极成果。

谢谢主席先生。

中国代表团团长徐宏大使出席禁化武组织第92届执理会一般性辩论发言

（2019年10月8日）

主席先生：

首先，请允许我代表中国代表团欢迎你再次主持会议。中国代表团将与各方一道积极支持你的工作，为会议各项审议取得成功作出贡献。

中方感谢总干事和几位副主席的报告，赞同委内瑞拉常驻代表海法·埃萨米大使代表不结盟运动和中国所做的发言。

我注意到本届执理会需要就若干问题采取行动，对其中的一些重要问题缔约国还存在不同意见。中方一向主张，对于存在分歧的问题，有关各方应开展广泛磋商，听取不同意见，尽量争取形成协商一致。动辄投票的做法，无助于化解分歧，不利于禁化武组织的正常运行和长远利益。下面，我愿就以下几个问题进一步阐述中方的立场和主张。

第一，在化武销毁方面，中方注意到近年来库存化武销毁所取得的进展，敦促余下的化武拥有国尽快完成销毁。经过中日双方的共同努力，日本遗弃在华化学武器销毁有所进展，但总体销毁进程仍然严重滞后，对中国人民的生命财产和环境安全构成现实威胁。中方敦促日方切实履行遗弃国责任，加大投入推进销毁进程，并妥善处理污染土壤等突出问题。中方将一如既往地予以配合。9月2日至7日，执理会代表团访问了中国吉林省哈尔巴岭日遗化武销毁设施，技秘处于日前散发了详细报告。中方相信此访及相关报告有助于各方了解日遗化武销毁工作全貌，特别是销毁的紧迫性，推动执理会、缔约国大会等决策机构切实履行监督和审议职能，推动在执理会相关决定确立的时间框架内按时完成销毁。

第二，关于消除叙利亚化武计划问题，中方注意到总干事和叙利亚散发的相关报告。中方呼吁技秘处与叙利亚继续保持接触和对话，推动叙化武初始宣布澄清等未决问题取得积极进展。中方一贯反对任何国家、任何人在任何情况下使用化武。对于指称使用化武事件，中方主张依照《禁化武公约》以及相关核查附件的规定，开展调查。调查结论应基于事实，经得起时间和历史的检验。

中方注意到技秘处就调查鉴定组工作进展提交的文件。令人遗憾的是，各方在使用化武追责问题上的分歧依旧，并再次影响到预算等涉及禁化武组织运行的问题。中方重申，各方应推动“追责决定”的执行回归公约框架，从而维护公约权威和有效性。这也有利于各方就本组织的工作项目和预算达成一致。执理会作为公约规定的处理遵约问题的主要决策机构，必须充分行使公约赋予的权力和职能，严格监督化武追责调查在内的技秘处各项活动。

第三，中国代表团积极参与了预算问题的磋商，欢迎技秘处就提高预算的可预测性、解决重要资金短缺问题提出的举措，愿与各方共同研究完善相关方案，确保禁化武组织的正常运行。

应当指出的是，各方对 2020 年工作项目和预算决定草案的模式仍存在严重分歧。长期以来，技秘处针对常规预算和其他资金问题分别提出决定草案，相关做法符合财务规定，也形成了良好的习惯性做法。此次，技秘处将所有预算相关决定打包处理，包括中方在内的不少国家对此存有关切。希望各方重视上述关切，为顺利审议 2020 年预算创造条件。

第四，中方注意到有关国家提交的关于修订行政财务咨询委员会议事规则的草案。我们认为，行政财务咨询委员会作为一个开放性、不具决策权的机制，应保持多样性和地域平衡性，缔约国有权提名其认为合适的人选，其任职条件应当与其他类似国际组织保持一致，不宜设立主观随意、模糊不清或存有争议的任职标准或行为准则。

第五，中方重申对有关建立开放式工作组倡议的支持。我们注意到执理会主席提出的有关建立协调机制的建议。中方认为，任何重振各项磋商的建议必须坚持开放性和包容性，并设立确保平衡推进各项议题的机制。

最后，我想借此机会表明中方对禁化武组织化学实验室升级计划的支持，相信此举可以让禁化武组织跟上科技发展的步伐，并为广大发展中国家开展能力建设提供必要的支持和帮助。为此，中国政府决定为该计划提供自愿捐助。

中国代表团要求将此发言作为会议正式文件散发，并刊载于禁化武组织内网。

谢谢主席。

王群大使在
“核电应对气候变化——中国解决方案”
主题边会上的致辞

（2019 年 10 月 9 日）

国际原子能机构楚达科夫副总干事，

中核集团顾军总经理，

世界核协会瑞辛总干事，

女士们、先生们：

感谢各位出席今天的“核电应对气候变化——中国解决方案”主题边会！

气候变化问题是全人类面临的共同挑战，是对构建“人类命运共同体”的严峻考验。值得关注的是，因能源生产导致的碳排放约占到全球排放总量的 60%，2018 年全球能源相关碳排放达到 331 亿吨，创历史新高。优化能源结构，寻求可行的绿色解决方案，已刻不容缓。

中国政府高度重视气候变化问题，认真履行《联合国气候变化框架公约》和《巴黎协定》义务，践行创新、协调、绿色、开放、共享的发展理念，着力促进经济高质量发展，积极走绿色、低碳、可持续发展之路。

为履行温室气体减排承诺，力争实现 2030 年非化石能源占比达到 20% 的目标，作为全球最大的能源生产和消费国，中国政府在应对气候变化的征程中不断迈出新步伐。中国积极加快构建清洁低碳、安全高效的能源体系，推进能源生产和消费革命向纵深发展。到 2018 年年底，中国碳排放强度比 2005 年累计下降 45. 8%，超额完成了当年的目标，相当于减少二氧化碳排放约 52. 6 亿吨。同年，非化石能源占一次能源消费比重达 14. 3%。

核电能量密度高，是良好的基荷能源，且全寿期过程的温室气体排放水平极低，是实现温室气体减排目标的重要手段。在应对气候变化的挑战中，我们相信核能作为清洁、绿色、低碳的基荷能源，将有更大的发展空间。

目前，中国在运核电机组 47 台，在建核电机组 11 台，其中 2018 年以来共有 10 台核电机组相继投入运行，其中 EPR 和 AP1000 三代核电全球首次商运。中国自主设计的“华龙一号”示范工程国内外项目、高温气冷堆核电站示范工程进展顺利；小型堆、浮动堆等新型反应堆的设计和审查工作积极开展。按照能源规划，中国未来将继续推动核能安全、高效、可持续的发展，并进一步提升核能在一次能源中的占比。

当前，全球气候治理已经进入关键时期。中国将继续秉持必胜的决心、行动的恒心、合作的诚心，坚定推进气候变化领域的各项行动。同时，我们将坚持合作共赢、开放共享，与各方一道分享我们的经验与技术，为有需要的成员国提供有中国特色的核能方案。

女士们、先生们，

人类在和平利用原子能的征程上历经各种曲折，但我们始终相信原子能作为 20 世纪最伟大的科学发现，将为人类的可持续发展提供坚实的基础。中国政府愿积极支持国际原子能机构秉持“原子能用于和平与发展”宗旨，同机构及其成员国携手努力，推动和平利用核能事业持续、稳定、健康发展，共同建设一个清洁美丽、共同繁荣的美好世界。

谢谢大家！

中国代表团团长王磊参赞在联合国信息安全开放式工作组首次会上关于国际法使用问题的发言

（2019 年 10 月 18 日）

主席先生，各位同事：

网络是一个新疆域，但不是法外之地，这已经成为国际共识。确认现有的相关国际法适用。同时根据网络空间特点形势发展制定新的行为准则和国际法律文书。将共同构建国家在网络空间的秩序。关于现有国际法如何适用于网络空间，中方有几点原则意见。

关于武装冲突法及诉诸武力法的相关国际法适用问题，中方认为必须慎之又慎。

首先是政治上发出了错误信号。当前，一些国家将网络空间作为新的战场，推行威慑进攻理念，将军事同盟引入网络空间，研制先进网络武器。在这种情况下，确认武装冲突法适用于网络空间，相当于制定网络空间交战规则，无异于变向承认网络战的合法性，有可能会为一些国家发动网络战提供最后一片拼图。今天，在座的各个成员国代表从全球聚集在这里，是为了维护网络空间的和平，而不是给网络战发放合法证书。

其次，武装冲突法、诉诸武力法等在网络空间的适用问题存在许多法律和技术难题。比如，网络冲突本身就平战难分、军民难辨，网络空间行为体多元，溯源极为困难。网络攻击造成的损伤也常常是无形的、难以估算和控制的，在这种情况下，如何满足所谓的“区分”和“比例”原则？

如何明确“使用武力”“武装攻击”的确切含义和评判标准？如何迅速准确的进行网络攻击溯源，锁定行使自卫权的对象？最为重要的是如何防止个别网络强国凭借技术实力，滥用自卫权，甚至将此作为肆意攻击打压其他国家的借口？

各方对于武装冲突法适用问题的争议，表面看是关于国际法适用的争议，实质上则反映了“要战争还是要和平”的根本分歧。一些国家凭借技术优势，相信其网络武器打击后果和范围可控。相信自己能成为网络冲突的赢家，相信凭借实力可将其霸权延伸至网络空间。中方认为，现代社会。各个国家的关键基础设施，经济、社会发展的方方面面均高度依赖网络。一旦爆发大规模国家间网络冲突，后果难以估算，范围难以控制。国家特别是大国间爆发网络冲突不会有赢家。一言以蔽之，网络战打不赢，也打不得。

主席先生，各位同事，

为了预防冲突，维护网络空间的和平与稳定，我们在讨论国际法适用问题时，最核心的是确认《联合国宪章》适用于网络空间。包括《宪章》所确立的国家主权平等、禁止以武力相威胁或使用武力、和平解决国际争端、不干涉内政、善意履行国际义务等原则。2015 年，联合国政府专家组报告确认了上述原则，我们希望本工作组也能将相关内容纳入最后报告。

谢谢主席先生。

中国代表团团长王磊参赞在联合国信息安全开放式工作组首次会上关于“5G 供应链安全”问题的发言

（2019 年 10 月 18 日）

主席先生，各位同事：

我注意到刚才个别同事在发言中提到 5G 供应链安全问题，我想就此谈一下中方看法。

首先，我想提一个问题，这些国家提出的所谓“5G 供应链安全”的议题是否真的合理？略有常识的人都清楚，供应链安全是信息通信技术发展和迭代演进过程中始终存在的问题，并不是 5G 技术独有的新问题。为什么此前没有提出 2G、3G 或者 4G 的供应链安全问题？那是因为，今天满世界宣扬所谓“5G 供应链安全”的国家及其盟友，一直处于 2G 到 4G 供应链的顶端，把持了主要的设备供应商。但到了 5G 时代，一个发展中国家的企业依靠创新，依靠苦干实干的精神，获得了市场的认可，获得了大多数国家的认可，成为全球 5G 设备供应商的领导者。于是个别国家出于政治目的，在没有任何证据的情况下，人为制造了所谓“5G 供应链安全”的概念，意在打压抹黑中国企业。这种歧视性做法既不道德，也扰乱了国际社会聚焦和解决真正的网络安全问题的努力。

主席先生，

目前很多技术专家评估，5G 时代的网络安全风险，关键是物联网的安全。这给人们生产生活带来便利的同时，也造成新的安全隐患。消费物联网设备将成为网络攻击的重要途径，能源、交通等行业物联网应用成为

APT攻击的新目标，单点安全风险隐患可能通过网络迅速扩散，演变成系统性安全风险。在此情况下，国家在网络空间爆发冲突的后果和范围将更难预料和控制。网络冲突对每一个国家，对每一个依赖网络的民众而言都是“不可承受之重”。因此，5G时代，维护网络空间和平显得更为重要和迫切。正如中方所多次阐明的那样，“网络战打不赢，也打不得”应成为国际共识。我们呼吁，所有国家都应以国际社会共同利益为重，彻底放弃打赢网络冲突的迷思。

中方一贯支持和倡导供应链安全问题。早在2015年，中国和俄罗斯等上合组织成员国共同向联合国提交“信息安全国际行为准则”的修订草案，其中第5条内容为，“努力确保信息技术产品和服务供应链的安全，防止他国利用自身资源、关键设施、核心技术、信息通信技术产品和服务、信息通信网络及其他优势，削弱接受上述行为准则国家对信息通信技术产品和服务的自主控制权，或威胁其政治、经济和社会安全。”

主席先生，

中方期待与各方在非歧视性的前提下，就真正的供应链安全问题进行深入探讨并提出可行建议，可包括：

——各国不得利用自身优势，损害别国信息通信技术产品和服务供应链安全。

——各国应要求信息技术产品和服务供应方不得在产品和服务中设置后门，以非法获取用户数据、控制和操纵用户系统和设备；不得利用用户对产品依赖性谋取不正当利益，强迫用户升级系统或更新换代；供应方应承诺如发现产品存在严重安全缺陷或漏洞，及时通知合作伙伴及用户。

——各国应维护公平、公正、非歧视的营商环境。不应滥用“国家安全”理由限制正常信息通信技术发展和合作、限制信息通信技术产品的市场准入及高新技术产品出口。

谢谢主席先生。

外交部军控司司长傅聪在亚太地区防扩散国家联络点培训班开幕式上的讲话

（2019 年 10 月 21 日）

各位同事，女士们、先生们：

首先，请允许我代表中国外交部，欢迎各位参加由中国外交部和联合国安理会防扩散委员会、联合国裁军事务办公室联合主办的第三期亚太地区防扩散国家联络点培训班。我愿借此机会，向联合国方面表示衷心感谢。我也要衷心感谢厦门市政府的大力支持。厦门是中国首批四大经济特区之一，希望大家借助开放、务实的厦门精神，增进交流，凝聚共识，共同推动亚太地区防扩散工作取得新的进展。

各位同事，

防止大规模杀伤性武器及其运载工具扩散，事关国际和地区的和平、稳定与发展，是国际社会共同面临的重要挑战。全球性问题的解决离不开多边主义，离不开联合国的引领，也离不开各国的共同努力。这正是安理会 2004 年通过第 1540 号决议的初衷和意义所在。

15 年来，国际防扩散共识不断加深，防扩散体系日趋完善，防扩散国际合作稳步推进，应对非国家实体扩散活动的国际努力有效增强。但我们也要看到，国际安全形势正经历深刻复杂演变，治理真空和治理乱象日趋严峻。产生扩散问题的根源远未消除，非国家实体扩散活动的风险更加多样化。单边主义和双重标准在国际安全领域正在抬头，国际防扩散体系不公平、不合理的一面更加突出，广大发展中国家和平利用科技受到诸多限制。

各位同事，

看待和处理防扩散问题，既要有历史视野，也要有时代精神。2021年安理会将对第1540号决议执行情况进行全面审议，决定下步工作方向和重点，目前相关准备工作已经启动。针对当前国际安全特别是防扩散领域形势，着眼上述全面审议及更长远的国际防扩散努力，中方有几点看法和主张。

第一，要营造良好的国际安全环境。扩散问题成因复杂，但根源都在于相关国家和地区不安全、不稳定、不发展。只有树立共同、综合、合作、可持续安全的新观念，以合作促发展，以合作促安全，推动国际秩序和国际体系朝着公正、合理的方向发展，才能从根本上消除扩散的动因。

第二，要巩固和完善国际防扩散体系。要加强《不扩散核武器条约》《禁止化学武器公约》《禁止生物武器公约》等的普遍性、权威性和有效性。现有多国出口管制机制应改变小圈子模式和歧视性做法，寻求建立开放、包容的全球性出口管制机制。要解决发展中国家关切，在实现相关条约和机制防扩散目标的同时，充分挖掘其发展属性，确保各国充分享受科技和平利用的红利。

第三，要充分发挥联合国的作用。联合国是最具普遍性、最有权威性的国际组织，无论是协调国际防扩散努力，还是协助各国加强防扩散工作，联合国都是最佳的平台。第1540号决议下步执行应当广泛听取联合国成员国意见，统筹考虑各国国际义务与实际国情，确保对技术援助和国际合作的投入，包括加强国家联络点的能力建设，推动第1540号决议得到持久、完善、有效执行。

第四，要坚决捍卫多边主义。特别值得警惕的是，当前美国出于自私的地缘政治目的，企图将意识形态引入军控和防扩散领域，渲染所谓“大国竞争”和“文明冲突”，为其退群毁约、逃避义务找借口。美国对其他国家极尽抹黑施压之能事，动辄实施单边制裁和“长臂管辖”，企图以此胁迫其他国家屈从于其无理乃至非法要求。美方甚至企图使冷战时期“巴统”死灰复燃，建立所谓“民主国家”的出口管制“审慎联盟”，通过“科技脱钩”阻挠正常的国际科技交流与合作。

我要强调的是，在全球化背景下，面对安全挑战没有人能独善其身，抛开国际合作的防扩散努力不可能有效。发展和繁荣要靠合作共赢，少数工业国就能垄断科技的时代已一去不复返。任何逆潮流而动的做法注定失败，国际社会应共同反对。多边主义是维护共同利益唯一的，也是最佳的途径。

各位同事，

中国是生物武器、化学武器受害国，曾长期遭受核武器威胁。中国坚决反对大规模杀伤性武器及其运载工具扩散，这是中国基于自身根本利益和人类长远发展所作出的战略决断，与中国坚持和平发展道路、推动构建人类命运共同体一脉相承。中国防扩散的方向不会改变，力度不会降低。同时，中方一贯主张，出口管制不是贸易壁垒的外衣，也不是单边霸凌的工具。在确保符合国际义务、维护国家利益的前提下，中国致力于开展科技等领域国际交流与合作，愿同世界各国共享发展成果。

多年来，在防扩散等国际安全领域，中国严格履行国际义务，坚定捍卫多边主义，积极推进全球安全治理。中国支持联合国引领国际防扩散努力，深入参与第 1540 号决议执行进程，积极推动通过政治外交手段解决朝核、伊核等防扩散热点问题。中国大力支持防扩散出口管制国际合作，同防扩散领域所有利益攸关方交流互鉴，在力所能及的范围内为国际社会提供公共产品，本次培训班就是一个典型的例子。中国也愿在权利和义务平衡的前提下，同多国出口管制机制深化交流、发展关系。

中国高度重视完善国家防扩散体系。中国政府正积极推动防扩散领域立法，整合现有核、生、化、导等领域法规，从法律层面确立防扩散的指导原则、目标任务。中国持续推进防扩散出口管制机制建设，在中央和地方各层级统筹协调、形成合力，提升防扩散执法的有效性。中国不断加强防扩散出口管制的资源投入，充分调动政府、企业、智库积极性，促进从业人员能力建设。

各位同事，

1540 国家联络点承担着对内沟通协调、对外开展合作的双重职责，对促进第 1540 号决议执行具有重要意义。只有国家联络点的能力增强了，决议才有可能得到有效执行。这也是中国与 1540 委员会和联合国裁军办于 2015 年举办首次国家联络点培训的初衷。这个培训开创了培训国家联络点的先河，已成为中国加强与委员会合作的重要平台。

本次培训班邀请到了来自多个国际组织和机制的教员为大家授课，涵盖第 1540 号决议执行的方方面面，例如国家立法、执法、物料衡算与物理防护等。同时，来自中国外交部、商务部、国防科工局、海关总署等部门的官员也将分别介绍中国的防扩散出口管制实践和成就，我们还将安排大家参观厦门海关。相信大家会有所收获，我们也愿听取大家的意见和建议。

最后，预祝此次培训班取得圆满成功！

谢谢大家。

外交部网络事务协调员王磊在第六届世界互联网大会“网络空间国际规则”分论坛的发言

（2019 年 10 月 24 日）

谢谢主持人。网络空间作为新疆域，亟须制定相关规则和行为规范。今天下午的讨论使我深受启发，各位嘉宾的精彩发言充分彰显了网络空间国际规则制定的重要性和紧迫性，我愿就此再谈几点看法。

第一，坚持维护网络空间和平与安全。网络已渗透到各国政治、经济、社会和民众生活的方方面面。国家特别是大国间网络冲突难以想象。网络战打不赢，也打不得，这应该成为国际社会共识。早在 2011 年，中俄等上合组织成员国就共同向联合国提交了全球第一份“信息安全国际行为准则”草案。在我们共同推动下，联合国多次成立政府专家组讨论这一问题。专家组报告最终纳入了我们建议的核心内容，明确提出各国应遵守以《联合国宪章》为基础的国际法，致力于维护网络空间的和平与合作。令人遗憾的是，在今年联合国大会期间，27 个国家就网络空间负责任国家行为规范发表联合声明，曲解专家组报告，刻意回避国际社会要求建立“和平网络空间”的共识。我们希望个别国家的“退群”行为不会在网络空间重演，呼吁各方均能坚持专家组报告共识，维护专家组报告的权威。

第二，坚持共享繁荣、共担责任的理念。网络空间是人类共同的活动空间，各国在网络空间互联互通，利益交融，休戚与共，需要世界各国共同建设，共同治理。中方一直倡导尊重各国网络主权，主张网络空间不是法外之地，反对通过网络空间干涉他国内政。但一些国家反复以“言论自由”“保护人权”等为由反对中方倡议，强调“线下权力同样适用于线上”。随着时间的推移，这些国家逐步认识到网络犯罪及网络恐怖主义是各国共同面临的挑战。在新西兰等地发生骇人听闻的恐怖袭击之后，这些国家主动提出“线下的义务在线上也应得到遵守”。最近，他们又提出不应利用网络干涉他国选举。这些例子充分说明了一个道理，即网络安全是各国面临的共同问题，与国家大小、发展先后或持何种政治立场无关。各国只有合作共赢才能共享数字经济的发展机遇，有效应对网络领域各项风险和挑战。

第三，坚持避免将网络问题政治化。大家都注意到，一段时间以来个别国家不断炒作所谓的“5G 供应链安全”问题。对信息通信技术发展史略有了解的人都清楚，供应链安全是信息通信技术发展和迭代演进过程中始终存在的问题，并不是5G 独有的新问题。一些国家炮制出所谓的“布拉格提案”，将供应链安全与所谓的“治理模式”等挂钩，将单纯的技术问题政治化。众所周知，棱镜门事件向我们揭露了个别西方国家在全世界范围内实施了最大规模、无差别的网络窃密行动。这充分证明了网络安全与“治理模式”毫无关系。我们希望各方能在公平、公正和非歧视的前提下，在各方普遍参与的多边平台，研究制定供应链安全领域国际准则。

第四，坚持以联合国为主渠道、多方参与的网络空间治理模式。中国主张在联合国框架下制定各国普遍接受的网络空间规则和国家行为规范，确立国家及各行为体在网络空间应遵循的行为规范，促进各国合作，维护网络空间的安全、稳定与繁荣。同时，充分发挥政府、国际组织、互联网企业、技术社群、民间机构、公民个人等各主体作用，加强沟通与协作，构建全方位、多层面的治理架构。

各位嘉宾，

人类社会已经进入了前所未有的数字时代，网络空间与现实世界深度融合，各国对网络依赖的广度、深度和复杂程度前所未有，网络空间全球治理涉及各国安全和长远发展。中国将坚定不移地维护多边主义，遵循以《联合国宪章》为基础的国际关系基本原则，不断拓展网络空间伙伴关系，与各方携手建设和平、安全、开放、合作、有序的网络空间，打造网络空间命运共同体。

谢谢。

中国代表团团长、外交部军控司副司长张钧安在建立中东无核及其他大规模杀伤性武器区会议一般性辩论中的发言

（2019 年 11 月 19 日）

主席女士：

首先，我谨代表中国代表团对本次建立中东无核及其他大规模杀伤性武器区会议的召开，以及对你当选会议主席表示祝贺。中方期待，在你的带领和推动下，本次会议能取得预期目标。

主席女士，

当今世界正在经历前所未有的复杂深刻演变，国际安全领域不确定不稳定因素不断增多，全球安全治理赤字加剧。个别国家谋求绝对安全，渲染大国竞争和地缘政治博弈，将自身私利凌驾于各国共同利益之上，大力推行单边主义和霸凌行径，凭借自身优势搞单边制裁和“长臂管辖”，肆意挑战以国际法为基础的国际秩序，严重损害全球和地区安全。受上述消极因素影响，热点问题层出不穷，令本已脆弱的地区安全形势面临更加严峻的挑战，外溢效应日益凸显。

中东地区和平与安全不仅关乎地区国家根本利益，也关乎全球稳定。一直以来，中国大力倡导多边主义，坚持共同、综合、合作、可持续的安全观，主张通过对话协商解决争端，通过国际合作应对共同威胁，推动建设持久和平、普遍安全的世界。正是本着这一精神，中方在中东问题上积

极探索和践行中国特色热点问题解决之道，多方劝和促谈，为推动地区热点问题政治解决发挥积极建设性作用。我们支持地区国家就本区域安全问题开展对话，也呼吁域外国家为地区恢复和平安宁注入“正能量”，帮助所有地区国家共享安全，而不是在地区制造对立、煽动对抗。中方欢迎任何有助于中东地区实现和平安全的对话倡议，愿同各方一道为中东地区和平稳定和长治久安作出不懈努力。

主席女士，

在中东地区建立无核及其他大规模杀伤性武器区，有助于遏制大规模杀伤性武器扩散，缓和中东紧张局势，增进地区及世界的和平与安全。国际社会应从巩固核不扩散体系和维护地区长远利益出发，积极回应阿拉伯国家的正当合理诉求，切实按照联合国大会、《不扩散核武器条约》（NPT）审议大会有关文件要求，持之以恒加以推动。希望地区国家本着务实和建设性精神，继续加大外交努力，通过对话协商找到建立中东无核及其他大规模杀伤性武器区的解决方案。所有域外国家，特别是核武器国家，应该给予坚定的政治支持。

联合国秘书长根据去年联大决定在联合国总部召集本次会议，开启对中东无核及其他大规模杀伤性武器区的国际讨论，这是朝着正确方向迈出的重要一步，对各方通过协商早日实现目标具有积极现实意义。中方赞赏联合国方面所作的努力。明年将迎来《不扩散核武器条约》生效五十周年，举行此次会议本身就有助于缓和矛盾，为 2020 年审议大会成功举行积累有利条件。中方希望与会各方充分利用此次会议，就建立中东无核及其他大规模杀伤性武器区相关问题进行有益研讨，做好对后续工作的规划，为推动可持续的国际讨论进程打下良好基础。同时，希望会议本着建设性和开放态度开展工作，为其他相关国家日后加入该进程留出空间。

中方对部分国家拒绝出席此次会议感到遗憾，希望美方作为《不扩散核武器条约》的存约国之一，切实担负起应有的特殊责任，为中东无核及其他大规模杀伤性武器区的建立作出努力。

主席女士，

中方始终支持无核武器国家根据本地区实际情况，在自行协商和自愿协议基础上建立无核武器区。中国签署和批准了所有开放供签署的无核武器区条约议定书，并严格履行相关义务。中国是唯一明确承诺无条件不对无核武器国家和无核武器区使用或威胁使用核武器的国家。

中方一贯积极支持建立中东无核及其他大规模杀伤性武器区，将继续支持并积极参与相关国际努力，同有关国家一道，为早日建立中东无核及其他大规模杀伤性武器区作出贡献。

谢谢主席女士。